포스트 전후 사회

Series NIHON KINGENDAISHI, 10 vols.
Vol. 9, POST SENGO SHAKAI
by Shunya Yoshimi
ⓒ 2009 by Shunya Yoshimi
First published 2009 by Iwanami Shoten, Publishers, Tokyo.
This Korean edition published 2012
by Amoonhaksa, Seoul
by arrangement with the proprietor c/o Iwanami Shoten, Publishers,
Tokyo

일본
근현대사
시리즈
9

포스트
전후 사회

■ 요시미 슌야 지음
■ 최종길 옮김

어문학사

머리말

'전후'의 종언이란

포스트 '전후' 사회(Post-Postwar Society)를 논할 경우 우선 '전후' 가 언제 끝났는지 생각해야 한다. 그러나 이 물음에 대한 대답은 단순 하지 않다. 일찍이 점령기의 종식과 더불어 '전후'는 끝났다고도 할 수 있으며, 일본이 고도 경제 성장에 들어간 1950년대 말에 '전후'가 끝났 다고도 한다. 또한 사람들의 의식에서 완전히 '전후'가 사라진 것은 70 년대경이다. 한편 90년대의 '잃어버린' 시대에는 정말로 '전후'를 빠 져나왔는지 아시아와의 관계에서, 미국과의 관계에서 재차 논의되고 있다.

예를 들면, 90년대 말에 거품 붕괴 후부터 불경기의 장기화, 대량 의 불량 채권 처리, 고용 불안의 확대, 호송선단 방식의 금융 시스템의 와해라는 상황 속에서 '제2의 패전'이라는 단어가 언론을 떠들썩하게 했다. 미일 경제 '전쟁'으로 세계적인 금융 시스템을 장악한 미국에게 일본은 '다시 패했다'는 인식이 확대되면서 이러한 단어가 유행했다. 이전 1956년에 급성장하는 일본 경제의 분위기를 반영하여『경제백서』가 '더 이상 전후가 아니다'라고 선언했는데, '제2의 패전'론은 이와 좋은 대조를 이루고 있다.

그러나 50년대에서 90년대까지 40여 년의 세월을 사이에 둔 두 시대상에는 놀랄 만한 연속성이 보인다. 50년대 중반 일본인이 '더 이상 전후가 아니다'라고 인식하기 시작했을 때, 전후 일본은 미국에게 보호받으면서 경제 발전을 이룩할 수 있는 조건이 갖추어졌다는 암묵적인 전제가 있었다.

군사적인 부담 해소와 다양한 기술 제공, 동남아시아의 원재료 자원과 일본 공업력의 결합 그리고 전쟁 배상 문제의 정치적인 '해결'은 전후 일본의 경제 발전을 가능하게 하는 요건이었다.

90년대의 '제2의 패전'론에서는 미국이 이러한 전후 경제 발전을 조건 지우고 일본은 세계적인 시장주의에 억지로 편입되어 커다란 경제적 충격을 받았다고 한다. 일본을 '전후'에서 구출해 준 것도 미국이고, 일본을 다시 '제2의 패전'에 몰아넣은 것도 미국이었다. 어느 쪽이든 이처럼 어디까지나 미일 관계에 준거하는 입장에서 본다면, 최초의 '전후'는 점령기의 종료와 함께 끝났으며, 그 후의 고도 경제 성장 시기가 '포스트 전후'이며, 세계화의 진행으로 인하여 다시 '전후'가 미국에 의해 초래되었다고 할 수 있을 것이다.

'전후'라는 준(準)전시

그러나 점령기의 종료와 함께 일본에 '포스트 전후'가 도래했다는 논의의 결론에 대해서는 유보해야 한다. 적어도 50년대 말까지 미군 기지는 일본 본토에서도 일상적인 현실로 존재하였으며, 점령기에 만들어진 미일의 '포옹(抱擁)'(존 다워)은 55년 체제와 그 후의 고도 경제 성장의 기초를 이루었다. 점령의 종료는 미일 안보 체제를 더욱 지속적으로 만드는 계기가 되었고, 점령에서 고도성장기까지를 연속한 '전후'로 파악해야 한다. 세계사적으로 이것은, 제2차 세계대전 후의 '냉전' 시기가 미국과 소련의 계속적인 준전시 체제를 유지하던 때였던 것과 대응한다.

즉 세계사적으로 보자면, 제2차 세계대전 후의 '전후'는 '냉전이 없는 시대'가 도래했음을 의미한 것이 아니라 '냉전'이라는 새로운 준전시 체제 시기였다. 그리고 이 시대의 아시아에서는 한국전쟁과 베트남전쟁이라는 두 개의 커다란 전쟁이 일어나 '전후'라고는 도저히 말할 수 없는 상태가 20년 이상에 걸쳐서 지속되었다. 1950, 60년대는 아시아에 국한하여 보자면 '포스트 전후'가 아니라 '전후'조차도 아닌 여전히 '전시'였다.

그리고 전후 일본은 이러한 전쟁, 우선 한국전쟁에서 특수를 얻었으며 그 후 경제 성장의 기반을 이룩하였다. 냉전 체제 속에서 일본은 아시아 자유주의 경제의 견인차로 위치하며 극적인 경제 발전의 성과를 이뤘다. 그러나 '부흥'에서 '경제 성장'으로의 흐름이 연속적이었던 일본의 '전후'가 50년대에서 70년대까지 아시아에 미친 '전후=준전시'나 이것을 지탱하는 개발 독재 체제와 표리 관계를 이루고 있었던 사실을 잊어서는 안 된다.

더구나 최근의 많은 연구가 보여주듯이 60년대의 고도 경제 성장은 전시기를 통해서 강화되어 온 총력전 체제의 최종적인 국면이기도 했다. 일본인은 고도성장을 통해서 패전으로 인해 파괴된 국민적 정체성을 기술과 경제, 새로운 민주주의라는 형태의 상징으로 대체하고 재구축하여 '전쟁'의 불길한 기억을 역사의 피안에 묻어버렸다. 그러나 원래의 '전시' 체제는 분명히 '전후'의 일부였다. 패전과 전후의 수년간부터 이것에 연속한 부흥과 고도성장, 사회의 재구축 과정을 곧 '전후'라고 부르는 과정 전체를 오히려 '전시'로부터의 연속 선상에서 파악해야 한다.

'꿈'의 시대와 '허구'의 시대

'전후'가 점령기에서 끝난 것이 아니라면, 도대체 전후는 언제까지 계속되었단 말인가. 본 시리즈의 제8권이 보여준 것처럼 고도 경제 성장기를 통해서 일본 사회는 극적인 변모를 이루었다.

사회적인 사실성(리얼리티)의 변모라는 측면에서 말하자면 '전후' 사회에서 '포스트 전후' 사회로의 전환은, 미타 무네스케(見田宗介)가 '이상' 및 '꿈'의 시대라고 명명한 단계에서 '허구'의 시대라고 명명한 단계로의 전환에 대응한다. 미타에 의하면, 1945년부터 60년경까지의 고도성장 이전 시기의 사실적(리얼리티) 감각은 '이상'(사회주의든 미국식의 물질적인 풍요로움이든)을 현실화하는 것에 향해 있었다. 그 후에도 70년대 초까지 실현된 물질적인 풍요로움에 위화감을 느끼면서도 젊은

이들은 현실의 저편에 있는 '꿈'을 지속적으로 추구하였다. 그러나 80년대 이후의 일본 사회의 사실적(리얼리티) 감각은 더 이상 이러한 '현실'과 저편에 있어야 할 무엇과의 긴장 관계를 잃어버린 '허구'의 지평에서 영위되었다. 이 시대 사람들의 생활을 특징 지운 것은 "사실성(리얼리티)의 '탈취'를 향해서 부유하는 '허구'의 담론이며 표현이자 생의 기법이었다"(見田宗介, 『現代日本の感覚と思想』).

미타가 지적한 '전후'에서 '포스트 전후'로의 이행 가운데 사실성(리얼리티)의 전환은 이 책 속의 많은 사례를 통해 검증될 것이다. 도시 공간적인 측면에서 '꿈'의 시대를 상징하는 것이 1958년에 완성된 도쿄타워였다면, '허구'의 시대를 상징하는 것은 틀림없이 83년에 개원한 도쿄 디즈니랜드이다.

집단 취직으로 막 상경한 후 도쿄타워에 올라가 눈 아래에 보이는 프린스호텔의 눈부신 잔디와 수영장을 뇌리에 새긴 소년 나가야마 노리오(永山則夫)는, 68년 가을에 수영장에 침입하여 경비원에게 발각된 이후부터 연속 권총 살인 사건을 일으켰다. 나가야마의 범죄는 '꿈'의 시대의 음지, 대중적인 '꿈'의 실현에서 배제된 자의 깨어진 '꿈'의 결말이었다. 이에 비하여 이 사건보다 20년 후에 일어난 미야자키 쓰토무(宮崎勤)에 의한 연속 여아 유괴 살인 사건에서는 살인 그 자체가 현실적인 회로를 잃어버린 '허구'의 감각 속에서 실행되고 있다.

이러한 사실성(리얼리티)의 기반에 대한 대조(對照)는 젊은이들에 의해 일어나고 있는 사회적 사건에서도 인정할 수 있다. '꿈'의 시대가 내포하는 자기 부정의 계기를 극한까지 밀고 간 것이 1971년부터 72년에 걸친 연합적군 사건이라면, 90년대 '허구' 시대의 사실적(리얼리티) 감각을 극한까지 밀고 간 곳에서 발생한 것은 옴진리교 사건이다.

오사와 마사치(大澤真幸)와 미타의 논의를 참고로 하여 이 책에서도 논하고 있는 것처럼 이들 사건의 대응에는 '전후'와 '포스트 전후' 사이의 사실성의 위상 전환이 집약적인 형태로 나타나 있다.

가족·도시·산업의 변화

70년대 이후 우리들이 생활하는 세계가 존립할 수 있는 기제가 '허구'라고밖에 말할 수 없는 지평으로 전환하였다. 이는 중화학공업에서 정보서비스 산업으로 중심축이 이동한 산업 체제의 전환에 대응하는 현상이다. 이러한 변화 속에서 사람들은 '중후장대(重厚長大) 보다도' 경박단소(輕薄短小), 즉 무겁고 큰 것보다도 가볍고 작은 것에 큰 가치를 두게 되었다.

70년대에 일어난 주요한 변화를 생활에 가까운 수준에서 열거해 본다면, 우선 핵가족화에서 저출산 고령화로, 도시화에서 교외화라는 변화에 주목할 수 있다. 고도성장기를 통해 일본 사회는 농촌에서 도시로 인구가 집중되었는데 이것은 과소·과밀 문제로 나타났다.

그러나 70년대의 과도기를 거치면서 도시화보다도 교외화, 즉 거대한 대도시(교외)에 도시와 농촌이 모두 흡수되는 현상이 현저해졌다. 교외화가 진행되는 가운데 핵가족의 고령화가 진행되어 마침내 저출산에 박차를 가하면서 가족의 평균적인 존재 형식을 변화시켰다. 일련의 법적 정비에 의해 여성 고용이 현상적으로는 증가하여 70년대까지 일반적이었던 '전업주부'는 90년대 이후 더 다양한 가족의 성 역할로 변화하였다.

세계화

그러나 80년대 이후 이러한 중앙과 지방 풍경의 특성이 일정해지고, 외형상 남녀 간의 고용 기회가 균등해진 것에 연속하여 구조적인 불평등이 확대되었다. 90년대의 긴 불황기를 통해서 일본 사회는 연공서열식 임금제도와 노사 협조를 기반으로 한 상대적으로 격차가 적은 사회에서, 사회적·경제적 격차를 급속히 확대시켜 엄청난 수의 불안정한 비정규직을 안고 있는 사회로 급격히 변화하였다. 물론 70년대에도 격차가 없었던 것은 아니지만 사회 전체의 '풍요로움'의 크기가 커짐에 따라 폭넓은 중류 의식이 형성되었다. 그러나 90년대 이후 일본 사회는 이전에 상상조차 할 수 없을 정도로 분명한 수입과 자산, 장래성의 격차가 눈에 보이는 사회로 변화하였다.

세계화는 이러한 근본적인 사회 구조의 변화를 가져온 최대 계기였다. 70년대 초반까지 전후 일본 사회를 움직여 온 최대의 계기가 '고도 경제 성장'이었다고 한다면, 이 책의 제목인 '포스트 전후 사회'란 세계화의 일본적인 발현 형태라고 해도 과언이 아니다.

세계적인 정치·군사 질서의 측면에서 본다면, 세계화는 '포스트 냉전' 구도의 체제 변화에 의해 규정되고 있다. 그러나 이 '포스트 냉전'은 1989년의 극적인 정치 변동에 의해 갑자기 만들어지지 않았다. 이것은 70년대 초반의 변동 환율제로의 이행, 그 결과로써 막대한 금융 자본의 초국경적인 유통으로 인한 필연적인 변화였다. 80년대에 중남미 등 몇 개의 국가에 심각한 통화 위기가 발생했는데, 이윽고 발생한 사회주의 붕괴와 그 후의 혼란도, 70년대부터 세계의 근본적인 변동 속에서 일어난 몇 가지 위기와 연결하여 이해해야 한다. 이러한 의미에서 세계화는 포스트 냉전에 선행하여 현대 세계의 근저를 자본의 기본적인 구조라는 측면에서 변경하였다.

이러한 세계 질서의 변화에 대응하여 80년대 서구와 일본의 국가 체제는 '복지 국가'에서 '신자유주의'로 크게 정책 체계의 근본을 전환하였다. 1979년에 영국에서 대처 정권이, 81년에 미국에서 레이건 정권이 탄생한 것에 이어서, 82년에는 일본에서도 나카소네(中曽根) 정권이 탄생하여 신자유주의적인 노선을 더욱 강화하였다.

포스트 전후에서 자민당의 보수 정치는, 이케다 하야토(池田勇人)의 '소득 배가'에서 다나카 카쿠에이(田中角栄)의 '열도 개조'까지의 복지 국가형 이익 배분 정책에서, 나카소네 야스히로(中曽根康弘)에서 고이즈미 준이치로(小泉純一郎)까지의 '민간 활력'과 '규제 완화'를 축으로 한 신자유주의적인 대중 정치로 변모해 간다. 이러한 정책 전환은 표를 모으는 수단이 됨과 동시에 지방 농촌으로 이익을 환원해 온 시스템의 파탄을 의미했다. 90년대에 엔고가 급속하게 진행되는 가운데 일본 열도에서 많은 산업이 해외로 이전하여 이후에는 활로를 잃어버린 많은 지역과 고령화한 사람들이 뒤처진 채 남겨졌다.

새로운 역사의 주체로

'전후'에서 '포스트 전후'로 라는 이 책에서 다루는 여러 가지 변화의 중심을 관통하고 있는 것은 어떠한 시대의 '시작'이 아니라 역으로 '종말'이다. 이것은 우선 보수파와 혁신파 어느 쪽이든 관계없이 전제로 하고 있던 복지 국가 체제의 종말이다. 이 체제는 전중기의 총력

▶표. '전후'에서 '포스트 전후'로

	축	전후 사회 (1945~70년대 전반)	포스트 전후 사회 (1970년대 후반~현재)
지배 체제	세계 질서	냉전	포스트 냉전
	국가 체제	복지 국가	신자유주의
	역사적 조류	고도 경제 성장	세계화
정치와 혁명	정권	이케다 하야토에서 다나카 카쿠에이까지	나카소네 야스히로에서 고이즈미 준이치로까지
	슬로건	소득 배가에서 열도 개조로	민영화와 규제완화
	비리 사건	록히드 사건(1976년)	리크루트 사건(1988년)
	사회 운동	노동 운동과 학생 운동 (대결의 정치)	지구 환경 문제
산업과 환경	첨단 산업	중화학공업	정보 서비스 산업
	사회 풍조	중후장대	경박단소
	고용 형태	연공서열과 일본형 경영	정리 해고와 비정규 고용의 확대
	환경 문제	공해 문제	지구 환경 문제
가족과 지역	가족	핵가족화	저출산 고령화
	지역의 변화	도시화	교외화
	사회 구조	격차의 축소(격차의 비가시화)	격차의 확대(격차의 가시화)
사회 의식	시대 의식	'꿈'의 시대	'허구'의 시대
	지표	도쿄타워	도쿄 디즈니랜드
	살인 사건	연속 권총 살인 사건(68~69년)	연속 유아 유괴 살인 사건(88~89년)
	사회적 사건	나가야마 노리오(永山則夫) 연합적군 사건(1971~72년)	미야자키 쓰토무(宮崎勤) 옴진리교 사건(1995년)

전 체제에서 연속하여 조직된 것이었기 때문에 여기서 끝나가고 있는 것은 '전후'임과 동시에 '전중'이기도 하다. 두 번째로 '포스트 전후'에 있어 외부적인 자연과의 관계가 결정적인 변화를 이루었다. 60년대 말에 '공해'가 커다란 사회 문제가 되어 각지에서 강력한 환경보호 운동이 일어났으며, 이 흐름은 마침내 지구 환경 문제라는 세계적인 과제와 연결되었다. 그리고 세 번째로 내부적인 자연도 '포스트 전후'에 크게 변모하였다. 지금까지 사람들의 인생의 기초를 이루고 있던 공

동체가 붕괴될 위기에 직면하고 있을 뿐만 아니라 자신의 사실성(리얼리티)이 이미 논한 것처럼 '허구' 속에서 상실되었다.

이러한 가운데 어떠한 새로운 '시작'이 가능할까. 새로운 시작은 이처럼 새로운 시대를 열어 가는 새로운 역사적 주체 형성과 분리할 수 없다.

이 책은 많은 장에서 사회 운동의 담당자들에 주목하고 있다. 60년대의 학생 운동이 어떠한 자기 부정을 되풀이하여 고립화했는가. 베헤렌과 여성 해방 운동, 오키나와(沖縄) 반기지 운동에 어떠한 새로운 주체의 가능성이 보이는가. 지역의 역사적 환경과 자연을 지키는 지역 운동이 새로운 마을 만들기로 이어지는 어떠한 주체를 배태하고 있었는가. 확대되는 격차 속에서 주변화된 노동자의 새로운 연대는 가능한가. '미국'이라는 연결 고리에서 벗어나지 못하고 구속되어 있으면서도 공동화하는 일본 사회의 현장을 연결하여 아시아인들의 사고와 이어갈 수 있는 역사의 주체가 되는 것은 가능한가. 필자는 주체 형성을 어렵게 하고 있는 다양한 조건을 세밀하게 응시하면서 이러한 문제를 고찰해 가고자 한다.

차례

제1장 좌파의 종말

돌입 직전에 대기하고 있는 기동대에서 바라본 아
사마 산장(1972년 2월 27일, 사진—마이니치신문사).

1. 아사마 산장 사건과 1970년대

휴양지의 주변에서

나가노 신칸센(長野新幹線)으로 도쿄에서 겨우 1시간 정도, 가루이자와(軽井沢) 역에서 내려 구 가루이자와 시내와는 역방향인 남쪽 출구로 나오면, 눈이 휘둥그레질 정도로 많은 명품 가게가 늘어서 있다. 가루이자와 프린스호텔이 경영하는 이 아우트 몰에는 전 세계의 명품이 모여 있는데 주말이나 행락철에는 구매자로 흘러넘친다. 아우트 몰이란 철 지난 상품을 파는 재고 처분점을 이르는 말로, 80년대 이후 일본인이 해외 명품에 몰리게 되면서 이러한 명품을 전문으로 판매하는 점포가 모인 거대한 상점가가 생겼다. 가루이자와, 고텐바(御殿場), 이즈미사노(泉佐野) 등이 고속도로 나들목 부근이나 휴양지에 건설되었다.

아우트 몰은 80년대 이후 진행되어 온 일본의 소비 사회화, 상품을 통한 차별화를 나타내는 명품 소비 추진의 궁극적이고 대중적인 형태의 상징이다. 이러한 할인 매장에서 싼 물건을 사는 것만으로는 부족하여 해외여행을 가서 명품을 구매하는 비일상적인 경험을 더욱 일상화하고 싶어 하는 거대한 소비자의 존재를 여기에서 실감할 수 있다.

가루이자와 역 남쪽 출구의 상점가는 국내 최대급인데 이보다 더 남쪽에는 '가루이자와 72골프'장이 거대한 면적을 점유하고 있다. 원래 지조가하라(地蔵ヶ原)로 불린 습지대를 전전에 쓰쓰미 야스지로(堤康次郎)가 구입하여 경마장과 비행장으로 사용해 온 토지인데, 이를 골프장으로 정비하여 뒤에 언급할 아사마 산장 사건의 전년도에 개업하여 사건과 같은 해인 1972년에는 72개 홀을 겸비한 골프장으로 확대하였다.

그리고 더욱이 이 골프장의 바깥쪽으로 펼쳐진 이 '레이크 뉴타운'이라고 불리는 대규모의 별장 분양지이다. 이 별장지를 경영하는 레이크 리조트 사에 의하면, 2007년 현재 별장지 전체의 규모는 도쿄도 주오구(中央区)의 약 절반 정도인 441만 평방미터, 분양 별장 수 3천 개, 관리 별장 수 1,700개에 이른다고 한다. 별장지구의 입구에는 유럽의 레만 호(Lake Léman)를 본떠 만들었다고 하는 매우 저속한 (kitsch) 인공물이 있으며, 프랑스 고성을 본뜬 미쓰코시(三越) 패션관도 1974년에 개업했다. 70년대 뉴타운 분양지 가루이자와는 저렴한 별장지로서 전국의 미쓰코시를 통해서 고객에게 팔려 나갔다고 한다.

즉 가루이자와 역의 남쪽은 전전부터 개발이 진행된 북쪽과는 달리 전후의 고도 경제 성장과 그 후의 휴양지 성황 속에서 호텔, 쇼핑몰, 골프장, 별장 분양지가 점차 대규모로 개발된 지역이다.

1972년 2월, 신좌익운동의 비극적인 결말을 상징하고 이것이 텔레비전을 통해 극장화된 사건, 즉 연합적군 아사마 산장 사건은 바로 이 레이크 뉴타운 속에서 머지않아 거대한 테마파크와 같은 공간으로 성장하고 있던 지역의 한쪽 구석에서 일어났다.

포스트 전후로의 한계점

그러면 아사마 산장 사건은 어떤 것이었나. 일반적으로 연합적군 사건은 1971년부터 72년에 걸쳐서 일어난 산악 근거지에서의 집단 폭행·살해 사건과, 아사마 산장에서 기동대를 상대로 한 총격전이라는 두 가지 사건을 포함한다. 시간적인 순서로 보자면, 우선 '총괄'이라고 해서 12명의 동료들에게 폭행당하여 살해된 처참한 사건이 있었고 그 결과 아사마 산장에서 총격전이 일어났다. 일반 사회의 시각에서 보면, 우선 아사마 산장에서의 총격전이 있었고 구성원들의 진술에서 동료에 대한 집단 살해 사건이 일어난 사실이 알려졌다고 한다. 사건의 전모가 세상에 알려지면서 아사마 산장에서의 총격전을 체제에 저항하는 혁명적 행위로 보고 지지를 표명한 학생 운동가들도 너무도 비참한 사건의 내용에 절규했다. 연합적군 사건은 60년대 신좌익운동의 결정적인 패배를 상징하였다.

그 후에 많은 검증 작업이 밝혀낸 것처럼, 연합적군 사건은 60년대 젊은이들의 감성과 운동이 이미 그곳에 내재하고 있던 논리를 추진시킬 때 발생할 수 있는 하나의 결과였다. '총괄'의 희생양이 된 도야마 미에코(遠山美枝子)나 가네코 미치요(金子みちよ) 등은 물론 사건의 주범인 나가타 요코(永田洋子)와 모리 쓰네오(森恒夫)까지 포함하

여, 연합적군 사람들을 움직인 심정은 60년대의 더 많은 젊은이들의 그것과 연속하고 있다. 이 동시대성을 분명히 하여 도대체 어떠한 역사적 상황과 집단 논리가 그들을 비극적인 결말까지 끌고 갔는지를 밝히는 작업은 전후에서 포스트 전후로의 한계점을 나타낸다.

연합적군의 탄생

그런데 사건 당사자인 연합적군은 나가타 요코, 사카구치 히로시(坂口弘) 등 혁명좌파의 제2세대와 모리 쓰네오 등 적군파의 제2세대가 계속되는 체포에 의해 모두 궁지에 몰리자 1971년에 합병하여 탄생한 조직이다.

한 편의 혁명좌파는 원래 사학동(사회주의 학생 동맹)의 가와키타 미쓰오(河北三男) 등이 문화대혁명을 지지하여 공산당에서 제명된 공산당 가나가와 현(神奈川県) 위원회의 일부를 합류시켜 만든 조직으로 모택동주의의 영향이 강하며, 반미 기지 투쟁에 중점을 두고 있었다. 그들은 가와키타에게서 실권을 이어받은 가와시마 쓰요시(川島豪)의 지도하에 1969년 9월에 아이치 키이치(愛知揆一) 외상 방미 저지 투쟁을 계기로 폭력적으로 기울었으며, 공사 현장에서 다이너마이트를 훔치는 과격한 투쟁을 전개하였다. 이 때문에 가와시마는 체포되었고 그의 뒤를 이어서 나가타(永田)와 사카구치(坂口) 등 제2세대는 경찰관을 습격하여 총을 탈취하려고 했으며 총포점을 습격하여 총과 탄환을 강탈하는 과격화 노선을 추진하였다.

다른 한편, 적군파는 60년 안보에서 전학련(전 일본 학생 자치회 총연합)을 지도한 분트(공산주의자 동맹)에서 더 과격한 무장 투쟁을 주장한 시오미 타카야(塩見孝也) 등의 일파가 분열하여 탄생했다. 적군파의 특징은 세계 혁명 노선, 즉 일본 국내 관헌과의 투쟁으로 소모하기보다는 해외의 혁명 제세력과 직접 연결하려고 한 점에 있다. 그들은 구성원을 해외의 혁명 거점에 파견하고 여기에서 게릴라 훈련을 시켜 세계적인 무장 네트워크를 구축하려고 했다. 이를 위해 1969년 가을 투쟁에서 많은 수의 구속자를 낸 후, 70년 3월에는 조직의 중추에 있던 다미야 타카마로(田宮高麿) 등이 일본 항공 '요도호' 납치 사건을 일으켜 북한으로 건너가 세계를 놀라게 했다. 이윽고 시게노부 후사코(重信房子) 등도 팔레스타인을 향해 출국하여 PFLP(팔레스티나 해방 인민 전선)의 거점으로 일본 적군을 조직한다.

이처럼 주요한 구성원이 투옥되고 해외로 거점을 옮김에 따라 국내의 적군파는 공동화하여 제2세대인 모리 쓰네오가 국내 잔존 조직을 이끌게 되었다. 그는 '혁명을 위해서는 강탈도 허용한다'는 특이한 '징발의 논리'를 전개하여 우체국이나 은행을 습격하도록 지휘하여 자금을 탈취하는데, 이로 인하여 더욱 많은 체포자를 낳아 조직은 궁지에 몰린다.

'혁명 전사의 공산주의화'

혁명좌파와 적군파는 이데올로기 내용에서는 공통점이 적었지만 과격한 폭력 투쟁을 목표로 하여 군사적인 조직으로 변모한 점에서, 그리고 지도자가 투옥되어 역량과 경험이 미숙한 제2세대가 모든 것을 계승할 수밖에 없었던 점에서 공통된다. 더구나 자금은 완전히 고갈되었지만 총포점을 습격하는 데 성공하여 총과 탄환은 풍부하게 보유하고 있던 혁명좌파와, 이론에 치우치고 자금과 지식은 있지만 무기를 가지지 못했던 적군파는 서로 보완할 수 있는 면이 있었다.

궁지에 몰린 두 개의 이질적인 과격파가 합체했을 때 혁명좌파 내에서 이루어지고 있던 상호 비판의 관습이 적군파의 모리에 의해 강제적인 의미가 부여되어 비극적인 결말로 이어지는 길이 만들어졌다.

이후 브레이크가 걸리지 않는 과정은 혁명좌파의 지도자 나가타 요코가 적군파의 도야마 미에코의 여성적인 거동을 비판했을 때 시작되었다고 한다. 적군파에게는 이러한 개인의 생활 태도와 내면에 직접 관련되는 비판이 공공연하게 이루어지는 전통은 없었다. 적군파 지도자인 모리는 나가타가 도야마를 비판한 것을 심각하게 받아들여 여기에서 '혁명 전사의 공산주의화'라는 빠져나갈 구멍이 없는 이론을 생산한다. 이 이론이랄까 실천 기술론은 혁명군의 병사들이 각각의 구성원의 약점을 철저하게 서로 비판하여 개개인에게 비판받은 약점을 극복하기 위한 노력이 부과된다고 하는 것이었다. 즉 '혁명'은 사회적 혁명에 그치지 않고 혁명 전사 한 사람 한 사람의 인격의 철저한 '공산주의화'를 거치지 않으면 안 되었다.

패트리시아 스타인호프(Patricia G. Steinhoff)가 분석한 것처럼 이때 집단은 '공산주의화'라는 개념의 내실을 애매하게 한 채로 '더욱 뛰어나고 공산주의화된 혁명 전사가 되기 위해 각자 자신의 부르주아적인 행위를 비판하고 이것들을 불식'하도록 지도했다. 이를 위한 실천법으로 심리 요법의 일부로 사용되는 '집단 의식 고양법'과 비슷한 방식을 활용했다. 이 방법으로는 각각의 자아에 대한 고집을 집단적으

로 비판하여 개인마다 가진 자아의 외피를 파괴시키려고 하기 때문에 구성원의 자아는 일시적으로 극히 무방비적인 상태에 놓인다. 그들은 자신의 역사나 과거의 '비밀'을 울면서 고백하고 이것이 '공산주의화'를 위한 자기 변혁법이라고 생각했다. 더구나 그들은 모리에 의해 자기 변혁이 달성될 때까지 산에서 나오지 말라는 명령을 받았기 때문에 탈출구가 없는 강력한 폐쇄적 상황이 만들어졌다. 갇혀 버린 사람들은 자기 변혁에 대한 열정만은 진실로 공유하고 있었지만, 변혁을 획득한 상태란 어떤 것인지에 대해서는 아무것도 그려내지 못했다. 이 때문에 "일본의 쁘띠 부르주아 학생이 혁명 전사로의 변혁을 획득한다는 것은 개인의 과거에서 현재에 이르는 다양한 사고와 행동을 모두 부정하는 것"이 될 가능성이 있었다(Patricia G. Steinhoff, 『死へのイデオロギー』).

죽음에 이른 자기 부정

기타다 아키히로(北田曉大)는 이 연합적군의 '공산주의화'가 60년대 말의 학생 운동에서 폭넓게 공유된 '자기 부정'의 심정을 극한까지 추진한 것임을 논하였다. 자기 부정이란 '경멸해 마땅한 스스로의 내면을 직시함으로써 부정적인 정체성에 대한 자각을 지향하는 반성 형식'으로 '자학적이라고도 할 수 있는 이 반성 형식이 60년대 말 학생 '투사'들의 흐름이었다'. 이 심정에는 자신을 끊임없이 부정적인 것으로 극복해 가는 것이 실존의 본질이라는 실존주의적인 관념과, 자신들이 '혁명'을 지향하면서 대학생이라는 특권적인 지위에 있다는 사실

을 비판해 가려고 하는 성실함이 합류하고 있다. 산악 기지에 결집한 젊은이들은 폭넓게 공유하고 있던 심정을 '공산주의화'의 방법으로 절대화하여 철저한 자기 부정을 요구하는 지도자의 주장을 받아들였다. 이때 '자기 부정=총괄'은 "개인의 의지·의도, 그 단서가 된 이유·원인 등 거리낌 없이 자기 전개해 가는 자율적인 반성 시스템으로 그들 앞에 나타나"게 된다(北田曉大, 『嗤う日本の「ナショナリズム」』).

자기 부정의 앞에는 새로운 자기 부정이 기다리고 있을 뿐으로 이 시스템적인 운동에 끝은 없었다. 연합적군 형성을 향한 최초의 합동 훈련이 시작된 것은 1971년 12월 남알프스 니이쿠라(新倉)의 산속에서였다. 그리고 이 니이쿠라에서 나가타에 의한 도야마 비판이 나왔으며 이것을 계기로 모리의 '공산주의화' 테제(These)가 제출되고 집단 내부의 긴장이 극도로 높아졌다. 이것을 이어받아 12월 하순부터는 하루나(榛名) 산에서 합동 훈련이 시작되었으며 그들은 점차로 표적이 되어 동료에게 '총괄'을 요구하고 불충분하다고 판단한 경우는 집단적인 폭력을 휘둘렀다.

니이쿠라에서 최초의 희생자가 나온 것은 12월 말로 이로부터 다음 해에 걸쳐서 폭력은 점점 심해졌으며 겨우 1개월 정도에 12명의 구성원이 동료들의 폭행에 의해 학살되었다. 이러한 죽음을 모리 등의 간부는 충분히 스스로를 '공산주의화' 하지 못했기 때문에 '패배사'로 간주한다고 자기 정당화하였다. 집단은 더욱 새로운 동료를 살해해 나갔다.

이 처참한 과정과 제어 장치의 부재는 모두를 암담하게 하였고 이 사건의 전모는 신좌익에 대한 사람들의 장밋빛 기대를 타파하기에 충분했다.

장대한 사회의 심연에서

　이러한 살해 사건은 하루나 산과 가쇼(迦葉) 산 등 군마 현(群馬県)의 깊숙한 산속에서 일어났다. 그러나 그 후 자멸을 향한 연합적군의 구성원들은 묘기(妙義) 산에서 나가노 현(長野県) 쪽으로 빠져 길을 잃어버리고 가루이자와의 촌락 바로 옆에 나타났다.

　일련의 사건의 최종 국면에서 일어난 이 아사마 산장 사건이 가루이자와 역에서 차로 10분도 채 걸리지 않는 가까운 거리의 별장 분양지에서 일어났다는 사실은 많은 사람들이 갖고 있는 이 사건에 대한 인상과는 상당히 다르다. 사건 당시 텔레비전은 험준한 산등성이를 배경으로 한 3층 건물의 산장을 아래에서 위로 쳐다보듯이 비추고 있었다. 이것은 아무리 봐도 가루이자와와 같은 피서지의 이미지와는 멀리 떨어진 인적이 드문 산속의 사건인 듯 보였다. '아사마(浅間) 산장'이라는 이름 자체가 이와 같은 인상을 강하게 했다. 이름에서도 이것은 분명히 아사마 산의 분화 때 용암의 흔적이 아직도 가까이에 떠도는 인적 없는 산속 어딘가를 연상하게 했다.

　산장의 공방전은 10일간에 이르렀으며 포위한 기동대의 수는 1,500명 이상으로, 산장의 전면을 파괴하기 위하여 거대한 크레인 차까지 동원했다. 대량의 방수와 최류탄, 사상자까지 나온 기동대의 돌입극은 거실의 관중에게는 지금까지 본 적 없는 장관이었다.

　공방전의 마지막 날은 모든 채널이 장시간 현장 중계로 시청자를 잡아두어 시청율은 90%를 기록했다고 한다. 그리고 이 텔레비전 영상은 사건에 대한 사람들의 인상을 결정지었다. 텔레비전은 사건을 우리들이 살아가는 세계의 문맥에서 분리하여 가상적으로 존재하는 어단가로 밀어버렸다. 많은 일본인은 아사마 산장 사건을 그들의 일상과는 비연속적인 산속에서 이해하기 힘들 정도로 흉악화한 과격파가 일으킨 절망적인 행동인양 받아들였다.

그러나 아사마 산장 사건은 많은 일본인의 일상과 매우 가까운 곳에서 일어났다. 사건 현장은 1960년에 개발이 시작된 분양지였으며, 사건의 전년도인 71년에 우스이(碓氷) 도로가 개통되었고, 72년에는 가루이자와 도로도 개통되어 승용차로 우스이 고개를 훨씬 쉽게 넘을 수 있게 되었다. 이를 계기로 이 지역에 대한 개발은 한꺼번에 진척되기 시작했다. 73년에는 가루이자와 프린스호텔이 개업하였으며 병설된 가루이자와 스키장도 개장하였다.

정말로 가루이자와의 대규모 휴양지화가 시작되는 그 시점에 산속에서 헤매다가 나온 연합적군에 의해 농성과 총격전이 일어났다. 그들은 원래 묘기 산에서 와미(和美) 고개를 넘어 사쿠(佐久)로 빠져나갈 계획이었다. 그런데 산길을 헤매던 끝에 지도에도 나오지 않는 산기슭의 별장지로 들어와 아사마 산장에 도달하였다.

밤이 거의 지나서 이상한 곳에 도착했다. 이곳에는 몇 개의 구릉이 잘 정비되어 있었으며 구릉 사이에는 포장도로가 나 있었는데 도로 옆에는 일정한 간격으로 많은 수은등이 주위를 밝게 비추고 있어 마치 대낮처럼 밝았다. 사람의 흔적은 전혀 없었으며 산속에 사람이 없는 거리가 홀연히 나타난 느낌이었다. 지도에도 나오지 않았기 때문에 우리들은 혼란스러웠다. 잠시 '거리'를 걷다 보니 안내 간판이 있었는데 국토개발회사의 별장용 분양지라고 써 있었다(坂口弘, 『あさま山荘1972』下).

원래 혁명좌파가 산악기지의 거점화를 구상했을 때 그들의 머릿

속에 있던 것은 제2차 세계대전 당시 빨치산의 산악 투쟁이나 중남미의 산악 게릴라 투쟁의 이미지였다. 그러나 1970년대의 일본은 이들 가운데 어느 것과도 너무 달랐다. 이미 이 사회는 고도성장을 거치고 있었으며 새로운 국토 개발과 풍요로움의 향수를 향해 국민은 들떠 있었다. 아무리 연합적군의 병사들이 산악기지에 들어가 게릴라 투쟁을 시작하더라도 산악지대 전체가 새로운 개발과 소비의 세계에 빨려들어 가고 있었다.

소비 사회 속의 연합적군 사건

오쓰카 에이지(大塚英志)는 일찍이 아사마 산장 사건뿐만 아니라 연합적군 사건 전체가 70년대 이후에 지배적인 소비 사회와의 긴장 관계에 있음을 지적하였다. 그는 연합적군의 산악기지 속에서 완전히 이질적인 이중적 단어, 즉 '의미를 잃어버릴 운명이었던 남자들의 '신좌익'적 단어와, 사태의 변화에 충실히 반응하고 있던 여성들의 소비 사회적인 단어'가 정면에서 충돌하고 있었다고 했다. 일련의 '총괄'은 앞서 논한 도야마 미에코의 여성적인 행동에 대한 비판, 즉 '반지'나 '화장', '머리'에 대한 관심을 공공연히 부정하는 것에서 시작하여, 마침내 '패션에서 성적 신체에 이르는 모든 여성성 전체에 대한 부정'으로 집약되었다. 모리나 나카다는 동료가 소비 사회적인 '사적'인 말투를 사용하는 것에 민감하게 반응하여 이러한 감수성을 철저하게 배제하려고 하였다. 오쓰카에 의하면, 희생자의 한 사람인 가네코 미치요는 지도자인 모리를 '귀엽다'고 평했는데 이미 연합적군의 내부에서조

차 신좌익의 단어로는 정말로 부언할 수 없는 감수성이 이미 내부 의식에 스며들어 있음을 보여주었다(大塚英志,『「彼女たち」の連合赤軍』).

총괄은 이러한 새로운 의식을 에로스(eros)를 말살한 기계와 같은 혁명전사 의식으로 개조하려고 한 것이지만, 그러한 시도의 결말은 비참한 패배로 끝날 수밖에 없었다.

2. '운동'하는 대중의 종말

'운동' 시대의 말로

오쓰카와 기타다가 보여준 것처럼 1972년 연합적군 사건은 60년 대까지의 '사상에 의한 자기 실현'의 시대가 70년대 후반 이후의 '소비에 의한 자기 실현'의 시대로 이동해 가는 바로 중간 지점에서 일어났다. 연합적군의 병사들은 스스로의 내부에 70년대로 연속해 가는 새로운 의식의 가능성을 포함하면서도 이것들을 말살하고 강제적으로 남성=혁명 전사 의식으로 동화하려고 했다. 이를 위한 격리 시설이 산악기지였는데, 이것은 20세기 초두의 파시즘이 여성이나 이민족을 두려워하면서 국민을 강제로 동질화시키고 동질화되지 않는 사람들을 수용소에 가두어 둔 것과 어딘가 비슷하다. 마침내 이질성을 말살하지 못한 채 동지 살해로 조직이 자멸해 가자, 그들은 가루이자와라는 국토 개발과 소비 사회가 결탁한 상징적인 공간에 모습을 나타내고 기동대와 총격전이라는 일대 장관을 텔레비전 앞의 관중을 향해 연출하였다.

그러나 더 커다란 역사 속에서 생각한다면, 연합적군 사건은 '혁명'을 위해서 자기 부정을 지속해 온 운동 시대의 말로일 뿐 아니라 60년대 이후의 일본 사회가 동시대의 세계에서 점하는 위치 변화를 부정적으로 표현한 것이다.

이것을 이해하기 위해서는 여기에 한번 사회 전체가 크게 흔들린 60년 안보 시대까지 시점을 거슬러 올라가서 바라볼 필요가 있다. 실제로 60년의 안보 투쟁은 글자 그대로 '국민적'인 확산을 불러일으킨 운동이었다. 그리고 이 투쟁은 거리 투쟁에 의해 전개된 사회 운동이 국가의 역사를 좌우할 수 있는 최후의 순간이기도 했다.

60년 안보와 '운동'

1960년의 안보 투쟁이 전 국민적 규모의 반정부 운동으로 확대된 계기가 된 것은 기시 노부스케(岸信介) 정권이 58년 10월에 국회에 제출한 경찰관직무집행법(경직법) 개정안이다. 이 개정안은 공공질서의 유지를 중시하는 관점에서 경찰관의 간섭권을 확대하여 조합 사무실이나 숙소 등에 들어가 '제지'를 통해 집회를 중지하고, '흉기 소지'를 이유로 영장 없이 신체 검사를 할 수 있으며, 체포 영장 없이 상대를 '구속'할 수 있는 것 등이 가능하게 되었다. 이러한 전전의 치안유지법이나 헌병을 연상시키는 법 개정에 반대하여 사회당, 공산당, 총평(일본 노동조합 총평의회)뿐만 아니라 광범위한 여러 단체가 참가하는 전국 규모의 공투(共鬪) 조직이 형성되었다.

▶사진 1-1. 국회 앞에서 경직법 개악에 반대하는 전학련과 총평의 데모대(1958년 10월 8일, 사진–마이니치신문).

이 해의 10월부터 11월에 걸쳐서 경직법을 반대하는 대중 투쟁을 이끌어 가는 조직으로 결성된 '경직법 개악 반대 국민회의'가 중심이 되어 수백만 명을 동원한 여러 차례의 데모나 대중 행동이 실행에 옮겨졌다. 결과적으로 자민당의 내부 분열도 더해져 11월 말의 자민·사회 양당의 당수 회담은 동 법안을 폐안하는 것에 합의하였다.

경직법 개정에 대한 반대 투쟁을 성공시킨 여러 세력은 이 흐름을 그대로 반안보 투쟁으로 연결하려고 하였는데 반드시 성공했다고 할 수는 없었다. 운동의 중핵적 조직으로 다음 해 3월에 '안보조약 개정 저지 국민회의'가 사회당과 총평을 중심으로 결성되었다. 그러나 이 국민회의는 총평과 사회당 좌파가 주도권을 잡고 있었기 때문에 역으로 전노회의(전 일본 노동조합회의)나 신산별(전국 산업별 노동조합연합) 등의 노사협조형의 노동조합이 이탈해 가는 한계를 안고 있었다. 그래도 전국 각지에서 지역 수준의 공투 조직이 대체로 학교 구역마다 학습자 활동과 네트워크를 만들어 중첩적이고 광범위한 지역 주민을 운동에 끌어넣었다.

이렇게 하여 조합과 지역에 기반을 둔 반안보의 국민적 운동은 59년 여름경부터 활발해져 11월 27일에는 정점을 맞이하였다. 같은 날 국민회의는 안보 투쟁이 이제 결전의 단계에 들어갔다는 인식을 하

고 직장에서 노동자들의 실력 행사와 국회를 향한 대중 데모를 결합시
키려고 하였다. 이러한 움직임을 수용하여 전국에서 약 200만 명의 노
동자가 파업에 들어갔으며, 650곳에서 약 300만 명이 참가한 집회와
데모가 대규모로 개최되었다. 한편 도쿄에서는 5만 명을 넘는 데모대
가 국회를 둘러싸고 경찰이 도로를 봉쇄한 가운데 대표단이 국회에 들
어가 청원서 명부를 넘겨 주었다.

이때 분트(공산주의자동맹)의 지도를 받은 전학련이 주도하여 2만
명이 국회 내로 돌입하는 사건이 일어나 전학련은 '반안보' 운동의 가
장 첨예한 상징적 존재가 되었다. 이 국회 돌입은, 사회당과 공산당,
총평이 시행해 온 규칙인 '분향(焚香) 데모'로는 정치적 변혁을 이룰
수 없다고 주장한 가로우지 겐타로(唐牛健太郎) 등 분트 지도부에 의
해 비밀리에 계획된 실력 행사였다. 기성 정당이나 노동조합, 각 신문
은 그들의 '폭거'를 단죄하였지만, 동시대의 젊은이들 사이에서는 전
학련의 행동주의에 대해 공감하는 이들이 많이 늘어났다.

이윽고 60년 4월부터 5월에 걸쳐 '반안보'는 전국에서 수백만 명
을 동원하는 공전의 국민적 운동으로 확대되었다. 시미즈 이쿠타로
(清水幾太郎) 등의 호소에서 시작한 국회에 대한 청원 운동에서는 서
명자가 330만 명을 넘었으며, 많은 시민 단체와 지역 조직이 안보 반
대의 목소리를 높였다. 4월 말에는 전국에서 국회 청원자가 도쿄에 모
이기 시작하여 일본 전체가 뒤숭숭한 분위기에 휩싸였다.

이즈음에 데모의 대상도 국회뿐만 아니라 수상 관저나 미국 대사
관, 자민당 본부 등으로 확대되었다. 6월 4일에는 국회에서 560만 명
을 넘는 조합원이 파업에 들어가 약 2만 개의 점포가 안보 반대를 위
한 폐점 파업을 행하였다. 그리고 6월 15일에 경찰관의 폭행으로 데모

에 참가한 여학생 간바 미치코(樺美智子)가 사망하자 기시(岸)와 안보, 경찰관에 대한 국민적 반감은 정점에 달했다.

하지만 이렇게 특이하게 전 국민적으로 의기충만한 시기에도 학생들과 일반의 조합원이나 시민들 사이에는 커다란 의식의 차이가 있었다. 전학련 지도부는 '혁명적 상황'을 만들어 내기 위해서는 돌출된 행동에 의해 노동자의 궐기를 촉진해야 한다고 생각했다. 그러나 정당과 노동조합에 의해 주도된 국민회의의 입장에서 본다면, 그들의 행동은 전체의 통제를 흩트리는 과격주의로 운동의 대중적인 확대를 위협하는 요소였다. 전학련이 반복한 실력 행사는 주위와 조화를 이루지 못해 헛돌았으며 반안보 운동을 커다란 혁명적 조류로까지 추동하지는 못했다.

베트남전쟁과 문화대혁명

이렇게 하여 1960년 6월 19일 신안보조약이 자연스럽게 성립하고, 23일에 혼란의 책임을 지고 기시 수상이 퇴진을 표명하자 반안보 국민 운동은 급속하게 퇴조했다. 전후 일본에서 '정치 계절'의 종말이다. 그러나 세계사적으로 보자면, '정치의 계절'이 60년에 완전히 패배로 끝난 것만은 아니었다. 사태는 역으로 바뀌어 이때부터 세계는 더욱 첨예한 정치의 시대에 돌입하였다.

우선 1959년에 쿠바에서 혁명이 일어나 피델 카스트로가 정권을 잡았다. 이윽고 북미 대륙에서 지근거리에 있는 섬에 소련의 핵미사일이 배치되기 시작하자 미국의 존 F. 케네디 정권은 격렬하게 반응하여 62년 10월에 쿠바 위기가 발생한다.

64년 8월에는 통킹 만 사건을 계기로 미국은 본격적으로 베트남 전쟁에 돌입하여 북폭을 개시한다. 베트남전쟁은 60년대 후반을 통해 수렁에 빠져들었으며 미군은 증파에 증파를 거듭하여 60년대 말에는 50만 명에 달했다. 농촌과 산간부에 머물고 있는 적을 전멸시키기 위해 미군은 베트남의 농촌에 몇 번이나 무차별적인 공격을 거행하고 농민을 학살하였다. 이윽고 미국은 북쪽 보급로를 끊기 위해 라오스와 캄보디아에도 침공하여 전쟁의 심각한 영향은 인도차이나 반도 전체로 확대되었다.

동일한 시기에 중국에서는 중소 대립이 심화되고 머지않아 문화대혁명의 폭풍이 불기 시작했다. 1966년경 문화대혁명이 시작된 이후로부터 홍위병이 결성되어 유소기와 등소평을 시작으로 자본주의적이라고 간주되는 사람들에 대한 철저한 공격과 숙청이 전국적인 규모로 확대되었다.

이후 약 10년간 중국에서는 과다한 이데올로기 투쟁으로 인하여 고등 교육은 기능을 상실하였고 경제는 심각한 정체를 겪었다. 등소평이 경제인이었다고 한다면, 모택동의 재능은 어디까지나 정치에 있었다. 그러나 60년대의 중국에서는 소련과의 대립을 배경으로 모택동주의가 위력을 떨치고 있었으며, 그 사상적 영향력은 일본에도 미쳤다.

나아가 한국과 대만, 필리핀은 박정희, 장개석, 페르디난드 마르코스 등 독재 정권이 지배하였고, 인도네시아에서는 쿠데타에 의해 수카르노에서 수하르토로 정권이 이동하였다. 결국 60년대의 아시아는 아직 격동의 시대를 걷고 있었고 세계는 냉전에 의해 규정되었다. 아시아 사람들을 지배하고 있던 것은 '경제'가 아니라 '정치' 현실이었다.

고도성장과 젊은이들의 조급증

그런데 이러한 가운데 일본 본토만은 예외였다. 강권적인 기시 정권은 무너졌지만 신안보조약은 예정대로 발효되었다. 이케다 하야토 정권이 '소득 배가'를 온갖 정책의 중심축에 놓고 '탈정치=경제'의 시대를 연출하자 전후 일본 대중은 이것을 환호하며 환영하였다. 사람들은 이케다와 함께 오로지 '소득 배가'를 향해 달렸으며, 가전제품을 사고 자가용 차를 구입하여 가족 동반으로 드라이브 나가는 데 몰두하였다.

다른 한편 젊은이들은 점차 이러한 일본 사회 속에서 '풍요로움'을 향수하는 자신들에 대하여 묻고 있었는데, 고도성장에 취해 버린 다수의 대중이 그러한 문제 의식에 공감할 여지는 없었다. 젊은이들의 운동은 대중에게서 괴리되고 그러한 만큼 첨예화하였다.

60년대부터 70년대에 걸친 일본의 급진적인 정치 운동 특히 학생 운동의 고립은 이러한 세계와 일본 정세의 커다란 차이를 배경으로 하고 있다. 젊은이들은 세계 각지에서 '혁명'의 기운이 무르익고 있다고 느꼈다. 베트남전쟁에서 미 제국주의를 향한 뿌리 깊은 저항과 중국의 문화대혁명은 동시대 일본 젊은이들의 의식을 분발시켰다.

그러나 일본 국내의 상황은 완전히 반대였다. 대다수 사람들의 관심은 경제 생활의 풍요로움에 초점이 맞춰져 있었으며, 새로운 대중 소비제와 텔레비전이 제시하는 버라이어티와 홈 드라마의 세계가 펼

처졌다. 평균적인 일본인에게 아시아의 분쟁이나 혁명은 더더욱 인연이 없는 세계의 사건으로밖에 느껴지지 않았다. 60년 이후의 일본에서는 '혁명'이 일어날 리가 없었다. 이러한 현실은 베트남전쟁이나 문화대혁명을 더 가깝게 느끼고 있던 대학생들을 초조하게 만들었다.

정치적 상징주의

이 분명한 차이 속에서 일본의 학생 운동에 무엇이 일어났는가. 원래 전후 학생 운동의 중핵이 된 '전학련'은 1948년에 미군 점령 하의 대학에서 일본 공산당의 영향하에 결성된 대학자치회 연합체로부터 출발한다. 그 후 공산당이 무력 투쟁 노선에서 의회 정당 노선으로 전환하는 과정에서 공산당 비주류파 학생들이 조직한 반전 학동의 주요 부분이 공산당에서 제명되어 '분트'를 결성했는데, 이것이 60년 안보 당시 학생 운동의 주력을 이루었다. 그러나 안보 투쟁이 기시 정권을 퇴진시키면서도 미일안보조약 그 자체는 자연히 승인되어 결국 정치적으로는 확실한 결과를 얻지 못하고 퇴조해 가자 이 투쟁을 지도한 분트는 분열하여 다양한 당파가 분립하는 시대로 옮겨졌다.

고사카 슈헤(小阪修平)는 이러한 배경 속에서 60년대 말이 될수록 일본의 학생 운동은 가두 행동주의와 정치적 상징주의라는 두 가지 특징을 더욱 현저하게 갖게 되었다고 지적한다. 가두 행동주의란 기동대로 상징되는 '국가 권력'과 직접적인 무력 충돌을 두려워하지 않고 오히려 솔선하여 '권력'에게 공격을 가하는 경향이다. 이에 비하여 정치적 상징주의에서는 개개의 행동이 어떠한 정치적 결과를 낳았는

가 보다도 자신들의 "반대 의지를 상징적으로 표현하는 이의 제기"에 초점을 두고 있다(小阪修平,『思想としての全共闘世代』).

이러한 특징은 '무장투쟁주의'와 '상징주의'처럼 서로 반대되는 것으로 보이면서 실제로는 동일한 동전의 앞면과 뒷면이다. 60년대의 학생 운동은 사회 전체의 동향에서 괴리되면 괴리될수록 더욱 전투적으로 되면서, 그 전투성은 사회 속에서 구체적이고 지속적인 효과를 낳기보다는 그 자체가 상징적인 행위로서의 성격을 강화시켜 갔다.

집단적 자기 폐색

이것은 어떤 의미에서 젊은이들의 집단적인 자기 폐색이었다. 젊은이들은 '권력'에 대한 이의 제기에 더욱 열중하면서 이것을 자신들의 세계를 넘어선 어떠한 층, 조직, 정치 역학과 연결하여 사회를 변혁하는 힘으로 만들어갈 것인가라는 실효성 있는 전망을 상실하였다.

당시 시대는 고도성장의 한가운데로 '혁명 전야'와는 너무 다른 상황이었다. 학생 운동의 투사들도 머릿속의 어딘가에 이러한 점을 인식하고 있었을 것이다. 그래도 그들이 '혁명'을 반복하여 외친 것은 현실에 대한 관찰에 기초하기보다는 자신들이 생각하고 있던 원리적인 귀결로써 '혁명'을 요구하였기 때문이다. 따라서 '혁명'은 동료를 선동하기 위해 이야기했다고도 할 수 있는데 "권유의 목소리는 종종 착각을 낳는다. 그리고 당파 자체도 대중 운동의 급진화에 끌려서 좌경화했다. 당파 속에는 비교적 온건했던 구조개혁파 계통의 여러 당파들조차도 70년대가 가까워지자 과격한 방침을 취하게 되었다"(小阪修

平,『思想としての全共闘世代』).

60년대 말의 학생 운동은 개개 투쟁의 현장에서 현실적인 전망을 찾아내지 못했기 때문에 더더욱 '혁명'의 관념을 물고 늘어지는 역설적인 회로를 강화시켰다. 이러한 의미에서 젊은이들은 너무 '공상적'이었다.

노동 운동의 탈정치화

젊은이들 운동의 고립화는 그들 자신에 대한 폐색과 더욱 첨예한 것을 지향해 가는 급진주의만으로 만들어지진 않았다. 1960년대를 통해 일본 사회는 그들의 활동을 사회 변혁의 견인력으로 삼기보다 오히려 안정적인 사회를 쌓아올리는 데 장애물로 주변화하고 배제하였다. 이러한 방향을 촉진한 커다란 요인 가운데 하나는 노동 운동의 탈정치화였다.

1950년대 일본의 노동 운동은 단순히 노동자의 생활 조건 개선뿐만 아니라 반기지 투쟁, 평화 운동, 반안보 등 정치적 쟁점에도 전투적으로 관여하였다. 52년에 요시다 시게루(吉田茂) 내각이 국회에 제출한 파괴활동방지법안과 파업금지법, 노동3법 개정법안에 대하여 4차례에 걸쳐 전국적인 파업을 조직하였다. 56년에는 하토야마 이치로(鳩山一郎) 내각이 제출한 교육3법 개정에 대한 반대도 일교조(日教組)를 중심으로 전국의 노동조합이 주도하였다. 더욱이 닛산(日産) 자동차와 미쓰이(三井) 미이케(三池) 광산, 아마가사키(尼崎) 제강소 등에서 격렬한 투쟁을 전개했는데 이것들은 종종 '지역 단위'의 양상을 보였다.

우선 각 도도부현(都道府県)의 교원조합은 각각 지역의 기지 반대 투쟁과 원자·수소폭탄 금지 등의 운동에서 중심적인 역할을 담당하였다. 학교 교사들은 전후 민주주의를 지역 사회에 뿌리내리는 데 있어 지도자가 되려고 하였다. 그들은 각지에서 지역의 청년 운동을 지도하고 생활 개선 운동을 가정에 침투시켜 노래 운동, 연극 운동, 작문 모임, 역사 공부 모임, 평화 교육 등 지역 활동의 중심을 이루었다. 이들 교원조합은 전국적으로 일교조에 결집해 있었기 때문에 이미 논한 경직법 개정이나 안보개정을 진척시키려고 하는 자민당에게 일교조는 가장 경시하기 어려운 존재였다. 1956년 11월 교육위원회가 종래의 공선제에서 임명제로 전환할 때, 공립 학교 교원에 대한 근무 평정 정책이 강력하게 추진되기 시작하여 이것이 각지의 교원 활동에 심각한 타격을 주었다.

　이러한 노동 운동과 정치가 분리될 수 없는 상황의 연장 선상에서 60년 안보 시기에 각지에서 대규모의 집회와 데모 개최도 가능했는데, 60년대의 고도성장은 이러한 정치와 노동 운동의 결합을 점차적이기는 하지만 확실하게 약체화시켰다.

　실제로 이미 1954년에 해원조합(海員組合), 전섬동맹(全繊同盟) 등은 다카노 미노루(高野実) 사무국장이 지도하는 총평의 지도 방침은 계급투쟁주의에 지나지 않는다고 하여 총평을 탈퇴하였으며, 노사협조노선의 총동맹(일본노동조합총동맹)이나 각 기업의 제2조합 등과 합류하여 전노회의(全労会議)가 결성되었다. 그리고 다음 해 55년에는 다카노 미노루가 반기지·재군비 반대의 '마을 단위·촌락 단위' 투쟁을 총평 사무국장 자격으로 강력하게 견인해 왔는데, 춘계 투쟁 중심 노선을 취한 이와이 아키라(岩井章)와 오타 카오루(太田薫)에게 선거에서 패배하고 물러나자 총평도 경제를 더욱 중시하는 노선으로 돌아섰다.

노사 협조 노선

60년 안보와 기시 정권 붕괴 후 정권을 차지한 이케다 하야토는 발 빠르게 '국민 소득 배가' 정책을 내세웠다. 동시에 암초에 부딪힌 미쓰이 미이케 쟁의를 경영자 측에게도 압력을 가하여 탄광 이직자의 재취업을 정부와 재계가 보장하는 방향으로 해결했다. 고도성장기에 들어선 일본에서는 사회 전체의 몫이 확대되었기 때문에 그 확대된 몫의 일부를 노동자에게도 나누어 주는 것으로 사회 불안을 해결할 수 있었다. '소득 배가'의 슬로건에 나타난 것처럼 이케다 정권은 이 정책을 강력하게 추진했는데, 이러한 상황에서는 노동자 측에게도 경영자와의 철저한 투쟁 노선보다도 일정한 조건에서의 노사 협조 노선이 상대적으로 유력한 선택 안이었다.

이렇게 하여 1960년대에 일본의 노동 운동은 '정치'에서 이탈해 간다. 생각해 보면 노동 운동이 전체로서 정치화한 것은 드문 일로 50년대의 상황이 오히려 예외적이었을지도 모른다. 노동조합의 수준에서도 전노회의를 개조하여 64년에 결성한 동맹(전일본노동총동맹)은 고도성장 노선을 노동조합의 입장에서 지지해 간다.

이러한 조직적인 변화와 병행하여 무엇보다도 노동자의 의식 전체가 바뀌었다. 노사협조가 정책적으로도, 경영자와 노동조합의 양측에서도 추진되는 가운데 노동자는 '계급'적인 정체성보다도 오히려

'가정' 경영자로서의 정체성을 갖게 되었다. 이러한 노동 대중의 의식 속에서는 정치적 과격주의로 달려가는 젊은이들이 반사회적인 위험 분자로 보일 수밖에 없었다.

3. 베헤렌과 여성 해방 운동, 반복귀론

베헤렌의 탄생

1960년대부터 70년대에 걸쳐서 아직 '정치'의 계절 속에 있던 젊은이들은 세계의 동향에 민감하게 반응했다. 그들은 미국의 침략에 강하게 저항하는 남부 베트남 해방 전선의 병사들이나 중국의 문화대혁명과 연대하려고 했다. 그러나 그들도 스탈린주의에 대해서는 오래전에 환멸을 느끼고 있었기 때문에 구체적으로 의식하는 연대의 상대는 미국의 젊은이들이었다. 50년대 초두의 반체제운동은 종종 공산당에 의해 주도되었으며 그 배후에는 코민테른의 국제적인 네트워크가 있었는데, 60년 안보와 그 후의 운동은 이러한 공산당의 지도력이 상실된 시점에서 고양되었다.

60년대의 학생 운동은 중국의 문화대혁명에 대한 공감을 표시하면서도 공산당과 소련보다도 오히려 미국의 반체제운동이나 대항문화(Counter-culture)의 영향을 강하게 받았다. 그들은 사회주의의 입장에서 자본주의를 공격하는 것이 아니라 자본주의 그 자체, 그 세계 시스템의 중심에 있는 미국 사회의 내부에서 스스로의 체제를 회의하는 주장에 공감하여 동일하게 내부에서의 문제 의식을 일본 사회를 향해 발산하는 흐름이었다.

이러한 흐름을 일찍이 대표하여 연합적군이 향한 자기 부정과는 다른 60년대의 운동 가능성을 보여준 것이 '베헤렌'(베트남에 평화를! 시민연합)이다. 60년대 안보의 강행 체결에 항의하여 모인 '무언의 소리 모임(声なき声の会)'은, 미국 정부가 대규모의 북폭을 시작한 지 약 1년 후에 다른 운동 단체에 제의하여 베트남 반전의 연합 조직을 만들려고 하였는데, 베헤렌은 이러한 움직임에서 시작되었다. 제안한 것은 다카바타케 미치토시(高畠通敏)와 쓰루미 슌스케(鶴見俊輔)였는데 이들은 젊은이들이 운동의 중핵이 되어야 한다는 생각에서 오다 마코토(小田実)에게 상의해, 오다가 대표를 맡은 베헤렌이 시작되었다.

1965년 4월에 북폭에 항의하는 1,500명이 도쿄 시미즈타니(清水谷) 공원에 모인 것을 시작으로 정치가를 포함하여 강의, 텔레비전 중계, 〈뉴욕타임즈〉에 반전 전면 광고 게재 등 미디어를 강하게 의식한 운동을 전개하였다.

4명의 탈주병

베헤렌에게 닥친 하나의 커다란 시련은 1967년 10월에 요코스카(橫須賀)에 기항 중인 항공모함에서 4명의 해군이 탈주하여 보호를 청해 왔을 때였다. 그때까지 베헤렌은 탈주병을 숨긴다고 하는, '보통의 시민이 하는 보통의 운동'이 아닌 부분에 대해서는 익숙하지 않았다. 또한 이것은 어디까지나 계속해서 '보통의 시민' 운동체이고자 한 베헤렌이 어디까지 '비합법'적인 조직 활동에 관여할 수 있는가라는 의문도 제기하였다. 오다 등은 4명의 탈주병에게 자신들의 행동에 대한 성명을 발표하게 하고 영상을 찍고 4명을 나호토카(Находка) 행의 소련 정기선에 태운 다음에 기자 회견을 열어 사건의 경위를 세상에 알렸다.

베트남 반전 운동은 세계적으로 확산되었는데 이는 베헤렌 탄생의 배경이 되었다. 이미 미국에서는 북폭이 시작되는 1964년경부터 공민권 운동가와 귀환병, 병역 거부자 등에 의해 베트남 반전 운동이 확산되기 시작했다. 사진 보도나 텔레비전으로 전장의 실태가 널리 알려지게 되는 60년대 말에는 반전 여론이 한꺼번에 미국 국내와 해외에서 확대되었다. 이러한 가운데 베헤렌 운동은 세계적인 시민 반전 운동 네트워크의 일환이라는 면을 갖고 있었다. 따라서 4명의 탈주병 보호와, 이전에 그들이 행하고 있던 베트남 파병을 거부한 한국군 병사에 대한 지원이나 미국의 반전 운동과 연대한 다양한 활동도 기본적으로 이러한 세계적인 문맥 속에서 일어났다.

네트워크형 시민 운동

베헤렌 결성 시에 이름을 올린 사람들은 오다, 쓰루미, 다카바타케 외에 홋타 요시에(堀田善衛), 가이코 타케시(開高健), 사토 타다오(佐藤忠男), 후쿠다 요시유키(福田善之), 다카하시 가즈미(高橋和巳),

▶사진 1-2. 칸다(神田) 학생 회관에서 「미국 항공모함 인트레비트의 해군 4명이 탈주」를 발표하는 베헤렌. 좌측이 쓰루미 슌스케 도시샤(同志社) 대학교수, 우측이 오다 마코토 베헤렌 대표(1967년 11월 13일, 川口武彦 감수, 『写真集·日本社会党』, 日本社会党中央本部機関紙局, 1982년).

요시다 요시시게(吉田喜重), 시노다 마사히로(篠田正浩), 이데 마고로쿠(井出孫六), 고마쓰 사쿄(小松左京) 등 이른바 문화인이 중심이었다. 그러나 곧 오다 마코토의 지도하에서 베헤렌은 전후 지식인 주도의 운동에서, 젊은이들이 풀뿌리처럼 참가하여 활동 형태가 점차 변해가는 부정형의 공간으로 변형되었다.

쓰루미 슌스케에 의하면, 베헤렌은 내외의 환경적 경계가 느슨하여 언제라도 '운동 상황을 이루고 있는 부분'에서 운동의 중핵에 새로운 사람이 들어올 수 있었다. 당연히 이런 종류의 조직화되지 않은 운동에는 '쓸데없는 에너지'도 많다. 그러나 베헤렌은 운동을 조직으로서 제도화하지 않은 채 정치적으로 활동하는 독특한 활동 형태를 취하고 있었다. 그렇기 때문에 새로운 참가자들의 흐름을 수용하여 "지금까지 이 운동에 참가해 온 사람을 점점 구식으로 만들어 버리는 뭔가를 가지고" 있었다(鶴見俊輔,「ベ平連とは何か?」, ベトナムに平和を!市民連合編, 『資料·「ベ平連」運動』 上巻).

이러한 특징은 오다 마코토가 베헤렌을 '보통의 시민이 하는 보통의 운동'으로 강력히 발전시키려고 한 결과이기도 했다. 오다는 "전후적인 운동에는 우선 '내'가 있고 여기에 결합된 형태로 '공'의 대의명분이 존재한다"고 했다. 60년대 안보가 대규모 운동이 될 수 있었던 것은 '민주주의를 지켜라'고 하는 슬로건도 있었지만, 방치해 두면 '나'의

권리가 박탈당할지도 모른다는 권리 옹호 의식이 움직이고 있었기 때문일 것이다. 현대의 운동은 이 '나'를 출발점으로 하는 곳에서 오는 여러 특징을 전제로 한다. 즉 첫 번째로 '보통의 시민'은 우선 사생활이 중요하기 때문에 엄청난 것이 없는 한 공적인 목적을 위해 몸을 내밀지는 않는다. 두 번째로 운동은 장기화할 수 없으며, 생활을 희생해야 할 의무(commitment)는 요구할 수 없다. 한편 참가하는 사람들 사이에 비장함은 적고, 운동이 전부라는 삶의 방식은 성립하지 않는다. 오다는 이러한 "조직 밖에 있는 '나'를 어떻게 포용할 것인가. 이것을 하나의 힘으로 할 수는 없을까"가 60년대 이후의 시민정치에 있어 가장 중요한 과제라고 생각했다(小田実, 「ふつうの市民のできること」, 앞의 자료).

이러한 과제에 대하여 오다는 일찍부터 실천적인 대답을 준비하고 있었다. 즉 운동의 목적에 관해서는 철저한 단일주제주의였다. 운동의 목적을 이것저것 폭넓게 하는 것은 안 되며 '민주주의를 지켜라'라고 하는 추상적인 목표도 기능하지 않는다. 베헤렌의 경우 목적은 '남부 베트남에서의 미군 철수'로 이것이 실현되자 해산했다. 다른 한편 이러한 목적에 대하여 동의할 수 있는 사람들을 가능한 한 폭넓게 모아야 했다. 다른 논제에 대한 태도나 정치적인 입장이 달라도, 국적이나 속해 있는 체제가 달라도 어쨌든 어떤 단일한 목표를 공유할 수 있다면, 하나의 공동 전선을 펼칠 수 있다.

이윽고 80년대 말 이후 쓰루미와 오다는 베헤렌의 운동체로서의 특징을 명확히 하고 환경보호나 약물 피해 소송, 인권 옹호, 페미니즘 등 많은 분야의 새로운 네트워크형 시민 운동으로 확대하였는데, 분명히 그 원형은 60년대의 베헤렌 속에서 모색할 수 있다.

전국으로 확대된 여성 해방 운동

1970년에 다나카 미쓰(田中美津)가 등사판으로 인쇄한 「에로스 해방 선언」을 각지의 반전 집회에서 나누어 주기 시작한 시점에서 '여성 해방 운동'은 모습을 드러냈다. 커다란 흐름에서 본다면 이 역시 베헤렌처럼 '보통의 시민이 하는 보통의 운동' 흐름 속에 위치한다. 실제로 여성 해방 운동의 명칭이 미국의 여성 해방 운동 'Women's Liberation'에서 유래한 것에서 알 수 있듯이 동시대 미국의 반체제 운동과도 영향을 주고받는 새로운 페미니즘의 조류였다.

1970년 이후 다나카 미쓰 등은 '여성 해방! 연락회'를 조직하여 네트워크를 넓혀, 같은 해 10월 21일 국제 반전의 날에 전국 각지에서 여성 해방 운동의 이름을 내세운 통일 행동, 집회, 데모를 시행했다. 도쿄에서도 다나카 등의 '집단 투쟁하는 여성'이 여성만의 데모 행진을 행하여 각 신문지상에 크게 보도되었다. 이윽고 연락회에는 각지의 여성 운동가들이 모여들고 집회와 출판, 나가노 현 시나노타이라(信濃平)에서 합숙, 부부 별성(別姓)과 우성보호법 개악 저지 등 구체적인 문제에 대한 공투 체제 만들기를 거듭하였다. 72년 5월에는 2천 명 가까이 모인 해방 대회를 개최하였으며 동년 9월에는 '리브 신주쿠(新宿) 센터'를 개설하였다.

▶사진 1-3. 도쿄의 긴자(銀座)를 행진하는 여성 해방군의 데모 행진(1970년 10월 21일, 사진—교도(共同)통신사).

이즈음에 여성 해방 운동은 전국 각지에서 다양하게 개최되기 시작했다. 니시무라 미쓰코(西村光子)가 보여준 것처럼 "홋카이도(北海道)에서는 '여성 메트로파리체인(おんなメトロパリチェン)' '몬로사(もんろう社)' '삿포로 고무우누(札幌こむうぬ)' 등 다양한 모임이 만들어졌다. 나고야(名古屋)에서는 히사노 아야코(久野綾子) 등이 『여성의 반역(おんなの叛逆)』을 출판하여 연속적인 투쟁을 전개하였다. 오사카(大阪)와 교토(京都)·고베(神戸)를 연결한 간사이(関西) 리브연락회의의 논의는 활성화되었다. 규슈(九州)에서는 '홍관(紅館)'이 중심이 되어 투쟁과 생활을 어떻게 결합시킬 것인가라는 문제를 계속 제기하였다. 히로사키(弘前), 시즈오카(静岡), 히로시마(広島), 가고시마(鹿児島) 등에 있던 여성 운동 단체는 정보를 찾아서 각지의 대학 교정에 전단지를 뿌렸다"(西村光子, 『女たちの共同体』).

미조구치 아키요(溝口明代) 등이 편집한 『자료 일본여성 해방 운동사(資料日本ウーマン·リブ史)』는 이 시기에 전국에서 전개되고 있던 여성 해방을 조감하고 있다. 여기에는 당시의 '투쟁하는 여성'들이 한편으로 그때까지의 전공투(全共闘)나 학생 운동의 여러 당파와 다를 바 없는 과격하고 관념주의적인 언어를 되풀이하면서도, 다른 한편으로 운동의 현장에 뿌리 깊게 침투해 있던 남성 지배에 얼마나 반발하였으며 왜 '남자들의 투쟁'에서 결별했는지 다양한 목소리를 통해서 전달하고 있다.

'혁명'에서 '해방'으로

베헤렌이 오다 마코토의 지도와 떼어내어 생각할 수 없듯이, 다나카 미쓰는 70년대 초반의 여성 해방에 결집한 여성들의 분노와 희망에 언어를 부여했다. 다나카는 지금도 싱싱함을 잃지 않은『생명의 여성에게(いのちの女たちへ)』에서, 자기 부정의 관념과 거리를 두고 연합적군의 음침한 집단 폭력 사건에까지 이르게 한 신좌익운동과, 자신들의 여성 해방이 어디가 어떻게 결정적으로 다른지 명쾌하게 선언했다. "남자들이여, 더 주체적으로 남자의 혁명 이론을 받들려고 한다면, 여자는 모두 나가타 요코다"라고 간파한 다나카는 "신좌익의 여성에게 있어 '혁명'이란 남자다운 남자의 대명사로서 존재했다. 쁘띠 부르주아 사회에서 절대로 만날 수 없는 왕자님. 일반의 여자가 '시세이도(資生堂)'에서 화장할 때 그녀들은 혁명의 대의에 화장했다. '만약 흰색이었다면'이라는 기대가, '만약 혁명이었다면'의 기대로 바뀐 것에 지나지 않는 이야기로 언젠가 다가올 유리 구두를 꿈꾸고 있었던 점에서 동일했다"고 한다.

물론 그러한 다나카도 운동 속에서 자기 부정의 논리를 신봉하던 시기가 있었다. 60년대 말 다나카는 "이른바 시민 운동이라고 불리는 것에 정을 쏟고 시민으로서 자기 부정을 모색했는데 그러나 아무튼 분명하지 않았다. ……인간으로서 시민으로서 베트남전쟁이란 것은 어디까지나 운동에 참가할 때의 당위성이었지, 일상의 나 자신은 무가치한 여자라는 강박관념에 사로잡혀 여자라는 곳에서 도망가려고 하였으며 또한 웅크릴 수밖에 없는 그 사이를 우왕좌왕하고 있던 터라 이 이상 무엇을 더 부정해야 한단 말인가!라는 돌변이야말로 자신의 본심이었다"(같은 책).

다나카가 선언한 것과 마찬가지로 다른 여성 해방 운동가들의 시각도 전환되었다. 오타 쿄코(太田恭子)는 여성들은 전공투 활동가들과 섞여 "자기 부정을 반복한 이후 막다른 투쟁의 골목에서 출구를 찾지 못한 전공투 남자들을 보면서 집단으로서의 '여성'에게는 '여성'성을 자기 부정의 대상으로 하지 않아도 좋다. 지금까지는 부정적일 수밖에 없었던 부분이 남아 있다는 사실을 알게 되었다. 여성들은 여기서부터 더욱더 '여성' 해방을 향한 투쟁을 시작하였다"고 한다(太田恭子,「女たちの全共闘運動」,『全共闘からリブへ』).

1970년대 초반 아직 '정치'의 계절 속에 있던 젊은이들은 조금씩 자신을 계속해서 부정하는 것이 아니라, 또한 그 막다른 골목에서 절망하여 자신과 사회에 대해 문제를 제기하는 것을 포기하지도 않고 부정하지 않아도 좋은 관계를 구축하는 방향을 향해서 걷기 시작했다.

오키나와(沖縄)의 반전·반기지 운동

오키나와는 1960년대 일본 본토에서 확대된 노동 운동과 학생 운동에 있어 최대의 초점이었다. 60년대 말 본토의 좌익 정당과 학생 운동은 반안보의 입장에서 미·일 정권이 추진하는 오키나와 반환에 반대했는데, 이것은 동시대의 오키나와 인이 공유하고 있던 감정과는 상당히 괴리되어 있었다.

오히려 오키나와에서는 베트남전쟁의 출격 기지로서의 중요성이 커지는 가운데, 군비 증강과 미군에 의한 사고나 사건이 끊이지 않왔으며 이것이 '조국 복귀'에 대한 전 도민적인 운동을 가속화시켰다. 60년대 중반의 반복되는 조국복귀현민궐기집회, 교직원의 정치 활동 제한을 목표로 한 '교공21법'의 실력 저지, 68년의 주석 공선(公選)에 대한 혁신 통일 후보 야라 초뵤(屋良朝苗)의 승리 등 오키나와에서 '반기지'와 '조국 복귀'를 슬로건으로 한 운동이 커다란 파도를 일으키고 있었다. 여기에는 미군에 대한 반감이 '일본에 복귀하면 기지는 없어지고 생활도 풍요로워진다'는 '일본=조국'에 대한 환상을 조장하여 이것이 베트남 반전이나 반기지 감정과 섞이면서 작용하고 있었다. 많은 경우 본토의 운동은 이러한 오키나와 인의 복잡한 심정에 둔감했다.

원래 오키나와의 '복귀'가 일본 정부의 주요한 방침으로 정해진 것은 1964년 11월의 사토 에이사쿠(佐藤栄作) 내각 성립 이후다. 경제 성장을 최우선으로 하는 이케다 정권에 비하여 자민당의 보수 우파에 위치한 사토는 영토 문제에 관심이 강하여 총선거에 나섰을 때부터 미국에 오키나와, 소련에 북방 영토의 반환을 요구하겠다고 하였다. 65년 1월에는 미국으로 가서 류큐(琉球)와 오가사와라(小笠原) 제도의 시정(施政) 권한의 조기 반환을 '희망'으로 표명하였다.

그러나 당시에 미국은 64년 6월의 통킹만 사건을 계기로 베트남에 군사 개입을 본격화하였으며, 다음 해 65년 2월에는 북폭을 개시했다. 통킹만 사건은 이후에 미국이 획책한 사건임이 폭로되었는데, 이후의 이라크전쟁과도 비슷하며 당시에 대통령의 군사 개입 노선은 의회와 여론의 압도적인 지지를 받았다. 그리고 극동에서 베트남으로의 중계·출격 기지로서의 오키나와는 미군의 생명선으로서 중요했기 때문에, 미국 정부는 일본 정부의 '희망'에 곧바로 대응할 수 있는 상황은 아니었다. 그러나 북폭과 이것에 연이은 베트남전쟁의 장기화는 본토와 오키나와의 반전·반기지 운동을 급속하게 활성화시켰다. 본토에서는 이것을 기회로 베헤렌이 결성되었으며, 새로운 사회 운동의 파고를 확대시킨 내용은 이미 서술하였다. 다른 한편, 1961년에 취임한 캐러웨이(Caraway, Pawl W.) 고등변무관의 강권적인 직접 통치에 반발하는 의식이 오키나와 전체로 확산되면서 미군 지배에 반대하는 운동이 확대되었다. 같은 해 6월의 이케다―케네디 회담에서 시정 권한 반환을 보류한 것에 대한 불만은 오키나와의 보수 세력에까지 파급되어 62년 2월 1일에 류큐입법원은 즉시 시정 권한 반환 요구 결의를 전원 일치로 채택하고 유엔에 가입한 여러 나라에도 호소하여 오키나와 문제에 대한 관심을 불러일으켰다.

그 후 60년대 후반에는 수만 명이 모인 조국복귀현민결의대회가 자주 개최되었다. 65년에 사토 수상이 오키나와를 방문하자 나하(那覇) 시내에서 열리고 있던 현민결의대회의 데모대가 결의문을 수상에게 넘겨주기 위해 길 위에 연좌하자, 사토 수상은 숙박 예정 호텔로 갈 수가 없어서 미군 사령부의 영빈관으로 가버렸다. 이러한 가운데 사토는 "나는 오키나와가 조국에 복귀하는 것이 실현되지 않는 한 우리나라의 '전후'는 끝나지 않았음을 잘 알고 있습니다"라는 성명을 발표했다. 그는 이 반환이 어디까지나 미군 기지의 현상 유지와 세트가 되어야만 한다고 생각했다.

오키나와 반환

주미 대사 에드윈 라이샤워(Reischauer, Edwin Oldfather)는 사토 정권과 함께 오키나와 반환을 미국 정부 내에서 추진한 인물이다. 라이샤워는 오랫동안 일본에서의 경험을 바탕으로 베트남전쟁의 격화 속에서 오키나와와 본토에서 반미 감정이 확대되는 것에 강한 위기감을 갖고 있었다.

1965년 미국으로 일시 귀국한 라이샤워는 로버트 맥나마라(Robert Strange McNamara) 국방장관의 요구에 응하여 각서를 정리하였다. 베트남전쟁의 격화는 일본인의 민족주의적인 감정과 좌파의 반미주의를 기초로 하여 오키나와 문제를 향해 지금까지 우호적이었던 미일 관계를 위험에 빠뜨릴 가능성이 있다고 경고하였다. 오키나와에서는 더 이상 자치권을 부분적으로 확대하거나 경제 원조에 의해 생활을 향상시킨다는 정책이 한계에 와 있으며, 미국 정부가 오키나와의 미군 기지를 계속 유지하기 위해서는 일본 정부와 시정 권한 반환을 위해 구체적으로 협의하지 않으면 안 된다고 했다. 라이샤워는 이러한 경고를 반복하여 미국 정부에 건의하여 오키나와를 일본에 반환하고, 미일 공통의 안보상의 이익이라는 관점에서 오키나와 기지를 계속 유지하도록 하는 것이 미일 관계 안정화를 위해 유익하다고 주장하

▶사진 1-4. 류큐 정부 주석의 공선제에 대하여 밀도 있는 의견 교환을 한(왼쪽부터) 라이샤워 미 대사, 와트슨 오키나와 미국 민정부 고등변무관, 사토 에이사쿠 수상, 야스이 켄(安井謙) 총무장관(1965년 9월 28일, 사진-마이니치신문).

였다(外岡秀俊, 『日米同盟半世紀』).

라이샤워의 제언은 곧바로 미군이 받아들일 수 있는 것은 아니었다. 하지만 사토가 재차 미국을 방문한 67년경까지 오키나와 반환은 미국 측에 있어서도 시간 문제로 보였다. 60년대 말 미일 교섭의 초점은 오히려 '핵이 없는 본토 수준'을 요구하는 일본 측과 긴급 시 핵의 저장과 통과권을 유지하고, 기지의 자유로운 사용을 요구하는 미국 측의 대립이었다. 우선 미국은 반환 이후에도 미군이 기지를 계속해서 자유롭게 사용할 것을 최대한의 조건으로 요구했는데 이 조건을 일본 측은 교섭 초기에 인정해버렸다.

결과적으로 69년 11월의 사토─닉슨회담에서 닉슨은 현안의 '핵이 없는'을 인정했고, 72년의 반환은 결정되었다. 그러나 이 '핵이 없는'에 관해서는 그 후 미일 수뇌 사이에서 비상시 오키나와에 핵을 재차 들여올 수 있음을 인정하는 밀약이 채결되었다는 사실이 여론에 폭로되었다. 또한 이 시기 미일 공동성명에 관한 '미일합의 의사록' 2통이 작성되었는데 지금도 여전히 기밀로 처리되어 있어 밀약이 존재할 가능성은 여전히 남아 있다.

반복귀론

원래 오키나와 사람들이 원하던 '조국 복귀'는 오키나와에서 기지를 '본토 정도'로만 설치할 것을 포함한 '복귀'였다. 하지만 복귀 후에도 미군이 머무르면서 기지를 자유롭게 계속 사용하는 것이 명확해짐에 따라 오키나와에서는 '복귀'에 대한 원초적인 시비가 심각하게 논의되었다. 1970년대 초에 아라카와 아키라(新川明) 등은 오키나와 민중을 부추긴 '조국 복귀'의 정치적 정열은 이것이 처음부터 가지고 있던 한계에 의해 미일의 담합적인 국가 본위에 그대로 흡수되어 버렸다고 하여 역으로 '반복귀론'을 제창하였다.

아라카와는 조국 복귀 운동이 사람들의 "일상생활의 근원에 밀착한 자유와 권리를 요구하는 운동"이었으며, 여기에 "오키나와의 지배 구조와 논리를 근저에서 뒤흔드는 에너지"가 있었던 점은 인정한다. 그러나 이러한 다양한 흐름을 규합하여 정치적인 힘으로 바꿔온 운동은, 정말로 이것이 "동일 민족, 동일 국가"라는 대전제 때문에 자승자박에 빠져 "72년 '반환 합의'라는 형태로 바뀌어 새로운 지배의 재편성과 강화를 유발하고 오히려 역으로 이용되었"다고 한다.

60년대 말 미국의 대아시아 전략은 오키나와를 일본에 반환함으로써 미일 동맹 관계를 강화하고, 일본의 경제력과 일체화된 오키나와에서 기지 사용의 안정성을 장기적으로 확보하려고 하는 방향으로 전환하였다. 이러한 가운데 '복귀' 사상은 "오니카와가 일본에 대하여 소유하는 가능성(폭약으로서 혹은 악성종양으로서의)을 풍화시키는 촉매로 기능"하게 되었다고 아라카와는 비판하였다(新川明, 『反国家の兇区』).

고자소동

아라카와를 시작으로 오키나와의 지식인들 사이에서 '복귀'에 대한 근원적인 문제 제기가 이루어진 이 시기에, 오키나와 기지 주변에서는 전후 최대라고 할 수 있는 '민중 봉기' 사건이 발생했다. 70년 12

월의 이른바 고자소동이다.

　사건의 발단은 심야에 고자 시에서 미군이 운전하던 승용차가 도로를 건너던 주민을 치어 머리에 부상을 입힌 것이다. 사고 처리를 담당한 헌병은 피해자를 방치한 채로 범인을 석방하려고 했기 때문에 통행인과 부근의 주민이 여기에 분격하여 헌병과 가해자를 둘러싸고 항의하였다. 항의하는 사람이 더욱 많아지자 수십 명의 헌병이 위협 사격을 하자 사람들의 분노는 한꺼번에 폭발했다.

　사람들은 길거리의 승용차를 뒤집어 불을 지르고 달려온 미군 승용차를 멈추게 하고 차 안에서 미군을 끌어내어 차를 불태웠으며, 기지 내로 도망간 미군을 뒤쫓아 사무소와 학교 시설을 불태웠다. 민중과 무장 미군의 대결은 약 6시간에 걸쳐 계속되었고, 승용차 70대가 불타고 주민 19명이 체포되었다. 이 소동에 대한 뉴스는 전 세계에 중계되었으며 오키나와에서 미군 지배에 대한 주민의 반감이 마침내 극점에 달해 있음이 분명해졌다.

　반복귀론과 고자소동은 한편에서는 오키나와 지식인들이 '일본=조국'의 주술에서 벗어나려고 하는 사상 활동이며, 다른 한편에서는 쌓이고 쌓인 미군에 대한 주민 감정이 사소한 것을 계기로 폭발한 군중 행동이었다. 그러나 성격이 다른 이들 행동은 본토 복귀를 눈앞에 두고 급격하게 변모하는 오키나와에서 사람들은 '복귀'만으로는 어떤 문제도 해결되지 않는다는 것을 느끼기 시작했음을 보여주고 있다. 사람들은 복귀 후 눈앞의 기지가 존재하는 것뿐만 아니라 이전에 자신들이 이상화하고 있던 '조국'보다도 현실의 경제 대국으로서의 일본이 깊이 침입해 오는 것을 예감하고 있었다.

　그리고 실제로 70년대 이후 '복귀' 직전에 논의된 많은 문제가 보류된 채, 복귀 이후 본토의 자본은 한꺼번에 오키나와로 진출하였으며, 재일 미군 기지에서는 오키나와에 대한 편중이 고정화되고 오키나와와 본토 사이에는 새로운 구조적인 불균형이 확립되었다. 이 체제가 새롭게 문제시되는 것은 겨우 복귀 20년 후인 1990년대 중반 이후이다.

사회 운동의 포스트 전후

이상과 같이 사회 운동이라는 관점에서 1960년대부터 70년대에 걸쳐서, 즉 전후에서 포스트 전후로의 전환점을 되돌아보면, 여기에는 적어도 3개의 다른 형태의 역사적 주체가 경합하고 있다.

첫 번째로 50년대에는 대중적인 정치 운동의 담당자이기도 했던 노동 운동과 좌파 정당은 이미 고도성장의 시스템에 포섭되어 정치적인 변혁 주체가 될 수 없었다.

두 번째로 학생 운동은 현실의 정치적 변혁에 대한 구체적인 전망이나 회로를 잃어버리고 이념적인 공상 속에서 자기 폐쇄적인 과격화로의 길을 걸었다. 그 앞에 기다리고 있던 것은 연합적군 사건이 음습하게 현실화해 버린 것처럼 관념적인 '해방'의 실현을 위해서 자신의 구체적인 신체가 억압되고 말살되어 가는 너무도 전도된 사태였다.

그리고 세 번째는 이러한 조직화된 운동이나 젊은이들의 관념적인 운동의 주변에서 베헤렌과 여성 해방 운동처럼 한 사람 한 사람의 개인의 긍정에서 출발하는 느슨한 네트워크가 몇 가지 개별적인 주제를 둘러싸고 새로운 사회 운동 형태로 부상하고 있었다.

동일한 시기에 오키나와에서는 '조국 복귀'의 의미가 크게 반전하여 반복귀론처럼 '일본=국가'의 주술을 근본에서부터 회의하는 시점이 부상했다. 그러나 이러한 오키나와의 움직임은 본토의 많은 운동에서 시야 밖에 있었다. 겨우 베헤렌이나 여성 해방 운동의 일부가 이러한 국경 밖에서 일어나는 소리에 귀를 귀울이고 있었지만 이것들이 연대해 가는 것은 복귀 후의 일이다.

따라서 '풍요로움'의 환상으로 국민의 욕망이 일원화되고 있던 고도성장기의 일본에서 노동 운동은 점점 더 탈정치적인 경제주의로 빠져들었으며 학생 운동은 더욱더 자기 환상적인 과격주의로 함몰되어 갔다.

제2장 풍요로움의 환상 속으로

도쿄 요요기 공원의 보행자 천국에서 라디오 카세트 음악에 맞추어 춤추고 있는 '다케노코 족(竹の子族)' 젊은이들(1980년 4월 20일, 사진—교도통신).

1. 고도 경제 성장의 정점에서

일본 기업이 연출한 '미래'

1970년 3월 14일 오사카의 센리큐료(千里丘陵)에서 일본 만국박람회가 개막했다. 77개국이 참가하였으며 약 6,422만 명이 입장한 이 박람회는 고도 경제 성장을 거쳐 많은 일본인이 '풍요로움'의 환상 속에서 자기상을 구축해 가게 된 시대의 상징이었다. 70년대 이후 통칭 '오사카 박람회(大阪万博)'의 개회식과 축제 장소, 태양의 탑 풍경이 얼마나 많이 반복해서 텔레비전에 비춰졌는가. 6천만 명을 넘는 입장자 수는 이 행사가 단순히 '만국 박람회' 이상으로 일본 사회의 결정적인 변모와 깊이 연결되어 있다는 증거이기도 하다.

당시 박람회장에 건설된 건물과 전시를 뒤덮은 것은 '인류의 진보와 조화'라는 테마보다도 최신 기술이 가능하게 할 '미래 도시'의 눈부시고 화려한 모습이었다. 우선 죽 늘어선 기업 전시관은 모든 전시 공간의 거의 반을 점하였으며 그 수는 30동을 상회하였다. 대부분은

국내 대기업에 의한 것으로 스미토모(住友) 동화관, 미쓰이(三井) 그룹관, 미쓰비시(三菱) 미래관, 히타치(日立) 그룹관, 마쓰시타(松下)관, 도시바(東芝) IHI관, 후지(富士)그룹 전시관, 고가(古河) 전시관, 산토리(サントリー) 관, 후지판(フジパン) 로봇관, 자동차관, 철강관, 전력관 등 재벌계 기업 집단을 중심으로 미래에 대한 이미지를 연출하는 기업 전시관 행렬이었다.

예를 들면, 혼란한 박람회장 속에서도 인기가 많았던 미쓰비시 미래관에서는 '50년 후의 일본'을 주제로 전시가 구성되었다. 기상 조절대가 우주 위성을 이용하여 태풍을 소멸시키는 모양이나 해저 유전과 광산 탐사를 진행하는 해저 개발 기지, 새로운 기술에 의한 21세기의 도시가 움직이는 인도를 따라 소개되었다. 이 전시관의 연출에는 쓰부라야 에이지(円谷英二)를 비롯해 도에이(東映)의 특수 촬영팀이 전면적으로 협력하였다. 여기서는 도에이의 영화 제작팀이 미쓰비시 그룹의 재정적, 기술적인 지원을 받으면서 특수 촬영한 영화의 세계를 공간화하여 관객을 연결시키는 실험을 하였다(前田茂雄 외, 『博覽会と田中友幸』).

이러한 미래 도시에 대한 이미지 만들기에는 전위적인 영화 표현이 많이 이용되었다. 예를 들면, 후지 그룹의 전시관에서는 거대한 반원통형 공간 구조의 돔 내부에 컴퓨터로 제어하는 입체 영상이 상영되었으며, 산와(三和) 그룹의 녹색관은 직경 30미터의 돔의 천장 전부에 영상을 비쳤다. 도시바IHI관에서는 500명이 앉는 관람석이 회전하면서 상하로 움직이고 그 주위에 설치된 9개의 스크린에 세계의 영상이 방영되었다. 그 외 많은 기업 전시관이 전위 예술가와 함께 새로운 영상 전시를 시도하였다. "경제 성장 속에서 계속해서 확대해 온 일본 기업의 이미지는 진보와 확대였으며 이때 전위 예술은 기업의 미래를 향한 진보에 가장 적합하다고 보였던" 것이다(吉田光邦, 『改訂版 万国博覧会』).

산업 올림픽

더욱이 오사카 박람회는 고도성장을 구가하는 일본 기업에게 효과적인 광고 매체였다. 박람회 개최에 앞서 통산성(通産省) 준비실에서 기업이 참가하도록 독려하는 역할을 한 이는 이후에 사카이야 타이치(堺屋太一)로 개명한 이케구치 코타로(池口小太郎)였다. 그는 "만국박람회는 거대한 소통의 장이며 새로운 수요를 개척하는 무대이자 이 거대한 행사의 주연은 내외의 기업 자신"이라고 하여 참가를 꺼리는 국내 기업을 독려하였다. 이케구치가 강조한 것은 '거대한 매스 컴뮤니케이션의 장'으로서 박람회의 광고 효과였다. 박람회란 기업 자신이 선수로 출장하는 산업 올림픽이다. "전 세계의 기업이 전시관을 설치하는 박람회 회장은 각 기업을 비교하기 쉽다. 입장자가 관람하고 이것에 대하여 보도하는 기사는 커다란 영향을 미칠 것이다. 이 기회를 이용하여 각 기업의 기술 수준, 신용도, 경영 이념 혹은 사회성을 널리 세계 사람들에게 심어줄 수 있다"(『万国博読本 1966年版』).

더구나 이러한 광고 매체로서의 박람회의 가능성에 주목하여 대형 광고 대리점이 기업의 전시회 기획 전체에 깊이 관련되었다. 예를 들면, 늘어선 기업 전시관 속에서도 전력관·가스 전시관·와코루(ワコール) 릿카 재봉틀관·구보타(クボタ)는 덴쓰(電通)가, 고가 전시관은 하쿠호도(博報堂)가, 히타치 그룹관은 도큐(東急)에이전시가 직접 기획하였다. 그 외에도 직접 표면에 나타나지 않는 형태로 광고 대리점이 전시 기획이나 출전 조직의 운영에 관여한 경우는 많았다. 국가나 지방 자치단체의 감독하에서 이전의 흥행업자(ランカイ屋)를 대신하여 광고 대리점이 기획자가 되어 기업 전시관이 '풍요로운 미래' 이미지를 전위적인 영상으로 묘사했다. 이러한 체제는 오사카 박람회에서부터 시작되었다.

사람, 사람, 사람들의 박람회

그리고 박람회가 개최되자 경이적인 수의 대군중이 굉장한 열기로 회장으로 몰렸다. 여름방학에는 매일 50만 명을 넘는 가족 단위의 사람들이 몰려 박람회 말기에는 하루에 85만 명의 입장자를 기록했다. 당시의 신문 지면에는 '엑스포 비명—85만 명으로 미래 도시 마비'(〈每日新聞〉, 9월 7일), '"미래"로 몰려가는 사람의 파도'(〈朝日新聞〉, 3월 16일)라는 표제로 시작하여 9월에는 '아이들이 깔렸다'(〈每日新聞〉, 9월 6일), '터져버린 "잔혹한 박람회"'(〈朝日新聞〉, 9월 7일)라는 표제가 등장했다.

사람, 사람, 사람. 박람회장에서 기타오사카(北大阪) 급행선을 넘어서 축제 광장까지 약 300미터나 늘어선 줄은 마치 "꽉 찬 파이프". 그 속에서 인간은 단지 꿈실거리고 있을 뿐이다. 발을 밟힌 아이가 불이 붙은 듯 울어버린다. 안전요원은 사람의 파고에 묻혀 모습도 보이지 않는다. 사람의 열기와 사람들 속에서 서서 수영하는 듯한 군중은 짜증스러워하며 실랑이를 벌인다. ……등을 쿡쿡 찌르면서 '이런 박람회 집어치워'라고 신경질적으로 외치는 군중의 표정에는 비싼 입장료를 내고 겨우 초과밀 도시의 모르모트가 된 분함이 깃들어 있다. (《每日新聞》, 1970년 9월 6일)

이처럼 혼란한 상황은 박람회 말에 한정되었다고 하더라도 박람협회의 조사에서도 박람회장의 6시간 30분이란 평균적인 관람 시간 가운데 기다리는 시간이 4시간 30분이라고 하니 '열차 박람회' '잔혹한 박람회'라는 별명도 당연하다. 매일 아침 9시의 개시와 동시에 모여든 군중이 돌진하는 모양은 '물소의 돌진'이라고 불렸으며 그들이 폭염 속에서 몇 시간이나 묵묵히 행렬을 짓고 있는 모습은 외국인들을 놀라게 하였다. 사람들은 기다리기 위해서 줄을 서 있었으며 비싼 입장료를 지불하고 전시장에서 전시장으로 이동하였다.

사람들은 여기서 무엇을 보았을까. 압도적인 수의 일본인이 묵묵히 행렬을 짓고 겨우 입장하자, 다음 전시관으로 가는 줄이 관내를 가로지르고 있었다. "일본인들, 도장과 사인을 받기 위해 박람회에 왔다고밖에 생각할 수 없습니다. ……그렇게나 기다려서 들어왔는데 전시물에는 거의 관심이 없고 미국관을 겨우 4분만에 다 본 사람이 있습니다"(《読売新聞》, 9월 9일). 이것은 미국관 안내원의 말이다. "무엇을 보고 싶었는지 모르겠다. 큰 건물이 있고 사람이 북적이고 뭘 사든지 비싸네"라는 군마(群馬)에서 온 남성과 "무엇을(보았는지) 뭐라고 묻든지 무리다. 나는 '박람회'를 보러 왔다"(《読売新聞》, 9월 7일)라는 시즈오카(静岡)에서 온 남성의 발언은 당시 일본인의 평균적인 박람회 체험을 보여준다.

미디어가 연출한 대중 의식

박람회에 대중을 동원할 수 있었던 주요한 요인에는 미디어에 의한 대량의 보도가 있었다. 예를 들면, 도쿄에 사는 어느 여성은 개막 직후에 신문에 보낸 투고에서 "사진, 텔레비전에서 본 건물의 기묘함, 재미, 미래를 상징하는 회장, 중년이 지난 나와 같은 주부라도 보러 가고 싶은 호기심에 휩싸인다. 정말로 모든 것을 흡수하는 발전성이 뛰어난 중학생이야말로 견학시키고 싶은 것이다"(〈朝日新聞〉, 3월 22일)라고 적고 있다.

이 여성이 '사진, 텔레비전에서 보았다'고 한 단어가 보여주듯이 텔레비전과 신문은 개막에 즈음하여 몇 번이나 박람회의 '새로움'과 '재미'를 소개하고 '박람회를 성공시키자' '인간 회복을 지향하는 박람회'라는 사설을 실었다. 오사카의 대형 신문에는 3월 하순에 300건 이상, 박람회 기간을 통해서는 매월 80건이 넘는 기사가 지면을 장식하였다. 물론 '서쪽은 신문 박람회, 동쪽은 주간지 박람회, 일본 전국은 텔레비전 박람회'라는 말처럼 동일본은 이 정도는 아니었지만, 그래도 신문 지면에서 '박람회'라는 글자가 사라지지 않았다. 그리고 이러한 대량 보도의 바탕에는 오사카 박람회가 "국가적인 대사업으로 외교적인 의의는 크다. 아무리 보도해도 지나치지 않다"(『新聞協会報』, 4월 7일)는 어느 신문사 간부의 발언에 보이는 자세가 있었다.

신문 보도 이상으로 결정적인 역할을 한 것은 텔레비전이었다. 개회식을 치른 3월 14일에 NHK는 2시간 반의 특별 방송을, 민간 방송은 모든 방송국의 공동 제작으로 3시간에서 4시간 반에 이르는 특별 방송을 편성하고 박람회장에서 총력을 기울여 실황 중계를 했다. 그

리고 일반 입장이 개시된 다음 날 15일부터는 각 방송국마다 다양한
정규 방송을 방영하고 전국의 안방에 박람회장의 화려한 영상을 내보
냈다.

주체자가 된 매스컴

미디어는 오사카 박람회의 비평자가 되기는커녕 방관자조차도
되지 못했으며 오히려 주체자가 된 것은 아닌가라는 의문은 당시부터
제기되었다. 실제로 박람회장에는 도쿄 올림픽을 훨씬 능가하는 프레
스 센터가 개설되었으며 여기에 있는 것만으로도 박람회장에서 일어
나는 모든 사건을 장악할 수 있었다. 각 미디어에는 매일 뉴스가 산처
럼 제공되었으며 돌발적인 사태가 발생하면 곧바로 보도되었다.

이처럼 정보가 흘러넘치는 환경은 언론을 추락시켰다. 당시 우에
다 데쓰(上田哲)는 오사카 박람회 보도는 "박람회는 진정한 부분에서
전혀 묘사되지 않았다"고 비판했다. 우에다가 문제를 제기한 것은 "만
약 8천억 엔의 투자와 과학에 대한 과시, 그리고 6천만 명의 사람을 모
으고 여기에 4천 명의 기자가 있었다면, 이 박람회장에서 어떻게 해서
문명 비판이 보도의 기조가 되지 못했던가. 이만큼의 문화 재료가 있
는데 문명 비평이 결여된 것은 매스컴이 비판자이기를 포기했기 때문
이다. 매스컴은 협찬자였던 것은 아닌가. 아니 매스컴은 박람회의 주
체자가 되어 버린 것은 아닌가"라는 점이다(『マスコミ市民』, 1970년 10
월호). 1970년에 팽대한 박람회 보도가 넘쳐나는 가운데 언론은 스스
로의 토대를 점점 잃어버리고 있었다.

이자나기(いざなぎ) 경기

1970년 박람회장에 이름을 내건 기업이 미래 이미지를 연출한 것과 대중적인 욕망은 합치되었고, 이는 고도성장을 거친 이 나라 사회의식의 근본적인 변화를 상징했다. 박람회장에 몰아닥친 대군중의 이상한 열기는 일본의 대중이 이미 결정적으로 변해버렸다는 것, 50년대의 미군 기지 투쟁도, 60년대의 안보 투쟁도 이미 어쩔 수 없는 과거의 사건이며, 사람들의 의식이나 욕망 그리고 사상의 대중성을 이제는 근본적으로 새로운 패러다임에서 생각해야 하는 시대가 도래했음을 나타낸다.

즉 이 현상은 일시적이고 돌발적인 현상이 아니라 60년대를 거친 사회구조적인 변화의 필연적인 결과였다. 60년 말까지 사람들의 일상은 사회, 경제적인 기반에 있어서도 매일의 가계와 생활 감각에서도 돌이킬 수 없는 변화를 경험하였다.

1964년의 도쿄 올림픽 이후 일본 경제는 일시적으로 불황의 징조를 보였지만 곧바로 회복하였으며 60년대 후반은 '이자나기 경기'로 불린 장기 호황이었다. 그 5년간 평균 경제 성장률은 명목상으로 17.3%, 실질적으로는 11.6%라는 높은 수치를 유지하며 68년에 일본의 GNP는 서독을 제치고 미국 다음인 세계 2위로 부상했다.

이러한 높은 경제 성장이 가능했던 것은 무엇보다도 공산품의 수출이 급증했기 때문이다. 수출액 전체가 65년의 85억 달러에서 71년에 240억 달러로 급증하였으며, 승용차의 경우 생산액 가운데 수출 비율은 65년에는 17%였던 것이 71년에는 39%까지 성장하였다. 60년대 후반의 세계적인 호경기와 1달러=360엔이라는 일본의 공업력에서 본다면, 상대적으로 싼 고정 환율은 수출을 확대시키는 데 극히 유리한 추동력이었다.

한 가지 더, 높은 경제 성장률을 유지시킨 것은 성장 지향의 재정 금융 정책이었다. 불황이 되면 공채를 발행하여 재정 규모를 확대하였으며, 호황기에 그 부족분을 증수를 통해 채우는 것으로 하여 정부의 예산 규모는 60년대 후반을 거쳐 높은 비율로 팽창했다. 이렇게 하여 적극적인 예산과 대형의 추가경정예산을 짤 수 있게 되면서 경기를 크게 자극시켰다. 이러한 재정 금융 정책의 지원을 통해 각 기업은 설비 투자를 활성화시키고, 철강업에서는 기미쓰(君津), 후쿠야마(福山), 미즈시마(水島), 가코가와(加古川), 가시마(鹿島), 오이타(大分) 등에, 자동차 공업에서는 다카오카(高岡), 자마(座間) 등에, 석유 화학 공업에서는 가와사키(川崎), 욧카이치(四日市), 소데가우라(袖ヶ浦), 우키시마(浮島), 사카이(堺), 미즈시마(水島), 가시마(鹿島) 등에 대규모의 공장이 건설되었다(歴史学研究会編, 『日本同時代史4 高度成長の時代』). 이러한 대규모의 투자와 그 후에 계속된 대형 기업 합병의 결과 70년대까지의 10년간 일본 열도는 고도로 조직된 공업 생산지로 변모하였다.

'풍요로움'과 평준화 속에서

이전에 러일전쟁 이후와 제1차 세계대전 시기의 공업화가 도쿄와 오사카 등 대도시 중산 계급에게 생활상의 변화를 가져온 정도로 그친 것에 비하여, 고도 경제 성장은 전 국토, 전 계층에 걸친 생활의 총체적인 변화를 가져왔다. 60년대를 거치면서 농촌과 도시, 경영자와 종업원, 직종별 경제적 격차는 상대적으로 축소되었다. 사회 전체의 몫이 커지는 가운데 사회 계층의 전반적인 상승이 이루어져 '중류' 의식을 국민 전체로 확산시켰다. 공교육의 기회 균등이 일단은 보장되는 가운데 전반적인 고학력화, 화이트칼라 층의 확대, 농촌 인구의 대량적인 도시 유입과 급격한 핵가족화, 그리고 전통적 질서 의식의 해체도 전국적인 수준에서 일상생활의 평균화를 촉진하였다.

이러한 가운데 열도에 사는 사람들의 생활과 의식은 격변했다. 어찌됐든 가계는 풍요로워졌으며 내구 소비재의 가격 인하와 상응하여 일반 가정에서 가전제품의 붐이나 마이카 붐을 불러 일으켰다. 세대당 텔레비전 수신 계약율은 1960년의 34.5%에서 70년에는 84.3%로 증가하였으며, '3종의 신기(神器)'(흑백TV, 냉장고, 전기세탁기)가 있는 것은 당연했다. 소비의 중심은 3C(컬러TV, 에어컨, 자동차)로 확대되었다. 자동차 보유대 수는 60년의 46만 대에서 70년에는 878만 대로 거의 5명 가운데 1명이 자동차를 보유하게 되었다. 교외의 단지나 신흥 주택지에 살고 거실에는 컬러 텔레비전, 부엌에는 냉장고와 전기밥솥, 토스트가 있었으며 찬장에는 인스턴트 커피와 즉석 카레를 구입해 두었고 세탁물은 세탁기, 청소는 청소기로라는 기계화된 소비 생활 형태가 확립되었다.

생활이 풍요로워지는 가운데 사람들의 생활 형태나 의식도 변화했다. 가계의 가처분소득의 증가로 우선 다양한 가전제품과 자가용을 구입하였으며, 이윽고 자가용 차로 드라이브나 가족 여행, 개인 여행을 포함한 여가 생활을 하였다. 신칸센(新幹線)을 필두로 하는 철도의 고속화와 철도망의 정비는 이러한 사람들의 여가 욕구를 자극했다.

텔레비전이나 잡지의 사진, 광고 포스터는 행락지의 매력을 신선한 이미지로 전달했다. 일본국유철도(국철)가 오사카 박람회 폐막 이후 여객 확보 대책으로 '일본 발견(Discover Japan)' 캠페인을 시작한 것은 70년 10월이다. 덴쓰(電通)의 기획에 의한 이 캠페인은 열차와 역에 붙인 포스터 이외에도 국철 제공의 텔레비전 방송 '멀리 가고 싶다(遠くへ行きたい)'(日本テレビ)와 야마구치 모모에(山口百恵)가 부른 히트곡 '좋은 날 여행 가자(いい日旅立ち)' 등 미디어 혼합 방식으로 진행되었다.

2. 소비 사회와 도시의 젊은이들

'유통 혁명'

1960년대부터 70년대에 걸쳐서 산업 구조와 생활 의식이 결합하여 새로운 욕망과 소비 질서를 창조해 갔다. 이러한 국민적 규모의 변화를 일으킨 최대의 기동력은 한편으로 백화점과 슈퍼마켓, 다른 한편으로 방송국과 광고 대리점이라는 유통·상업 및 미디어와 관련된 산업 분야였다. 이미 60년 전후부터 '유통 혁명'이라는 단어를 빈번하게 사용하면서 일본 경제의 장애였던 유통 시스템에서 중간 도매업자와 영세한 소매점을 배제하고 저이윤·고회전으로 능률화를 꾀한 슈퍼와 같은 대형 소매점을 도입하려는 논의가 이루어졌다(林周二, 『流通革命』 등).

저가 슈퍼의 선구가 된 다이에(ダイエー)의 경우, 1957년에 나카우치 이사오(中内功)가 오사카의 센바야시(千林) 역 앞에서 개업하여 다음 해 산노미야(三宮) 역 앞에 점포를 개설한 이후 급성장했다. 62

년에는 이미 매상고 100억 엔을 돌파하였고 63년에는 규슈에 진출, 64년에는 수도권으로 진출하였다. 60년대에 세이유(西友), 자스코(ジャスコ), 유니(ユニー) 등의 대형 점포가 계속 진출하여 69년에는 소매업의 매상이 슈퍼와 백화점이 점하는 비율과 거의 동일했다. 72년에는 다이에가 매상고로 미쓰코시(三越)를 제치고 소매업에서 주도권을 장악한다.

대형 종합 슈퍼는 대량 생산, 대량 소비 시대의 주역으로 이러한 흐름은 현재에 이르기까지 변하지 않고 있다. 이처럼 많은 대형 슈퍼가 기존의 주요한 백화점에서가 아니라 그 외부에서 백화점을 정점으로 하는 소매 질서에 도전하는 방식으로 발전해 왔는데, 이는 역으로 60년대에 백화점이 유통 혁명의 흐름을 타지 못하고 기존의 체질을 계속 유지해온 것을 나타내고 있다.

소비 공간의 연출

이것에 비하여 70년대에 백화점은 슈퍼마켓화라기보다는 차별화, 전문화, 쇼핑몰화의 방향으로 스스로 업계의 혁신을 이끌어 갔다. 이것을 선도한 것은 세이부(西部) 백화점인데, 특히 시부야(渋谷)에 진출하여 이 거리의 풍경을 바꿔 놓은 파루코(パルコ)와 같은 세이브 산하 전문점 형태의 상업 시설이었다.

다이에를 필두로 한 저가 슈퍼가 실익 우선의 박리다매로 크게 성공한 것에 비하여 60년대 말 이후의 세이부 백화점은 역으로 이미지 우선 전략을 고수하였다. 총지배인 쓰쓰미 세이지(堤清二)가 선전부장을 겸한 이 점포 체제는 단순히 광고 선전을 중시한 것을 나타내고 있지 않다. 오히려 일찍부터 쓰쓰미는 항상 '이미지'를 '현실'보다 앞서가게 하는 것으로 현실의 불완전함을 은폐하기보다는 역으로 이것을 공연히 변형시키려고 하는 방향으로 나아갔다. 기존의 '현실'에 대하여 '이미지'란 측면에서의 이 과감한 도전은 어떤 의미에서 이미 '서두'에서 논한 '꿈'의 시대의 소비 사회적인 전환점을 상징적으로 보여주고 있다.

이미지의 극장

이러한 세이부 자본의 현실에 대한 전략을 도시의 공간 전략으로서 가장 자각적으로 실천하여 파루코에 의해 시부야 공원 거리를 재발견하게 되었다. 이미 필자가 논한 것처럼 파루코의 시부야 지역에 대한 공간 전략에는 다음과 같은 포인트가 있다(吉見俊哉, 『都市のドラマトゥルギー』). 제1의 전략은 도시 공간의 분할이다. 대중의 소비자를 겨냥한 대중적인 마케팅에서도 지역과의 교류를 기반으로 한 전략이 아니라 소비자의 서로 다른 개성에 응하여 공간을 분할하고 그 분위기 자체를 완결적으로 연출해 가는 방침이 채택되었다. "비슷한 집단을 모으는 것으로 가치관은 증폭되며 조금 다른 가치관을 동화한다. 그리고 그 동네 나름의 강한 가치관을 가지게 되"기 때문에 지역에 대한 "정내회(町內會)적인 개념은 벗어던지지 않으면 안 된다"고 생각되었다(『アクロス』, 1983년 4월호).

그리고 이 전략은 도시의 무대화를 노린 제2의 전략에 접속되었다. 각각의 도시 공간은 단순히 늘어선 상품이 일정한 풍미=기호 코드에 의해 정리될 뿐만 아니라 방문자가 스스로 그러한 코드에 따라서 행동하는 무대로 연출되어야 했다. 이를 위해서 이전의 백화점과 같이 매장 전체를 조망하는 것이 아니라 다양한 주제에 따라 상자형의 공간이 중층적으로 연결되었다. 또한 부근의 거리에는 "아무것도 아닌 거리가 이름을 붙임으로써 의미를 갖게 되고, '극장'으로 편성되어 간다. 따라서 우선 거리에 이름을 붙여라"라는 파루코 경영자인 마쓰다 쓰우지(増田通二)의 지시에 따라 외국풍의 느낌을 가진 이름을 붙였다. 이렇게 하여 개개의 상업 공간이 '보는 곳/보여주는 곳'이라는 상황을 연출하고 거리 전체가 하나의 거대한 극장으로 연출되었다.

이러한 전략이 가져온 결과는 이른바 도시의 미디어화이다. 여기서 말하는 미디어화란 지역이 길러낸 기억이나 일상적 관습이 집적된 곳에서 거리를 단절하고 공간을 자기 완결적인 이론에 의해 재구성하는 것을 의미한다. 더구나 이 미디어는 영화관과 같이 군중의 미디어도, 가정의 텔레비전과 같이 공동으로 소비되는 미디어도 결코 아니었다. 오히려 시부야에서 파루코가 목표로 한 것은 여성 잡지와 같은 개인적으로 소비할 수 있는 미디어와 닮은 구조를 구별된 도시 공간에 부여하는 것이었다.

실제로 앞서 논한 분할화 전략도 패션 잡지의 세계에서 다양하게 일어나고 있는 잡지와 독자 관계의 분할화와 동일한 움직임이라고 할 수 있다. 당시 여성 잡지에서는 프로 모델이 아닌 거리의 '당신'이 목록화 된 표지의 주인공이었다. 70년대 이후 잡지 미디어와 도시 공간은 모두 분할된 독자=내방객이 '나'를 '봄'과 동시에 '보여주는' 시선 장치로서 재배치되었다. 그리고 물론 여기에서 미디어로서 도시의 독자=내방객은 한 사람 한 사람의 여성 소비자였다.

이벤트 정보지『비아(びあ)』도 비슷한 시기에 창간되었다. 이 잡지는 원래 방송국의 아르바이트로 알게 된 대학생들이 창간한 수천 부의 잡지에 지나지 않았다. 마침내 정보의 완전한 나열성과 병렬성이 지지를 얻어 부수를 확대하여 70년대 말까지 30만 부를 돌파하는 거대한 미디어가 되었다. 그 후『비아』는 단순한 정보지의 영역을 넘어서 컴퓨터 시스템에 의해 극장·음악회의 좌석 예약까지 취급하는 정보 서비스 산업으로 발전했다.

광고의 환경화

파루코의 공간 전략은 난바 코지(難波功士)가 이야기한 '거대 광고 틀'의 증가, 즉 광고 환경화의 선구적인 움직임이었다. 난바에 의하면, 80년대 전반에 광고 세계에서 눈에 띄는 것은 지금까지의 '광고 같은 광고'에 대하여 거리를 둔 것 같은 '거대 광고 틀'의 돌출이다. 거의 상품에 대해서는 언급하지 않고 강렬한 메시지를 던지는 것이나 기존의 광고적인 가치를 일부러 달리하여 보여주는 등 '광고 같지 않은 광고'가 광고의 주류를 만들어 갔다. 한편 80년대 후반에 두드러지는 것은 지금까지는 광고에 포함하여 생각하지 않았던 환경 세계 전체의 광고화이다(難波功士,『「広告」への社会学』). 파루코가 시부야의 공간 개발을 통해서 70년대에 실천한 것은 이러한 어느 의미에 있어서건 80년대의 선구를 만든 점이다.

그렇다고는 하지만 세이부 그룹의 문화 전략은 이미 80년대 말

경에 '파루코'에서 '무인양품(無印良品)'으로 옮겨가고 있었다. 원래 70
년대에 파루코가 기본으로 삼아온 것은 각각의 개발 지역에 대하여 이
질적인 거리를 들여와 도시 공간을 비일상화하는 것이었다.

그러나 이러한 이화(異化) 작용의 기반이 되는 일상의 안정성은
80년대 말 이후 서서히 붕괴되어 갔다. 그러한 가운데 등장하는 무인
양품의 전략은 이전에 파루코의 비일상 지향과는 달리 극히 일상적으
로 설교 같은 맛은 어디에도 없으며 '내'가 나름대로 만족할 수 있는 방
법으로 살 수 있는 재료를 제공하려고 하였다. 이미 이러한 방향으로
의 전환은 이토이 시게사토(糸井重里)가 '맛있는 생활' 등의 문구를 하
나하나 제기하고 있던 80년대 초반까지 거슬러 올라간다. 그리고 이
러한 일상 지향 전략의 앞에는 이미 '유니클로(ユニクロ)' 등의 세계화
전략이 등장한다.

최신(trendy) 드라마의 유행

1970년대부터 패션 잡지에서 전개되기 시작한 도시 풍경은 80
년대 후반이 되자 텔레비전 화면 속 특히 최신 드라마의 영역으로 전
이되어 갔다. 최신 드라마란 도시에서 살아가는 남녀의 연애를 유행
의 최첨단을 달리는 도쿄의 도시 풍경을 배경으로 가볍게 그린 것이
다. 도쿄 전원 도시의 주택지를 배경으로 아내들의 불륜을 묘사한 「금
요일의 아내들(金曜日の妻たちへ)」(1983년, TBS)에서 시작하여 도쿄 만
을 무대로 한 「남녀 7명의 여름 이야기(男女7人夏物語)」(1986년, TBS)
를 거쳐 「도쿄 러브스토리(東京ラブストーリー)」(1991년, 후지TV)에서

「러브 제너레이션(ラブジェネレーショ
ン)」(1997년, 후지TV)까지 후지TV 시리
즈로 유행은 정점에 달하였다. 이러한
드라마에서 주인공들은 광고 대리점이
나 방송국, 디자인 등의 첨단적인 직장
에서 근무하는 젊은 남녀인 경우가 많
으며 도쿄 도심의 원룸 오피스텔에서
독신으로 거주하며 시부야나 하라주쿠
(原宿), 오다이바(お台場) 등 도쿄 가운
데서도 가장 '화려한' 장소를 무대로 연
애가 펼쳐졌다.

▶사진 2-1. 1982년의 '無人良品' 포스트 (『昭和
二万日の全記録 第17巻 経済大国の試練』, 講談社,
1990년).

이미지 배양기

최신 드라마의 유행은 방송국이 단순히 현실을 취재·편집하여
가상을 창조할 뿐만 아니라 그 존재 자체가 스스로가 창조한 미디어
표상의 일부임을 분명히 하는 것이기도 했다. 80년대 말 이후 도쿄의
유명 장소에는 하라주쿠(NHK)든 아카사카(TBS)든 롯폰기(TV 아사히)
든 시오도메(일본TV)나 오다이바(후지TV)든 항상 방송국의 존재가 따
라다녔다.

텔레비전은 1960년대 이후 많은 일본인이 공통으로 가진 욕망이
나 이미지의 최대 배양기였다. 여기서 배양된 시선은 70년대까지는
주로 새로운 '가정'의 이미지를 구축하는 데 향해 있었지만, 80년대에

들어서자 '가정'에서 '도시'로, '가족'에서 '독신'으로 방향이 반전되었다. 이러한 흐름 속에서 드라마의 주요 무대는 가정의 식탁에서 '화려한' 거리의 노상이나 카페, 공중전화 등 도시 공간으로 이동하였다.

그리고 이처럼 초점이 변화하여 특정한 도시 공간의 유명세가 중요하게 되는 가운데, 이러한 이미지의 생산 현장인 방송국의 야외 촬영이 점점 더 주위에 영향을 미치게 되었다. 이들 방송국은, 이전의 점령기에 음악가나 예능인을 많이 고용하고 있던 미군 기지의 역할을 이어받아 많은 유명인의 집합소가 되었으며, 또한 그 유명함에 이끌린 젊은이를 주위에 모았다(吉見俊哉, 『親米と反米』).

도쿄 디즈니랜드의 탄생

1980년대 이후 미디어와 실제 도시 간의 상호 작용이 깊어지면서 도시 공간 그 자체가 미디어의 이미지와 동일한 논리에 의해 구성되어 갔다. 이러한 도시의 미디어화 전략을 완성시킨 것이 도쿄 만에 건설된 디즈니랜드와 전국적인 테마파크화 현상이다.

1983년에 건설된 도쿄 디즈니랜드는 80년대 일본에서 단순히 전후 미국화의 연장에서가 아니라 후기 고도 경제 성장기의 젊은이들이 자기 의식을 보증할 수 있는 무대 장치로 성공하였다.

이 공간을 특징 지운 것은 그 완전한 폐쇄성·자기 완결성이다. 디즈니랜드에서는 다양한 장애물에 의해 내부에서는 외부의 풍경이 보이지 않으며, 전체가 주위와 떨어져 격리된 세계를 구성하고 있다. 사람들의 시야에 외부의 이질적인 현실이 들어갈 가능성을 최대한 배

▶사진 2-2. 지바(千葉) 현 우라야스(浦安) 시의 도쿄 디즈니랜드 개회식에서 테이프를 끊는 다카하시 마사토모(高橋政知) 사장(왼쪽)과 카튼 월트 디즈니 프로덕션 회장(1983년 4월 15일. 사진—마이니치신문).

제하였기 때문에 연출된 사실성의 정합성이 보증되었다. 더구나 다양한 장애물을 설치하여 내부에서 입장객이 개개의 영역을 넘어서 끝에서 끝에까지 볼 수 없도록 해두었기 때문에 내부의 각 영역은 각각 독립한 세계로서 닫혀 있으며, 상호 침투하여 애매한 영역을 형성하는 것은 물론 모든 것을 볼 수 있는 듯한 시야의 획득도 인정하지 않았다. 내부에 있는 사람들은 개개의 영역과 장면이 제공하는 이야기에 갇혀 배우들과 함께 장면마다의 '인물'이 되어 주어진 역할을 즐겁게 연출하도록 요구되었다.

　이러한 디즈니랜드의 공간성은 기존 유원지의 개량이 아니라 디즈니 영상 세계의 3차원화로써 등장한 것과 관계가 있다. 예를 들면, 월트 디즈니는 많은 유원지 전문가의 조언을 거부하고 디즈니랜드에 단 하나의 입구밖에 만들지 않았다. 이것은 "입구를 여러 개 만들면,

손님은 내부에서 방향 감각을 잃어버린다. 모든 손님을 동일한 곳으로 출입시켜 디즈니랜드에서의 하루를 하나의 정리된 체험으로 연출하고 싶다"는 생각에서 나온 것이다. 그에게 랜드의 도입부는 영화의 도입부와 동일한 의미를 가지고 있었다. 그리고 그 후에 관객이 보는 몰에도 영화 세트와 동일한 척도의 건축물을 지었으며 내방객을 일상적인 현실에서 스크린의 세계로 몰아넣었다. 나아가 그 앞에 펼쳐진 것은 스크린 상의 세계를 무대 장치로 3차원화 한 풍경이었다. 디즈니랜드의 풍경 연출은 영화 세트와 동일한 사고법에 기초하고 있다.

디즈니랜드는, 디즈니의 세계가 연출한 스크린 속으로 관객들이 스스로 빨려 들어가는 교묘한 장치였다. 사람들은 이 도입부를 지나감으로써 장소적 확대를 가진 세계의 거주자에서 스크린의 인물로 변해버린다. 그리고 이처럼 스스로를 스크린에 녹여 넣은 사람들은 자신이 비치는 스크린을 외부에서 조감할 수 없다. 디즈니랜드에 조감할 수 있는 시계(視界)가 존재하지 않는 것은 이 공간이 원래 조감할 수 있도록 한 장소적인 깊이나 넓이가 결여되어 있기 때문이다.

테마파크화하는 도시 공간

동일한 현상이 80년대 많은 일본의 도시에서 일어났다. 즉 디즈니랜드가 영화의 3차원화로써 존재한 것과 같이 현재 일본 사회에서 일상적인 현실도 점차로 미디어에 의해 제시된 평면적인 세계의 확장으로 경험되어 갔다.

물론 많은 도시에서의 일상은 디즈니랜드처럼 완벽하게 연출될

리는 만무하지만 그래도 번화가나 상점가 주택지까지도 장소적인 깊이와 넓이를 잃어버리고 미디어의 이미지에 따라 건설되었다. 지역이 키워온 기억의 집적에서 '거리'를 이탈시키고 폐쇄된 영역의 내부를 분할된 장면의 중층적인 연속 화면으로 공간을 극장화하는 것. 이것은 이미 논한 것처럼 70년대에 파루코의 공간 전략에서 실험되어 80년대로 이어진 새로운 도시 구성법이다.

3. 중후장대(重厚長大)에서 경박단소(輕薄短小)로

'이마타이코(今太閤)' 다나카 카쿠에이(田中角栄)

그런데 도시 공간에서 국토 공간의 수준으로 눈을 돌리면, 1970년대부터 80년대에 걸쳐 일어난 커다란 변화는, 농촌의 보수층을 기반으로 하는 복지 국가형의 개발주의가 힘을 잃고 점차 대도시의 보수층을 기반으로 금융이나 서비스, 미디어 산업과 연결된 신자유주의가 주도권을 확립한 것이다. 나카소네 야스히로 정권에서 고이즈미 준이치로 정권에 이르는 과정이 후자의 새로운 흐름을 이루고 있는 내용에 대해 후술한다. 여기서는 우선 이케다 하야토의 '소득 배가'에서 다나카 카쿠에이의 '열도 개조'까지를 관철하는 국토개발주의가 어떻게 한계에 이르게 되었는지를 되돌아본다.

전후 일본에서 복지 국가형 국토개발주의를 극도로 추진하려고 한 것은 다나카 카쿠에이의 일본 열도 개조론이다. 다나카는 1972년 7월 5일에 경쟁자 후쿠다 타케오(福田赳夫)를 물리치고 자민당 총재에 취임했다. 정권 발족 시에 일종의 가쿠에이 붐이 일어나 미디어는 저학력인 다나카가 천하를 장악한 것을 '이마타이코(도요토미 히데요시가 비천한 신분에서 최고 권력자인 다이코까지 승진한 것을 빗대어 하는 말―역자)'에 빗대었다. 내각 지지율은 62%로 지금까지의 역대 내각 가운데 최고를 기록했다. 다나카는 수상 취임 후에 곧바로 중국과의 관계 개선에 나서 공명당(公明党) 등의 협력을 얻어 겨우 2개월 후에는 중국을 방문하여 중일공동성명을 발표하고 국교 정상화를 실현했다.

압도적인 자금력과 국민적 인기를 배경으로 순조롭게 출발한 것처럼 보였던 다나카 정권이었지만, 그 후의 정국은 다나카가 구상하고 있던 것과는 상당히 다른 방향으로 흘러갔다.

열도 개조 계획

다나카 정권이 간판으로 내건 것은 '일본 열도 개조'였다. 그 요점은 인구의 흐름을 과밀도시에서 지방으로 환류시키기 위해 열도의 북동과 서남의 후진 지역에 거대한 규모의 공업 기지를 배치하고, 지방에는 25만 명 규모의 신도시를 정비하며, 나아가 일본 열도의 주요 지역을 일일생활권으로 하는 신칸센과 고속도로 망을 정비하는 것이었다. 당연히 여기에는 대규모의 공공 투자가 동반한다. 니가타(新潟)의 가난한 산촌 지대의 보수층을 기반으로 성장한 다나카는 '표면의 일본'과 '뒷면의 일본'이 가진 격차를 없애고, 벽지인 산·어촌까지 고도성장의 열매를 전달하는 것은 정치가로서의 근본적인 활동이라고 보았다.

다나카가 내세운 '열도 개조'는 1960년에 이케다 정권이 내세운 '소득 배가'의 연장 선상에 위치하는 것이었다. '소득 배가'는 단순히 국민의 관심을 정치에서 더욱 풍요로운 생활의 실현으로 전환해 가기 위한 정치적인 주문이었을 뿐만 아니라, 고도성장기를 통해 산업 구조·입지 정책에서 자원 에너지 정책, 노동 정책까지를 구상하고 선도하는 역할을 수행하였다. 우선 이 계획에서는 도로, 항만, 공장 용지나 용수 등 사회 자본의 정비가 뒤쳐진 것이 성장하는 데 장애 요인이라고 지적되었으며, 이미 잠재력을 갖춘 공업화 지역에 중점적으로 설비를 투자하여 급속한 경제 확장의 기반으로 삼아야 한다는 의견이 제기되었다. 이렇게 하여 게이힌(京浜), 주쿄(中京), 한신(阪神), 북규슈(北九州)의 4대 공업 지대를 연결하는 벨트 지대의 중간 지점에 중간 규모의 새로운 공업 지대를 정비하는 방향이 제시되었다.

이 태평양 벨트 지대 구상에 대하여 지방의 반발이 확산되자 62년에 정부는 전국을 '과밀 지역' '정비 지역' '개발 지역'이란 3종류의 권역으로 나누어 각각의 지역이 갖는 특성에 따라서 거점 개발 방식을 도입하는 '전국종합개발계획' 이른바 구전총(旧全総, 69년에 새롭게 책정되는 신전국종합개발계획과 비교하여 이전의 것을 구전총이라 칭했다. —역자)을 책정한다. 그리고 점차 도쿄나 오사카 등 과밀 지역의 인구와 산업을 재배치하면서 전국적으로 봐서 개발이 늦은 지역에 대규모의 산업 거점을 배치하는 국토 개발의 흐름이 이루어졌다. 구전총에서는 신 산업도시 지정을 둘러싸고 지자체 간에 과도한 유치 경쟁이 전개되었으며, 다른 한편으로 쓰쿠바(筑波) 학원 도시와 가시마 콤비나트, 미즈시마 공업 지역 등 대규모의 신도시와 공업 지역이 건설되었다.

1969년부터는 대규모 프로젝트를 중요시하여 개발 지역을 지금까지의 신 산업도시 외곽에까지 확대시켜 가는 '신전국종합개발계획'(신전총)이 책정되는데, 다나카의 일본 열도 개조론은 이 신전총의 방향을 더욱 철저하게 하였다. 이러한 흐름 속에서 대규모의 공업 기지로서 개발된 대표적인 지역으로는 무쓰오가와라(むつ小川原), 도마코마이(苫小牧), 시부시(志布志) 등 중앙에서 먼 지역도 포함되었다. 또한 도쿄에서 북으로 아오모리(青森)를 거쳐 삿포로(札幌)까지, 남으로 간몬(関門) 해협을 넘어 가고시마(鹿児島)까지 신칸센 정비와, 열도를 그물과 같이 연결하는 고속도로 망의 정비도 계획되었다. 이러한 상황에 발맞추어 대규모의 공공사업 예산으로 전국이 개발의 파도에 뒤덮혔다. 이에 따라 중앙 부서의 관료들은 경제계와 지방 정책에 대한 영향력을 이전에는 볼 수 없을 정도로 강화했다. 그리고 이러한 영향력 위에 다나카와 같은 정치가가 강대한 권력을 장악했다.

닉슨 쇼크

이러한 대개발주의는 고도 경제 성장이 그대로 계속된다는 전제 위에서 지속 가능하다. 그러나 다나카 카쿠에이가 열도 개조를 내세워 정권을 장악한 70년대 초에는 그 전제 조건이 국제적인 요인으로 인하여 붕괴되고 있었다.

이 변화를 결정적으로 만든 것은 고정 환율제의 붕괴이다. 다나카가 정권을 획득하기 직전인 71년 8월 15일에 미국의 리차드 닉슨 대통령은 금과 미국 달러 교환의 일시적 중지, 잠정적으로 10%의 포괄적 수입과징금 부과를 중심으로 하는 달러 방어책을 발표했다.

이 조치는 전후 자유주의 경제를 규정하고 있던 IMF(국제통화기금)와 GATT(개발과 무역에 관한 일반 협정)를 기둥으로 하는 브레턴우즈(Bretton Woods) 체제를 근본에서부터 뒤흔드는 것이었다. IMF 가맹국의 통화는 달러를 통해서 금을 보유하는 것인데 달러와 금의 교환 정지는 그 보유금을 떼어 내는 것으로 거의 필연적으로 세계 경제는 변동 금리제로 이행할 수밖에 없었다.

그리고 환율 시세가 변동제로 이행하자 각국의 경제 질서를 지탱해 온 규제 틀에도 커다란 바람 구멍이 뚫렸다. 70년대 중반에 대부분의 자금 이동 규제가 철폐되었으며, 수년 내에 각국 정부의 관리가 미치지 않는 곳에서 거액의 자금이 세계적으로 유동되기 시작했다. 이 파도에 편승하여 세계적인 금융 자본은 해외에서의 융자와 투기, 신규 사업을 신속하게 확대시켰다.

마침내 선진국의 금융 기관은 높은 인플레가 계속되는 개발도상국에서 투자 기회를 찾았으며, 세계 은행의 개발 융자나 조성금과는 별도로 민간의 투자 자금에서 개도국으로의 고금리 융자가 늘어났다. 의도했는지 아닌지는 차치하고라도 닉슨 대통령의 결정으로 80년대 이후의 신자유주의와 세계화는 확실히 준비되었다.

1달러=360엔 시대의 종말

이러한 변화에 일본 정부는 어떻게 대처했는가. 실은 이보다 앞서 고도 경제 성장을 지속한 일본이 공업 생산력에 비하여 엔이 너무 싸다는 비판이 강해졌다. 이미 69년에 일본과 동일하게 고도 경제 성장을 이루어 온 서독은 마르크를 9.29% 인상했기 때문에 다음은 일본이 엔의 교환 비율을 인상할 차례라는 주장에는 근거가 있었다. 그러나 일본 정부는 수입 자유화, 관세 인하, 자본 자유화 촉진, 경제 협력 추진 등을 약속하는 것으로 수출 산업에 불리한 엔 환율 인상을 계속 회피해 왔다. 그리고 닉슨의 갑작스러운 성명이 발표되자 유럽의 여러 나라가 환율 시장을 폐쇄한 것에 비하여 일본은 도쿄 시장을 열어 둔 채 1달러를 360엔으로 계속 유지하려고 했다.

이 때문에 달러 매매·엔 매수가 급속하게 이뤄지자 필사적으로 달러를 구매할 수밖에 없게 되어 결과적으로 46억 달러 상당의 막대한 엔을 시장에 내보내고 말았다. 그리고 이 여유 자금의 흐름은 그 후의 다나카 정권의 열도 개조 계획에 대한 투자가들의 기대와 겹치면서 토지 투기가 발생하여 전국적인 '물가 폭등'을 발생시켰다.

즉 말기의 사토 에이사쿠 정권은 고도 경제 성장을 가능하게 한 조건을 유지하는 데 집착하여 고정 환율제에서 변동 환율제로의 이행이라는 세계 경제의 극적인 변화를 선취하여 일본 경제를 새로운 단계로 이끄는 데 실패하였다. 그리고 이것을 이어받은 다나카 정권은 그 실패의 상처를 치료하기보다는 오히려 확대시키는 방향으로 나아간다.

예를 들어 일본 정부가 어느 정도의 달러를 구매하려고 하더라도 세계 경제의 역사적인 변화를 저지할 수는 없다. 71년 여름에 서구 유럽 각국의 재무장관회의와 중앙은행총재회의, OECD(경제개발협력기구)나 IMF 회의가 빈번하게 개최되어 새로운 국제통화체제를 향한 조정이 이루어졌다. 그 결과 71년 12월에 워싱턴의 스미소니언 박물관(Smithsonian's National Museum of Natural History)에서 열린 10개국 재무장관회의에서 엔을 1달러=308엔으로 인상한다는 내용이 합의되었다.

▶사진 2-3. 1971년 12월 20일 스미소니언 합의에 의해 1달러가 360엔에서 308엔으로 상승하였다(NHK取材班,「NHK스페셜 戦後50年その時日本は 第6巻 プラザ合意/アジアが見つめた"奇跡の大国", 日本放送出版協会, 1996년).

일본 정부는 이 합의를 받아들여 엔의 또 다른 절상을 반드시 피하기 위해 금리 인하나 외환 관리 완화 조치를 취하였지만 그래도 달러 매매·엔 매수 압력이 약화되지 않았으며 고정 환율을 유지하는 것은 불가능했다.

결국 1973년 2월 14일 엔은 변동 환율제로 이행하였으며 1달러의 교환 비율은 264엔이 되었다. 이렇게 하여 겨우 1년 정도에 엔은 100엔이나 상승하였으며 1달러=360엔 시대는 막을 내렸다.

오일 쇼크와 물가 폭등

더구나 일본이 엔고 대응에 쫓기고 있던 73년 10월에 제4차 중동전쟁이 발발했는데, OAPEC(아랍석유수출국기구)에 가맹한 10개국이 제3차 중동전쟁에서 이스라엘에 점령된 아랍 영토가 반환되고 팔레스타인 인민의 권리가 회복될 때까지 석유 생산량을 매월 5%씩 삭감한다고 결정하였다. 그 전날 OPEC(석유수출국기구)에 가맹한 페르시아 만 연안의 6개국도 원유 공시 가격을 대폭적으로 인상하기로 결정하자 이 연대로 인하여 세계 경제를 근저에서부터 흔드는 제1차 석유 파동이 시작되었다.

중동의 산유국이 서구의 석유 자본에서 원유 가격 결정의 주도권을 빼앗기 위해 시도한 석유 위기는 동시대의 일본 경제에 충격을 주었다. 당시 일본은 에너지원의 석유 의존도가 70% 이상으로, 석유 소비량의 거의 100%를 수입에 의존하였다. 더구나 수입의 80% 이상은 중동에서 수입하고 있었기 때문에 영향은 대단했다. 산유국이 석유 생산을 감축하고 가격을 인상하자 국제석유자본은 석유 소비국에 대하여 원유 가격을 올렸는데 이것이 국내의 급격한 물가 인상으로 이어졌다.

▶사진 2-4. 회사의 물건 숨기기와 오일 쇼크에 의한 물가 폭등에 항의하는 여성들 (1973년 11월, 도쿄. 「女たちの昭和史」, 編集委員会編, 『「写真集」女たちの昭和史』, 大月書店, 1986년).

그러나 석유 위기가 국내 물가에 미친 영향은 원유의 생산 감축과 가격 인상에 의한 직접적인 요인보다 편승 인상이나 미래에 대한 불안감에서 온 제2차적인 반응에 의한 부분이 컸다. 국제석유자본의 가격 인상과 공급 제한은 중동 이외 여러 나라의 원유에도 미쳤으며, 국내에서는 석유 화학 업계 등이 석유 관련 제품의 가격을 인상하는 사태가 속출하였다. 이것이 다른 분야의 산업 자재나 소비재의 가격에까지 파급되어 전체적으로 물자 부족과 여기에서 오는 사재기, 매점매석이 유행하였다. 실제로는 석유 위기의 영향이 심각할 수밖에 없었던 1973년 12월의 원유 수입량조차도 위기 이전의 9월에 비하여 약 2%밖에 줄어들지 않았지만, 물자 부족으로 물가가 상승한다는 불안감이 대도시 소비자들 사이에서 퍼졌고, 화장실 휴지 사재기로 나타나는 물자 부족 공황 상태가 각지에서 발생했다.

시대에 뒤쳐진 개발주의

외환 환율의 극적인 변동과 오일 쇼크는 다나카 정권이 내건 '열도 개조'에는 최악의 충격이었다. 정권 발족 시 다나카 붐을 일으키고 중일국교 정상화를 잘 실현시켰지만 1972년 말의 총선거에서 자민당은 참패했다(26 의석 감소). 이 패배는 지금까지 수출 산업에 견인되어 성장을 지속해 온 일본 경제가 전년도 말의 엔 상승으로 성장이 둔화되면서 불황을 향하고 있다는 걱정과, 물가 상승이 멈추지 않는 것에 대한 불만이 반영되었다. 특히 72년에는 엔고 불황을 염려하여 도매 물가가 급등하고 소비자 물가도 조금씩 상승하고 있었으며 열도 개조론의 영향으로 각지에서 토지 투기가 지가 상승을 부추기고 있었다. 이러한 가운데 많은 일본인은 성장 노선을 더욱 대규모로 확대하자고 하는 열도 개조론에 꿈보다는 불안을 느끼고 있었다. 닥치는 대로 '소득 배가'를 쫓던 시대는 끝나고 있었으며, 사람들의 관심은 점차 현재 생활의 안정을 향하고 있었다. '열도 개조'는 이러한 사회 동향과는 정반대의 방향이었다.

록히드 사건과 다나카파의 지배

다나카 카쿠에이의 권력에 깊은 상처를 준 록히드 사건만큼이나 다나카의 고도성장주의와 새로운 시대와의 차이를 상징적으로 보여주는 것은 없다. 사건이 표면화하기 이전인 1974년 7월의 참의원 선거에서 이미 자민당이 거액의 선거 자금을 투입하여 기업 단위의 금권 선거를 전개한 사실에 대해 비판이 집중되었다.

금권 정치는 자민당의 본질이기도 했는데 다나카 정권은 지금까지의 어느 정권보다도 훨씬 더 정치 자금의 분배를 기반으로 한 권력 행사를 철저히 했다. 74년 선거에서는 이러한 자금력이 총동원되었지만 결과는 자민당의 의석 8개가 감소하여 62석에 그치는 패배였다.

선거가 끝나자 미키 타케오(三木武夫) 부총리, 후쿠다 타케오 장상(藏相), 호리 시게루(保利茂) 행정관리청 장관이 다나카 수상의 금권 체질을 비판하면서 사임하였다. 정치 헌금 비판이 거세지는 가운데 재계에서도 자민당에 대한 정치 헌금을 폐지하는 움직임이 확산되었다. 더욱이『문예춘추(文芸春秋)』1974년 11월호 지상에서 다치바나 타카시(立花隆)의「다나카 카쿠에이 연구―그 금맥과 인맥(田中角栄研究―その金脈と人脈)」이 게재되어 다나카 정치 구조에 비판을 가하였다.

록히드 사건은 이러한 금권 정치를 비판하는 흐름에 다나카가 더 이상 견디지 못하고 74년 12월에 퇴진하자마자 표면화됐다. 다나카의 퇴진과 금권 정치 비판 여론을 배경으로 발족한 미키 정권은 정치 자금 규제법(政治資金規正法)과 공직 선거법을 개정하여 자민당 총재 선거 형태를 바꾸는 것으로 금권 정치에서 탈각하려고 했지만, 자민당 본부의 강력한 반대로 생각처럼 진척되지 않았다.

1976년 2월 미키의 개혁 노선에 대해 당내 주류파의 반발이 강해졌을 때 미국 상원 외교위원회 다국적 기업 소위원회에서 록히드 사

▶사진 2-5. 체포되어 도쿄구치소로 호송되는 차 속의 다나카
카쿠에이 전 수상(1976년 7월 27일 사진—교도통신).

가 일본에 항공기를 판매하기 위하여 거액의 정치 공작 자금을 사용한 사실이 밝혀졌다. 이윽고 검찰의 조사는 전(前) 수상에게까지 미쳐 76년 7월 27일에 다나카 카쿠에이는 도쿄지검에 의해 체포되었으며 다음 달에는 수탁수뢰죄·외환법 위반으로 기소되었다.

사건 공판은 1977년부터 시작하여 83년 10월 다나카에게 징역 4년 추징금 5억 엔의 유죄 판결이 내려졌다. 전 총리대신이 관여한 수뢰 사건에 정국은 혼란스러웠다. 사건의 진상 해명을 위해 조사당국에 정치 개입을 하지 않으려고 하는 미키 수상에 대해 자민당 내 주류파의 반발이 거세지고 미키 퇴진 움직임이 격화되었다. 다른 한편 고노 요헤(河野洋平) 등 젊은 그룹은 보수의 재생을 요구하며 76년 6월에 신자유 클럽을 결성하여 탈당하자 자민당은 분열의 위기에 처했다.

1976년 12월 임기 만료에 의한 총선거가 실행되었는데 자민당이 과반수를 밑도는 결과를 내자 미키는 책임을 지고 사직하였으며 후임에는 후쿠다 타케오가 선임되었다.

그러나 이 혼란이 정계에 대한 다나카 카쿠에이의 영향력 상실을 의미하는 것은 아니었다. 체포 후에도 다나카는 수십 년에 걸쳐서 누가 일본의 총리대신이 될 것인가를 결정하는 영향력을 유지하였으며,

나카소네 정권의 뒤를 이은 다케시타 노보루(竹下登) 정권이 원래 다나카파의 정권이었음을 생각한다면, 다나카파의 권력은 거의 20년에 걸쳐서 일본 정치를 계속 좌지우지했다는 사실을 알 수 있다.

록히드 사건에서 리크루트 사건으로

다나카파 지배 정국의 초기에 발행한 이 20년간의 의혹 사건을 록히드 사건이라고 한다면, 그 말기에 발생한 것이 리크루트 사건이다. 그러나 이 2개의 사건은 다양한 의미에서 대조된다.

록히드 사건은 미국의 항공기 산업과 일본 정계의 유착에 의해 일어난 사건으로, 고다마 요시오(児玉誉士夫), 오사노 켄지(小佐野堅治)라는 전후 정계의 배후와 운수정무차관에서 낙하산 인사로 내려온 와카사 토쿠지(若狭得治) 전일항(全日空) 사장, 다나카 등 소수의 자민당 중추 사이에서 거액의 현금을 수수한 사건이다. 반면 리크루트 사건의 특징은 양도된 것이 미공개 주식이라는 점인데, 종래에 법적 규제의 외부에 있던 금융 상품으로 그 양도 대상도 매우 넓었다. 양도받은 정치가는 나카소네 야스히로, 다케시타 노보루, 미야자와 키이치(宮澤喜一), 아베 신타로(安倍晋太郎), 모리 요시로(森喜朗), 오부치 케이조(小渕恵三) 등 자민당의 실력자들이 대부분 포함되어 있었으며 그 범위는 야당에까지 미치고 있다. 무엇보다도 이 뇌물의 주역인 리크루트는 사회의 정보화, 서비스화의 흐름을 타고 급성장해 온 신흥 기업이었다.

리크루트 사는 에조에 히로마사(江副浩正)가 1960년에 일으킨 기업으로, 취직 정보지를 중심으로 하여 발전해 왔다. 80년대 이후 리크루트의 사업 다각화는 본격화하여 86년에는 NTT에서 슈퍼컴퓨터를 구입하여 통신 회선 대여 사업을 시작으로 정보 통신 산업으로 진출할 것을 꾀하였다. 매출도 82년에 792억 엔, 86년에 1,383억 엔, 88년에 2,692억 엔으로 급성장하여 에조에는 나카소네 정권의 민영화 노선 속에서 다양한 심의회 위원 등을 지냈으며 새로운 재계 인사로서의 지위를 쌓았다. 이러한 리크루트가 정·재계에서 지위를 확립하기 위해 이용한 것이 미공개 주식이라는 주식 시장 시스템이었다.

정보화 사회 속에서 급성장 기업이 주가 시스템을 악용하여 이익을 올리고 위법성이 있는 공작을 시도했다는 점에서 리크루트 사건은 록히드 사건의 후예라고 하기보다는 이후의 라이브도어(ライブドア)나 무라카미(村上) 펀드를 둘러싼 사건으로 연결되는 선례였다.

1970년대에서 80년대에 걸쳐서 포스트 전후 사회에 발생한 커다란 변화는, 경제 전체의 움직임을 견인해 가는 산업이 중후장대의 기간 제조업에서 역으로 경박단소의 정보 산업, 서비스 산업으로 중심을 이동해 간 것이다. 록히드 사가 정부의 중추에 뇌물을 준 것은 항공기라는 거대한 철 덩어리를 팔기 위해서다. 이것에 비하여 리크루트 사가 다수의 정치가들에게 접근하려고 한 것은 더 애매하다. 사회 전체가 용해되고 있는 가운데 실물 경제 이상으로 주식이나 금융 등의 화폐 게임이 본격화하고 있었다. 이러한 경제 구조의 변화 속에서 정치의 기반이 조금씩 변화하고 있었다. 약 15년 정도의 간극을 두고 일어난 록히드 사건과 리크루트 사건의 성격 차이는 이러한 사회 경제 시스템의 변화와 대응하고 있다.

복지 국가 체제의 위기

변화한 것은 유착 구조만이 아니었다. 정치적 대립 구조도 경제 변화와 연결되어 변모하고 있었다. 우선 심각했던 것은 지금까지의 중화학공업 기반의 사회에서 서비스나 정보가 기반인 사회로 변화해 가는 과정에서 노동조합의 조직력과 정치적인 영향력이 불가피하게 저하된 사실이다. 한편 대규모의 생산 현장에서는 컴퓨터에 의한 집중 관리가 이뤄지는 가운데 철저한 인원 감축이 진행되고, 노동 운동의 기반이 되는 노동자 수가 감소하고 있었다. 증대한 화이트칼라 층과 서비스 산업 종사자들은 종래의 조합 시스템에서 제외된 층이다. 노동 운동의 퇴조는 사회당과 공산당, 혁신지자체의 기반이 약화됨을 의미했으며, 70년대 다나카파의 지배 속에서 자민당이 위기를 맞이했을 때 혁신 세력도 만성적인 퇴조 경향에 빠져 있었다.

이들 좌우 양 세력에서 발생한 위기는 한 마디로 말하자면 복지 국가 체제의 위기였다. 다나카 카쿠에이의 열도 개조론과 금권 정치의 차질은 이케다 정권의 소득 배가 정책 이후 전후 일본이 향수해 온 고도성장에 의한 이익 분배형 정치가 한계에 달한 것을 의미한다. 이 체제는 한편에서는 자민당 금권 정치의 온상이기도 했으며, 다른 한편으로 사회당·노동조합이 요구한 것처럼 국민 전체가 넓고 얕은 이익 분배에 관여할 수 있도록 했다.

변동 환율제로의 이행과 오일 쇼크, 공해, 다나카파 지배 정치에 의한 폐해의 분출이라는 상황 속에서 이러한 전후형 체제의 유지는 점차 곤란해졌으며, 복지 국가에서 서비스 경제로 사회 체제의 기축이 이행하였다. 그리고 마침내 이러한 체제 변화에 대응하여 이케다 정권에서 다나카 정권까지의 이익 분배형 보수 정치와는 성격을 달리하는 나카소네 정권에서 고이즈미 정권으로 향하는 신보수주의 조류가 부상한다.

오키나와(沖繩) 해양 박람회와 오키니와의 변모

이 장에서는 마지막으로 앞 장에서 논한 오키나와의 그 이후에 대하여 논하고자 한다. 1970년대 복귀 후의 오키나와에서 발생한 상징적인 사건은 75년의 오키나와 해양 박람회의 개최였다. 원래 일본 정부와 류큐(琉球) 정부가 복귀 후의 오키나와에서 '바다'를 주제로 한 국제 박람회를 개최할 것을 구상한 것은 70년의 오사카 만국 박람회 직전이었다. 그해 1월에 통산성은 오키나와 반환 기념 사업 가운데 '국제 해양 개발 박람회'를 개최한다는 구상을 발표했다. 이에 앞서 류큐 재계에서도 '만국 박람회' 유치 움직임이 있었으며, 미·일·류 자문 위원회는 69년 봄에 오키나와를 경제·문화적으로 아시아의 주춧돌로 만들어 가기 위해 오키나와에서 오사카 만국 박람회에 버금가는 기념 사업을 열 구상을 제안했다. 오키나와 해양 박람회는 오키나와 사람들에게 '복귀'가 경제·문화적으로 '본토 수준'을 실현한다는 생각을 심어주기에 알기 쉬운 상징으로 부상하였다.

오사카 만국 박람회 폐막 후가 되자 통산성, 류큐 정부, 본토 재계, 류큐 경제계는 각각의 의도로 오키나와 해양 박람회에 대한 움직임을 본격화해 간다. 당초에 오키나와에서는 '산업 기반의 정비가 우선이다. 해양 박람회의 유치도 좋지만, 이것보다도 더 실질적인 것을 강하게 요구해야 한다'는 주장도 있었지만, 류큐상공회의소 등을 중심으로 해양 박람회 개최로 흐름이 만들어졌다.

이렇게 하여 71년 8월에 류큐 정부는 본토 정부에 오키나와 해양 박람회를 개최할 것을 정식 문서로 요청하고, 10월에는 정부 각의에서 '해양'을 주제로 한 국제 박람회를 오키나와에서 개최할 것을 승인했다. 더욱이 다음 달 일본 정부의 개최 신청이 BIE(국제 박람회 사무국)에서 수리되어 절차를 거쳐 72년 5월의 '복귀'에서 10일도 지나지 않은 시점에서 오키나와 해양 박람회가 BIE이사회에서도 정식으로 등록되었다.

타다 오사무(多田治)는, 오키나와 해양 박람회 개최를 향한 움직임 속에서 오키나와에서 발생한 것은 60년대까지의 '경제적 소외/군사적 위탁'이라는 틀에서 80년대 이후의 '경제적 포섭/군사적 위탁'이라는 틀로의 이행이었다고 한다(多田治,『沖縄イメージの誕生』).

오키나와에는 복귀 후에도 미군 기지가 온존되었는데, 그 반대급부로서 국내의 다른 부현에 비하여 많은 보조금이 유입되어 개발 사업이 진행되었다. 이러한 전개에서 중요한 것은 앞서 논한 신전총을 모델로 하여 72년에 오키나와 개발청이 제정하는 오키나와 진흥개발계획이었다. 신전총과 다나카 카쿠에이의 '일본 열도 개조' 구상의 연결에 대해서는 이미

▶사진 2-6. 오키나와 현 모토부 초(本部町)에서 '바다―그 희망찬 미래'를 주제로 개막한 오키나와 해양 박람회장(1975년 7월 19일. 사진―교도통신).

논했는데, 이러한 열도 개조형 정책을 마스터 플랜으로 하여 오키나와에서는 복귀 후의 경제 진흥책이 점차 제안되었으며 마침내 개발청에 의한 오키나와진흥개발계획이 책정되었다.

오키나와 경제계의 입장에서 보자면, 해양 박람회의 개최는 오키나와가 오랫동안에 걸쳐 "국정에서의 단절이라는 불우한 역경에 놓여서 본토에 비하여 여러 면에서 현저하게 뒤쳐진 사실에 대해 복귀를 기념하여 오키나와의 집중적인 개발 원조로 보상하고 싶다는 국민적 선의에서 출발하고 있는 국가적인 프로젝트"(오키나와 경영자협회)였다. 이러한 '국민적 선의'에 의지함으로써 오키나와는 곧 포스트 전후 사회의 공공사업에 의한 주박(呪縛) 구조를 현저하게 체험한다.

제3장 가족은 해체되었는가

비디오 등이 산적한 연속 여아 유괴 사건으로 체포된 범인의 방 (1989년 7월 23일. 사진—마이니치신문).

1. 변화하는 일본인의 의식

가족관의 변화

1970년대 이후 일본인의 의식 구조가 불가피한 변화를 보이고 있는 가운데 일찍부터 가족과 사회적 성에 관한 사고방식의 변화가 현저했진. NHK방송문화연구소는 1973년 이후 5년마다 30년간에 걸쳐서 전 국민을 대상으로 '일본인의 의식' 조사를 실시했다. 이것만큼 장기간에 걸쳐 거의 동일한 질문 항목에 대한 태도 변화를 신뢰성 높은 조사 방법으로 검증한 조사는 거의 없으며, 이 조사가 축적해 온 자료는 70년대 이후 일본인의 의식 변화를 판단할 기준이 된다.

이 일련의 '일본인의 의식' 조사에 대한 분석에서 이구동성으로 지적하고 있는 것은 70년대 이후에 일어난 가족과 남녀 관계에 관한 의식의 변화이다. 70년대부터 '아버지는 일에 힘을 쏟고 어머니는 맡겨진 가정을 잘 지킨다'는 것 같은 '성 역할 분담' 형의 가족보다도 '아버지는 뭔가 가정에 신경을 쓰고 어머니는 따뜻한 가정 만들기에 전념

한다'는 '가정 내 협력' 형 가족을 지향하는 비율이 지속적으로 증대하고 있다. 73년의 시점에서 전자를 이상으로 하는 사람은 39%, 후자가 21%였던 것에 비하여 10년 후인 83년에는 양쪽 모두 29%로 비슷하며, 나아가 10년 후인 93년에는 전자가 20%, 후자가 41%로 크게 역전되었다. 70년대 이후 일본인은 분명히 아버지 중심의 가정보다도 부부가 대등하게 협력하는 가정을 이상으로 생각하게 되었다(NHK放送文化研究所編, 『現代日本人の意識構造』第6版).

동일한 가족관의 변화는 다양한 차원에서 검토되었다. 예를 들면, '아버지가 가사나 육아를 돕는 것은 당연하다'고 하

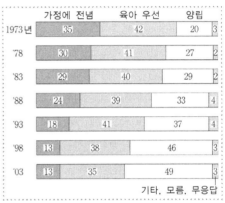

	가장중심	부부자립	성역할분담	가정내협력	
1973년	22	15	39	21	3
'78	21	16	38	23	2
'83	23	16	29	29	3
'88	20	18	25	35	2
'93	17	19	20	41	3
'98	13	23	17	45	2
'03	13	23	15	46	3

기타, 모름, 무응답

▶그림 3-1. 이상적인 가족 상(NHK放送文化研究所編, 『現代日本人の意識構造』第6版, 日本放送出版協会, 2004년, 단위는 %).

	가정에 전념	육아 우선	양립	
1973년	35	42	20	3
'78	30	41	27	2
'83	29	40	29	2
'88	24	39	33	4
'93	18	41	37	4
'98	13	38	46	3
'03	13	35	49	3

기타, 모름, 무응답

▶그림 3-2. 결혼 후 여성에게 있어서 가정과 직업(NHK放送文化研究所編, 『現代日本人の意識構造』第6版, 日本放送出版協会, 2004년, 단위는 %).

는 사고방식도 73년의 절반 정도에서 20년 후인 93년에는 약 80%로 급증하고 있다. '결혼한다면 가정을 지키는 것에 전념하는 편이 좋다'고 하는 '가정 전념' 형 여성관에 대한 지지자는 73년의 35%에서 20년 후에는 18%로 격감하였으며, '결혼해서 아이가 생겨도 가능하면

직장을 계속 다니는 편이 좋다'고 하는 '양립' 형에 대한 지지는 73년의 20%에서 20년 후에는 37%로 급증했다. 부부가 다른 성을 가지는 것에 대한 지지 여부에 대해서도 별도의 성을 인정한다 혹은 어느 쪽의 성으로 고치든 좋다고 생각하는 사람의 비율은 73년의 26%에서 93년에는 34%까지 증가했다(NHK放送文化研究所編, 『現代日本人の意識構造』第6版).

남녀고용기회균등법의 성립

그러나 이러한 의식 수준에서 가정 속의 '평등화'는 근대 가족 그 자체의 해체를 의미하는 것은 아니었다. 70년대 이후 가족과 남녀 관계에 관한 의식은 크게 변화했지만, 사회의 실태는 겨우 조금밖에 변화하지 않았다. 오히려 환율의 급변화, 오일 쇼크라는 이중의 충격을 일본 경제는 철저한 경영 합리화로 넘어섰는데, 그 결과 발생한 것이 '남성은 종신 고용, 여성은 비정규 고용이라는 성에 따른 신분 계층화'의 고착화였다. 이러한 것도 "여성이 파트타임 노동을 해도 기혼 여성의 우선적인 역할은 주부라고 전제한 다음에, 가정에 대한 책임에 저촉되지 않는 범위 내에서 가계 보조적으로 일하는 노동자로서 여성의 지위를 규정했다. 따라서 임금이 낮아도 좋으며 회사가 필요로 하지 않을 때는 해고하기도 쉽다. 1970년대 후반 이후의 시대는 표면적으로는 탈주부화가 진척된 것처럼 보이지만, 실제로 진행된 것은 어디까지나 주부 역할을 우선으로 한 '겸업 주부화'이며 '새로운 성별 분업'(남자는 일, 여자는 가정과 일)이었다"고 오치아이 에미코(落合惠美子)

는 지적한다(NHK放送文化研究所編,『現代社会とメディア 家族 世代』).

분명히 1985년에 모집과 채용, 배치·승진 등에서 남녀를 평등하게 취급하는 노력 의무나, 고용에 있어서 여성임을 이유로 한 차별을 금지한 남녀고용기회균등법이 성립하여 여성의 노동 조건은 상당히 변화한다. 나아가 99년에는 남녀공동참가 사회 기본법도 제정되었으며 내각부와 전국의 시정촌(市町村)에 담당 부서가 설치되었다. 이러한 흐름 속에서 분명히 정책적으로는 행정 조직과 기업에서 여성의 고용과 경제적 자립을 촉진하였다. 그러나 90년대에 이르러도 여성의 취업률이 첫째 아이 출산의 평균 연령인 20대 후반에서 급격하게 저하하여 30대의 취업률이 낮으며, 중년 여성이 되면 또 다시 취업률이 상승하는 날카로운 M자형 곡선의 취업 구조는 변하지 않았다.

이 경우 고학력의 여성이라도 20대 후반에 한 번 일에서 제외되면 육아를 마치고서 직장에 되돌아 갈 때에는 고용 조건에 커다란 한계가 있다. 실제로 막내가 초등학교를 졸업하는 정도가 되면 여성의 취업률은 급상승하는데 이것을 취업 형태별로 보면 파트타임 노동 비율이 가장 높다. 80년대까지 20대 남녀의 임금 격차는 상당히 축소되지만, 전 세대를 평균하면 90년대가 되어도 여성의 평균 임금은 남성의 약 60%에 그친다.

'가족'의 주박(呪縛)

이러한 의식과 실태의 차이 속에서 1970년대 이후 역으로 이미지로서의 '가족'은 이전 시대보다도 강하게 사람들의 인생관을 묶고 있

었다. 고지마 카즈토(児島和人)가 앞서 본 조사에 대한 분석 가운데 논하고 있는 것처럼 "자신에게 있어 가장 중요한 것"이 "가족"이라고 분명히 말한 사람의 비율은 50년대부터 지속적으로 증가하여 60년대에도 70년대에도 80년대에도 결코 감소하지는 않았다(NHK放送文化硏究所編, 『現代社会とメディア 家族 世代』).

70년대 이후 '가족'이 점차로 의식되지 않았다는 것은 아니고 60년대 이상으로 강하게 의식되었으며 다양한 장면에서 언급되었다. 앞서 논한 '가족 내 협력' 형에서도 '어머니도 따뜻한 가정 만들기에 전념하고 있'으며, 이것은 전업주부의 규범에서 멀어지는 것은 아니다. 이러한 어머니를 아버지가 도와주는 것이 이상이라고 보고 있다. 또한 결혼해서 아이가 태어나도 일을 계속한다는 '양립' 형에 대한 지지자가 증가했다고는 하지만, 1993년의 시점에서조차 최대 다수파는 일은 아이가 생기기 전까지만 한다는 '육아 우선'파였다.

약해지는 가족의 결속력

따라서 70년대 이후에는 가부장적인 근대 가족에서 우애적인 근대 가족으로 변화하였다. 근대 가족을 기반으로 하는 성 역할 그 자체의 변화는 아니었다. 더구나 이러한 '우애'는 가정 속에서 폐쇄된 형태로 가능했던 만큼 어떤 유(類)의 허구성을 띨 수밖에 없었다. 이상적인 가족 이미지에 대한 속박과 여기에서 크게 벗어난 성(gender)을 둘러싼 사회 체제 속에서 이 우애 가족에 대한 이미지는 항상 모순과 알력을 머금고 있었다.

더구나 이 모순과 알력은 이러한 규범적 이미지와 사회 체제 사이에 존재한 것만은 아니었다. 한편에서는 우애적인 가족이 규범시되면서 80년대 말까지는 이러한 '가족'의 결합 그 자체를 해체시켜 갔다. 더 근본적으로 사회 의식이 변화하기 시작하였다.

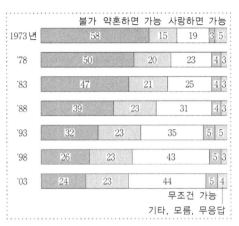

▶그림 3-3. 혼전성교에 대한 의식(NHK放送文化研究所編, 『現代日本人の意識構造』第6版, 日本放送出版協会, 2004년, 단위는 %).

예를 들면, 앞의 조사는 미혼 남녀의 성관계에 대해서도 묻고 있는데, 서로 사랑하고 있는 남녀라면 결혼과 관계없이 성적인 관계를 맺어도 좋다고 생각하는 사람들이 1973년의 19%에서 88년에는 31%, 98년에는 43%로 80년대 후반경부터 급증하고 있다.

이것과 병행하여 반드시 결혼할 필요는 없다고 하는 사람들이 98년까지 58%에 달하여 결혼이 인생의 당연한 단계라는 사고방식은 힘을 잃었다(98년에 38%). 특히 결혼은 반드시 필수적인 단계는 아니라고 생각하는 사람의 비율은 2003년까지 40대 이하에서 약 80%에 달하였으며 20대 여성에서는 90%를 넘어섰다.

이렇게 보면 70년대는 아직 과도기이며 가족에 대한 생각은 80년대 말부터 90년대에 걸쳐서 극적으로 변화한 듯하다. 이 20년간 애정이나 성관계 그리고 우애, 가족이라는 용기에서 밖으로 스며 나오고 있었다. 이미지로서의 '가족'의 속박이 계속되는 한편 그 내용은 확실히 옅어지고 있었다.

사회적 결합의 해이

80년대 이후 성관계와 성 역할, 육아와 가계가 일체를 이루는 가족 결합은 전체적으로 약화되는 경향으로 기울었다. 그러나 그렇다고 해서 가족 이외의 사회적인 결합이 이것과 반비례하여 강화된 것도 아니다.

앞의 조사에서는 혈연(친척), 지역(이웃), 직장의 세 곳에서 사람들이 전면적인 교제와 부분적인 교제의 어느 쪽을 지향하고 있는지 조사했는데, 70년대 후반부터 일관되게 전면적인 교제로의 지향이 약화된 것을 볼 수 있다. 친척이나 이웃에서 이러한 경향이 현저한 것은 의외는 아니지만 직장에서도 '무엇인가에 대하여 상담하거나 조언하는' 교제를 지지하는 자는 73년의 59%에서 93년에는 38%까지 감소했다. 세대로 보면 베이비 붐 세대까지는 직장에서의 전면적인 교제를 아직 지지하고 있는데, 50년대 이후에 태어난 세대에서는 그러한 '깊은' 관계는 오히려 기피된다. 이와 병행해서 업무 지향의 비율도 약해져 여유 지향이나 업무·여유 양립 지향의 사람들이 증가하고 있기 때문에 70년대 이후에 가족의 결합력과 회사의 결합력은 동시 병행적으로 약화되었다.

'미래'에서의 해방

가족과 기업의 전 인격적인 결합력이 동시에 약화된 것에서만 변화가 생긴 것은 아니었다. 동일한 시기에 '분명히 계획을 세워서 풍요로운 생활을 이루자'('이익'지향)와 '모두 힘을 합쳐 세상을 좋게 하자'('정의'지향)라는 미래 중심적인 사고가 약화되고 '그날 그날을 자유롭게 즐겁게 지내자'('쾌락'지향)와 '친근한 사람들과 부드러운 매일을 보내자'('애정'지향)라는 현재 중심의 사고방식이 더욱 지배적이었다. 현재 중심의 사고방식은 1973년의 52%에서 98년에는 67%까지 증가하였으며 그런 만큼 사람들의 현재에 대한 '미래'의 구속력이 약해졌다고 생각할 수 있다. '미래'를 준거점으로 하여 현재의 위치를 세우는 것은 전후 사회란 영역을 넘어서 근대 사회의 지각 변동이 시작되었음을 나타내고 있다.

19세기 중반 이후 일본 사회는 문명 개화·식산 흥업이라는 이름의 근대화 노선, 청일·러일전쟁을 거친 제국화와 총력전 체제, 나아가 패전을 거쳐 고도성장기까지 미래의 풍요로움을 위하여 국민이 단결하고 현재의 삶을 희생하여 노력하는 체제를 만들어 왔다. 이 체제에서 가부장제적인 근대 가족의 유지, 즉 '평등'을 추구하는 여성들의 삶과 '자유'를 추구하는 젊은이들의 삶을 억제한 것은 필요한 사회적 기반이었다. 그러나 고도성장 이후의 '풍요로움'의 실현은 이러한 생산주의의 필요를 상대적으로 약화시켰다. '미래'의 구속은 상대화 할 수 있는 것이 되었으며, 그 약화에서 개인적인 '쾌락'이나 '사랑'을 지향하는 주장이 커져 갔다.

2. 교외화와 핵가족의 폐색(閉塞)

도시로서의 농촌

앞서 논한 조사에서 하나 더 주목할 변화는 1970년대 이후 대도시와 농촌에서 의식의 차이가 축소되어 전국적으로 사람들의 의식이 획일화된 것이다. 예를 들면, '지역 환경'에 대한 만족도는 1973년의 시점에서는 도시의 규모에 따라 상당히 차이가 컸지만, 90년대에 들어와서 이러한 차이는 거의 소멸했다. 또한 교제 방식에 대해서도 73년의 시점에서는 인구 10만 명 미만의 시와 정촌은 더 인구 규모가 큰 대도시에 비하여 이웃과의 전면적인 교제를 지향하는 사람들의 비율이 현저히 높으며, 부분적인 교제로 만족하는 사람들의 비율이 적었다. 이러한 교제 방식의 지역 차이는 90년대까지 크게 축소되어 2003년이 되면 부분적인 교제를 지향하는 사람들의 비율이 도시의 규모에 따른 차이가 거의 없어졌다. 이 30년간에 지방 농촌에서도 사회 관계가 '도시화'되어 전 인격적인 교제는 회피하게 되었다.

이러한 변화가 단순히 미디어의 영향뿐만은 아니다. 오히려 '열도 개조'의 꿈에 각 지역의 토건 업자가 활동하여 막대한 공공사업비가 인프라 건설에 투하되는 가운데 지역의 풍경, 생산 물자의 흐름이나 사람들의 행동 범위가 결정적으로 변화했기 때문이다.

도로 연변 비즈니스의 증식

실제로 열도 개조론의 좌절에도 불구하고 70년대 이후 전국에 빠짐없이 늘어선 도로를 따라 곳곳마다 출현하기 시작한 것이 '스카이라쿠' '데니즈' '로얄호스트' 등 패밀리 레스토랑, 중고 자동차나 양복점, 가구, 안경, 파친코 등 도로 연변 비즈니스 점포였다.

이와 관련하여 1970년경 패밀리 레스토랑의 효시라고도 할 수 있는 스카이라쿠 1호점이 후추(府中) 시에서 개점했다. 71년에는 로얄호스트가 북규슈 시에, 74년에는 데니즈가 요코하마 시에 개업하였으며, 맥도널드도 70년대 후반에는 교외 중심으로 개업을 시작하였다. 다른 업종에서도 74년에 '양복의 아오야마(靑山)'가 히로시마 현에 1호점(西条店)을, 자동차 용품의 오토박스 1호점이 오사카부 다이토(大東) 시에 개업하였다. 동일하게 70년대 중반에는 홈 센터(교외형 DIY, Do—It—Yourself 점포), 구두, 서적 등의 교외형 점포가 간선도로를 따라 개업하고 80년대가 되자 이 파고는 가전, 스포츠 용품, 서적, 완구, 낚시, 약품에서 비디오 대여점, 노래방, 관혼상제까지 폭발적으로 보급되었다.

이들 도로 연변 점포는 체인화하여 대량 구매 · 저가 판매를 가능하게 했다. 이 때문에 외벽이나 간판, 배색과 조경까지 규격화된 건물이 전국 각지의 도로 연변에 동일하게 건설되었다.

더구나 이들 일용품 점포가 도로 연변을 따라 들어서는 풍경이 확대되자 마침내 지금까지는 도로 연변 비즈니스라고 생각하지 않았던 은행이나 병원, 학원, 스포츠 시설 등까지 도로를 따라 모여들게 되었다. 이렇게 하여 이전에는 논이나 밭의 한가운데 도로 하나가 지나가는 데 지나지 않았던 일대가 점차 편리한 공간으로 변모하였다. 그리고 마침내는 이들 산업 시설을 둘러싸듯이 아파트나 빌라가 건설되어 도로 연변 가게가 아니라 도로 연변 마을이 출현하게 되었다.

한없이 확대되는 '교외'

도로 연변 비즈니스는 전국 각지로 확대되고 있던 교외형 쇼핑센터와 함께 일본의 지방 도시와 농촌의 풍경을 결정적으로 변형시켰다. 그 결과 80년대 이후 일본의 국토를 뒤덮은 것은 '도시'도 아니고 '농촌'도 아닌 글자 그대로 '교외'라고밖에 말할 수 없는 형태의 공간이었다.

물론 '교외'의 형성은 다이쇼·쇼와 초기에 탄생하는 덴엔초후(田園調布)나 세이조(成城) 등의 주택지까지 거슬러 올라갈 수 있지만, 고도성장기인 1970년의 센리(千里) 뉴타운이나 71년의 다마(多摩) 뉴타운의 탄생에 의해 지금까지와는 다른 이질적인 수준에서 한꺼번에 대규모화했다.

다른 한편으로 도쿄의 인구는 도심부에서는 1980년대부터 감소하기 시작하여 도쿄 도 전체에서도 70년대가 되면 거의 현상 유지 상태가 된다. 이에 비하여 수도권 전체로는 55년의 약 1,500만 명에서 95년에는 약 3,300만 명으로 급격히 증가하였으며 대부분이 가나가와, 사이타마(埼玉), 지바(千葉) 등의 주택 개발에 의한 것이다. 70년대 이후의 수년간에 걸쳐 지금의 도쿄라는 도시 전체를 둘러싸 버릴 정도의 거대한 '교외' 확장이 일어났다.

이 교외의 한없는 확장으로 단순히 공간적인 변화가 생길 뿐만 아니라 일본 열도에 사는 사람들 인생의 존재 형태 그 자체가 변질되었다.

고도성장기에 도시로 향한 엄청난 인구가 도시에 붙어 살려고 하면 주택 형태도 다음과 같은 과정을 거치는 수밖에 없다. 단칸방·기숙사→목조 임대 아파트→단지→주택이라는 과정이다. 그리고 이들이 주거 형태를 변화시킬 때마다 도시의 외곽으로 확산되어 가는 것은 필연적인 과정이다. 이렇게 하여 주거 형태의 변화가 단지·주택의 단계에 도달한 지점에서 신흥 주택지가 형성되고, 도시도 지방도 아닌 혹은 농촌도 상업 지구도 아닌 교외가 출현한다. 이것은 대도시 주변뿐만 아니라 지방 도시나 소도시에도 파급되어 교외에 산다는 생활 양식을 탄생시켰다. (小田光雄, 『〈郊外〉の誕生と死』)

오다 미쓰오(小田光雄)는 고도성장기에 도쿄로 흘러들어 온 엄청난 젊은 노동력이 맞이한 그 후의 인생을 70년대 이후의 교외 개발의 파고와 연결하여 위와 같이 요약했다.

새로운 주민과 옛 주민

1970년대 이후의 교외화에서 중요한 것은 이것이 기존 대도시의 연속적인 확장이라기보다는 지금까지 단순한 근교 농촌이었던 지역이 갑자기 뉴타운 개발의 파도에 실려 시가지화하는 경우가 많았던 점이다. 수도권과 간사이(関西)의 광대한 지역에서 근교 농촌에 급격한 주택 개발의 파도가 몰아쳐 도지가 매점되고, 샐러리맨 가족으로 구성된 새로운 주민이 옛 주민인 농민들을 압도해 가는 현상이 발생했다. 또한 이들 지역에서 예전부터 살고 있던 농민들도 개발 속에서 겸업화하여 마침내 주차장이나 아파트 경영으로 생활하게 되어 농민으로서의 사회적 성격을 잃어버렸다.

이렇게 하여 70년대 이후 폭발적으로 확장하던 교외의 특징은 ①급격한 인구 증가에 의한 신구 주민의 대립, ②초·중학생이 있는 샐러리맨 핵가족을 다수로 한 동질적인 인구 구성, ③급격한 인구 증가에 따른 학교나 병원, 스포츠 문화 시설의 만성적인 부족, ④긴 통근 시간과 주말에 자가용을 이용한 여가, ⑤높은 주택 소유율과 주택 대출 의존 등이다.

이 가운데 신구 주민의 대립으로 결국 신 주민이 구 주민을 압도하였으며, 이러한 신 주민에 의한 지역 '전통'이 재발견된다. 동시에 많은 교외는 신 주민의 입거 시기에 따라 세대 구성이 균질적이기 때문에 시간과 함께 지역 전체가 한꺼번에 고령화해 간다. 90년대까지 이전에 만성적으로 부족하던 학교 시설이 남아돌기 시작하였으며 역으로 고령자 대책이 심각해졌다.

인생 최대의 구매

　많은 교외 주택은 자기 집이었기 때문에 교외의 발전은 일본 주
택 산업의 발전과 궤를 같이 했다. 원래 전후의 주택 생산 태세는 1950
년에 주택금융공고법(住宅金融公庫法)이, 51년에 공여주택법이 성립
하였으며, 55년에 일본주택공단이 발족함으로써 기반이 더욱 든든해
졌다. 주택공단은 고도성장기를 통해 교외 단지나 뉴타운 개발의 주
역이었다. 58년에는 공단 주택에 사는 인구가 100만 명에 달하였으며
그 후에도 공단 주택을 연간 35만 호를 계속 건설하는 정책이 추진되
었다. 이렇듯 주택을 대량 생산하자 75년에는 모든 도도부현에서 주
택 수가 세대 수를 상회하였으며, 주택 수요는 양의 시대에서 부가가

▶사진 3-4. 견학자로 붐비는 도쿄 하치오지(八王子) 시의 타마 뉴타운의 분양 주택 '사계의 언덕(四季の丘)' (1989년 11월, 사진─마이니치신문).

치의 시대로 전환하였다.

1984년 10월에 스미토모 은행은 도쿄와 오사카에 사는 30대 샐러리맨이 가진 집을 조사했는데, 자기 집을 가진 사람의 비율이 37%였다는 결과가 나왔다. 총무성의 통계에 의하면, 95년의 시점에서 도쿄 도의 비율은 약 42%, 오사카 부는 약 48%였다. 이것은 전국 평균의 약 60%를 상당히 밑도는데 농촌 지역은 비율이 높으며, 대도시일수록 낮은 것은 당연하다.

이들이 자기 집을 구입하는 것은 대부분 주택 대출을 끼고 있었기 때문에 교외화는 주택 산업과 은행의 결탁에 의해 지탱되었다고도 할 수 있다. 자기 집을 구입하는 샐러리맨의 입장에서 보자면, 자기 집을 획득하는 것은 자신이 일생을 걸고 계속 지불하는 주택 대출=부채를 안고 있는 것과 표리 관계를 이룬다. 즉 교외의 자기 집은 대다수의 샐러리맨에게는 자신의 일생을 담보로 구입한 인생 최대의 구매이며, 주택 산업계는 이러한 고객의 수요에 맞추어서 다양한 부가가치를 붙여 상품의 이미지를 구축해 가도록 추구하였다. 이처럼 교외는 정말로 인생에 관련된 거래 무대였다.

조립식 주택의 이미지 전략

이러한 무대의 인프라를 정비한 것은 국가와 자치단체의 공공사업과 뉴타운 개발이었다. 마침내 이러한 무대 위에 각지의 주택전시장에 진열된 듯한 주거 공간 세트가 늘어서 가전제품이나 자가용 차에서 새로운 형태의 가구나 조경까지 마련되었다.

와카바야시 미키오(若林幹夫)는 이렇게 하여 세트화된 부가적인 아이템이 추가된 교외 주택을 '연기하는 상자'로 불렀다. 이것은 "이미 예감되었으며 꿈꾸어 온 공동체가 아니라 상품화된 주택이나 주택지에 사는 사람들의 생활을 다양한 상품과 여기에 부여된 이미지를 통해서 의미를 붙이고 형태를 규정짓는 '의미 창조'의 장소였다"(若林幹夫, 『郊外の社会学』). 이 가운데 주민들은 "창문과 레이스 달린 커튼, 케이크 점과 화려한 맨션, 단지를 무대로 정원화된 뜰이나 베란다와 여기에 늘어선 작은 인형이나 토끼 등의 장식물 그리고 크리스마스 일루미네이션에 의한 '개인 전시'를 사적인 공간에서 행한다"(若林幹夫, 『郊外の社会学』).

마쓰무라 슈이치(松村秀一)는 전후 상품화 주택의 생산 형태를 연구하는 작업 가운데 조립식 주택 생산이 60년대 후반부터 본격화하여 판매 전략이나 이미지 전략으로 어려움을 벗어났다고 한다. 당시 업계 최대의 기업 다이와(大和)하우스가 67년에 연간 1만 채 생산을 돌파한 것에 이어서, 세키스이(積水)하우스가 71년에, 내셔널주택이 72년에 각각 1만 채를 넘어섰다(松村秀一, 『「住宅」という考え方』). 연간 총 건설 호수에서도 67년도의 4만 7,300채, 다음 해인 68년에는 6만 7,300채, 69년에는 9만 8,600채라는 연간 약 4배의 폭발적인 신장률을 보여준다.

이러한 흐름 속에서 '일본풍'이나 '서양풍'의 명칭이나 디자인이 이들 주택에도 즐겨 사용되었다. 예를 들면, 다이와하우스는 68년에 지금까지 자사 상품의 명칭을 변경하여 '와카쿠사(若草)' '하쿠호(白鳳)' '아스카(飛鳥)' '가스가(春日)' '다이와(大和)' 등 일본식 이름을 전면에 내세웠다. '하쿠호'는 고급스러운 형태, '아스카'는 도시 감각의 목조 아치형 지붕, '다이와'는 일본풍의 우진각 지붕, '와카쿠사'는 절약형이라는 판매 전략상의 차별화가 시행되었다. 그리고 마침내 70년대 말에는 이러한 일본풍의 명칭이 급속하게 퇴조하고, 역으로 '휴게실이 있는 집' '연통이 있는 집' '테라스가 있는 집' '정원이 있는 집' 등 서구풍의 환상을 가미한 상품이 주력을 이루게 된다.

개괄한다면 조립식 주택의 이미지 전략은 기능주의에서 일본식 상징으로 그리고 테마파크와 같은 차별화 논리로 변화되었다. 명칭의 이러한 변화는, 거실이나 형태라는 주택의 설계 그 자체가 70년대 말에는 소비자의 기호에 맞추어 다른 형태의 주거를 제공하는 '기획형'으로 발전해 가는 움직임에 대응된다.

개인 방의 네트워크

한없이 확대된 교외는 전후 핵가족의 '행복한 자기 집'이 연출되는 무대임과 동시에 그러한 드라마가 내부에서 붕괴되어 가는 현장이기도 했다. 알려진 것처럼 이러한 다행증(多幸症, 상식적으로는 보통인 것에 대해서도 뭔가 행복해하는 부자연스러운 심리 상태로, 조울증으로 이어질 수 있는 정신병의 일종—역자)적인 위기야말로 바로 77년에 야마다 타이치(山田太一)가 드라마 「해변의 앨범(岸辺のアルバム)」(TBS, 1977년)에서 이미 취급한 주제이다.

이 드라마에서는 다마가와(多摩川) 베리의 신흥 주택지에 살고 있는 회사밖에 모르는 상사원(商社員) 남편과 그 아내, 대학생 딸과 학원을 다니는 아들의 4인 가족이 주인공이다. 정말로 전형적인 교외 가족 속에서 조용히 가족이 붕괴되기 시작한다. 남편은 회사에서 요구하는 대로 매춘을 알선하고, 아내는 일상생활의 외로움에서 불륜으로 이어지고, 딸은 외국인 영어 회화 강사에게 강간당한다. 아들은 가족의 황폐해진 비밀을 알고 괴로워하며 마지막에 모든 것을 폭로한다. 이러한 붕괴의 절정에서 실제로 일어났던 태풍에 의한 다마 강의 범람이 소재가 되어 가족이 쌓아올린 집은 탁류에 쓸려간다. 야마다는 이어서 79년의 「연선지도(沿線地図)」를 시작으로 몇 개의 작품에서 교외 주택지에서 일어나는 다양한 '붕괴'를 취급하였는데, 80년대의 최신 드라마는 반전되어 가는 현실의 바닥에 있던 사회 변화를 끄집어내고 있다.

그러나 70년대 이후의 가족 분해는 텔레비전 드라마에 묘사된 것처럼 극적인 형태는 아닐지라도 훨씬 일상적인 과정으로 발생하고 있었다. 실제로 의사소통 구조의 수준에서 새로운 개인 지향의 미디어 생활 공간이 침투하자 이러한 경향이 촉진되었다.

이 움직임은 이미 70년대부터 가정의 전화 사용법의 변화에서 나타나고 있다. 원래 전화는 가족의 입장에서 본다면, 모르는 제3자의 소리가 가정 안으로 침투해 오는 입구이다. 이것은 또한 가족 가운데 누군가가 몰래 소리로 외부와 연결될 수 있는 창이기도 하다. 앞서 논한 「해변의 앨범」에서도 야치구사 카오루(八千草薫)가 연기한 아내가 불륜을 행하게 된 계기는 수화기를 통한 모르는 사람의 목소리였다. 즉 전화는 소리라는 차원에서 가정이 외부의 사회와 교차되는 출입구라는 형태를 만든다. 처음에 '입구=창'으로서의 전화가 종종 물리적으로도 가정과 사회가 접하는 공간인 현관에 놓인 점에도 이유가 있다. 공동체로서의 가족은 이렇게 하여 외부 사회와의 접점을 공간적으로 한정하여 모르는 타인이 어딘가에서 가정 안으로 들어오는 것을 제한하려고 하였다.

그러나 이 전화의 위치는 전화를 일상적으로 이용하게 되면서 점차 응접실이나 부엌, 거실로 이동하였다. 보조 수화기나 전선 없는 수화기 등 기능적인 확충을 거듭함에 따라, 전화는 마침내 부모의 침실이나 아이들의 방에도 설치되어 개인을 직접 외부의 타자와 결합시키기 시작했다.

이렇게 해서 가족 한 사람 한 사람이 자기 방에서 전화로 언제라도 외부의 상대와 만날 수 있게 되자 가족의 공동성이 영위되어야 할 장소로서의 가정은 물리적으로는 닫혀 있지만, 전기적으로는 분해하여 넓은 네트워크의 말단을 형성하고 있다. '행복한 자기 집'은 '자기 방의 전화'가 증가하는 가운데 많은 개인 방의 집약체로 변화해 갔다.

이전에 전화가 주거 환경에 놓였을 때 이 미디어는 외부에서 오는 이방인이었다. 그런데 80년대에 젊은이들은 미디어를 통해서 가장 친밀한 세계를 형성하기 시작했다. 물리적인 생활의 장보다도 미디어를 통한 의사소통이 사적인 세계의 사실성을 지탱하는 기반으로 느끼기 시작했다.

70년대 말에 이러한 현실 감각의 반전을 선구적으로 보여준 것이 소니의 워크맨이다. 워크맨은 미디어를 통해서 우리들 공통의 풍경이 재구축될 수 있는 가능성을 보여준다. 전차 속에 있든 길을 걷고 있든 워크맨을 귀에 꽂고 있을 때 우리들의 청각은 가상적인 환경을 만들어낸다. 주위의 풍경은 음악 속에 있는 자신이 느끼는 배경으로서 주위의 사회적인 관계성에서 이탈한다. 워크맨을 하고 있는 한 사람 한 사람은 분명히 그 장소에 있지만 마치 이미 그곳에는 없는 듯이 존재한다.

3. 허구의 세계로

두 가지 사건

1970년대 이후의 사회 변화를 시대가 가진 균열에서 날카롭게 비춘 것은 청소년 범죄였다. 68년 도쿄, 교토, 하코다테(函館), 나고야(名古屋)에서 19세의 소년 N·N에 의해 연속 권총 사살 사건이 일어났고, 88년에서 89년에 걸쳐 도쿄와 사이타마(埼玉)에서는 20대 중반의 청년 M에 의해 연속 여아 유괴 사건이 발생했다. 20년의 세월을 사이에 둔 두 사건은 후기 사회의 변화를 상징적으로 보여준다.

N·N이란 말할 것도 없이 나가야마 노리오(永山則夫)를 지칭한다. 나가야마는 1949년에 홋카이도 아바시리(網走)의 무너져 가는 가정에서 8형제 중 7번째로 태어났다. 어릴 적에 어머니에게 버림받고 형제는 매우 추운 아바시리에서 극빈 속에 지낼 수밖에 없었다.

이윽고 아오모리(青森) 현 이타야나기(板柳)로 이주하여 편모 가정에서 자란 나가야마는 1965년경 아오모리에서 도쿄로 집단 취직 하였다. 최초의 직장은 시부야 역 앞의 니시무라(西村) 과일 찻집이었다. 이곳을 겨우 반년 정도 지나서 그만두고 요코하마 항에 정박 중인 화물선에 잠입하여 다른 나라로 밀항하려다가 실패하고 홍콩에서 환송되었다. 그 후 자동차 수리 공장에서 견습생으로 취직하지만 몇 달 밖에 지속하지 못하고 오사카와 도쿄에서 쌀집, 세탁소, 우유 판매점, 일용직 등을 전전한다. 한동안 정시제 고등학교에 다니기 시작했지만 이것도 계속하지 못했다. 이러한 가운데 요코스카(橫須賀)의 미군 기지에 몰래 숨어들어가 우연히 권총과 탄환을 손에 넣고 일련의 살인 사건을 저질렀다.

최초의 살인은 68년 10월 11일에 도쿄 시바(芝)의 프린스호텔 풀장에서 일어났다. 나가야마는 권총을 손에 들고 불쑥 도쿄타워를 방문했다. 이전에 막 상경했을 때 형과 도쿄타워에 올라 프린스호텔의 잔디와 수영장이 아름다웠던 것을 기억하였다. 수영장 옆에 침입하여 부근을 살펴보고 있을 때 경비원에게 발각되자 잡히면 큰일이라는 공포심에서 상대를 사살했다.

여기서부터 나가야마의 비행이 시작되었다. 보통열차를 바꿔 타고 교토로 도망간 이후 심야에 야사카(八坂) 신사 경내에서 경비원에게 발각되어 경찰에 연행되려고 하자 상대를 사살한다. 나아가 여기에서 자살할 결심으로 홋카이도 하코다테로 가서 타고 있던 택시 운전수를 죽이고 돈을 훔친다. 결국 고향인 아바시리에는 도착하지 못한 채 나고야로 돌아와 나고야 항에서 택시 운전수를 상대로 강도 살인을 저지른다.

사건 당시 동시대의 매스컴은 풍요로운 사회 속에서 자신의 폭력성을 주체 못한 권총 애호가가 저지른 범행은 아닌가 하고 추측했는데 사실은 완전히 달랐다. 오히려 나가야마는 그러한 풍요로운 사회의 일원으로는 도저히 들어갈 수 없는 자의 소외감, 고도성장이 가져온 '풍요로움'에서 어쩔 수 없이 소외되어 버린 자의 배고픔을 가지고 있었다. 그의 범행은 혐오의 대상으로 삼을 수밖에 없었던 과거의 자신, 그를 키워온 엄청난 가난에서 벗어나기 위한 반복되는 탈출, 그리고 도망에 의한 해방의 갈망이 매번 실패해 버린 결말이었다.

타자를 기준으로 한 시선의 침투

나가야마는 이미 아오모리 때부터 가출을 반복하였으며, 9살 때에는 하코다테에서 아바시리로, 14살 때에는 자전거로 후쿠시마(福島)까지 가서 도쿄로 가려고 하였다. 집단 취직으로 상경한 것은 집과 고향을 탈출하려는 가출의 연장 선상에 있다. 나가야마의 행동은 거의 전부가 가난한 자신의 처지를 부정하는 갈등에 의한 것이다. 그렇기 때문에 이전에 미타 무네스케(見田宗介)가 적절하게 논한 것처럼, 상경한 N·N에게 도쿄란 가정과 고향에 대한 격렬한 혐오가 역전된 형상이며, "거의 무한한 가능성을 가진 '별세계'"였을 것이다(見田宗介, 『現代社会の社会意識』).

그러나 실제로 도쿄에서 그를 기다리고 있던 것은 미타가 말한 '시선의 지옥'이었다. 나가야마는 무수하게 존재하는 겨우 중졸의 노동력을 가진 가난한 인간에 지나지 않았으며, 호적에는 '아바시리 번외지(番外地)'라고 기록되어 있었다. 그러한 가운데 그는 3번째로 '진학'에 대한 의욕을 보여 가짜 학생증까지 만들었으며 외국산 고급품을 걸치고 있었다. 이것들은 모두 "도시가 청년을 이러한 것으로 판단하는 표상성을 획득함으로써 자기 존재를 부정하려는 의도"였다(見田宗介, 『現代社会の社会意識』).

그러나 N·N이 이러한 표상성을 조작하는 것으로 하찮은 자신에게서 아무리 탈출을 시도하더라도 스스로는 조작할 수 없는 표상의 틈으로 타자의 시선이 들어와 자신의 외형적 연기를 위협하였다. 이 타자의 시선이 침투한 것을 N·N은 극도로 두려워하였다. 이것은 N·N에게 있어서는 저주받은 과거에 끊임없이 미래가 속박되는 경험이었다.

이러한 N·N의 궤적에는 타자의 시선과 이것을 열심히 속이려고 하는 그 자신의 의지가 분명히 각인되어 있다. 다시 말해 아사쿠라 교지(朝倉喬司)가 이후에 지적한 것처럼, 나가야마의 범죄는 이미 "80~90년대의 주요한 소년 범죄를 예견하게 하는데, 이것은 현실감의 부재라든가 자신이 자신인 것 그 자체의 불안정성, ……자기동일성 그 자체의 혼란 등 어디에도 해당하지 않는다. ……나가야마가 어디에서 어디로 도망가더라도 만약에 이것이 '자신으로부터' 도망가는 상황을 강하게 노정하고 있더라도 모든 것이 자명한 존재로서의 '자신'이 기획한 것으로 이해할 수 있다"(朝倉喬司, 『涙の射殺魔・永山則夫事件』).

이에 비하여 80년대 이후 많은 청소년 범죄에는 정말로 혐오스러운 자신이라 할지라도 실감하고 있는 '자신'이라는 명확한 존재감의 붕괴, 마치 자신 그 자체가 꿈속의 현상인 듯한 감각의 확대가 일어났다.

N·N에서 M으로

　M, 즉 미야자키 쓰토무(宮崎勤)에 의한 연속 여아 유괴 살인 사건은 80년대 이후의 범죄에서 일어난 변화를 극적인 형태로 보여주었다. 80년대 말에 전 일본을 놀라게 한 사건에서 마지막까지 결여되어 있었던 사실은, 나가야마의 사건에 보이는 것과 같은 사실감, 비록 그것이 너무도 혐오스러운 것이었다 하더라도 자신에 대한 분명한 감각이었다.

　이것의 부재는 나가야마가 자란 곳이 아바시리, 아오모리로 일본의 변경 지역이었던 것에 비하여, 미야자키가 자란 도쿄의 이쓰카이치마치(五日市町)는 근교 농촌에서 교외로 급속하게 변화하는 지역이었던 것과도 상징적으로 대응하고 있다. 이쓰카이치마치에서는 70년대 중반에 도로를 크게 확장하는 공사가 시작되어 마을의 풍경을 급속하게 변화시켰다. 옛날의 농촌적인 성격은 급속하게 변화하여 차를 이용하면, 한노(飯能), 이루마(入間), 가와고에(川越), 하치오지(八王子), 사가미하라(相模原) 등 주변의 시가지와 직결되는 대도시의 교외로 편입되고 있었다. 나가야마의 범죄가 전국적인 고향 상실의 흐름 속에서 일어났다고 한다면, 미야자키 사건은 자동차 생활에 의한 도시 근교의 교외화 흐름을 배경으로 하고 있다.

　미야자키 쓰토무는 1962년에 이 지역의 지역 신문 〈아키가와신문(秋川新聞)〉을 발행하고 인쇄소를 경영하는 집안의 장남으로 태어났다. 부모님은 인쇄소 경영으로 바쁘고 그는 거의 할아버지 손에서 자랐다. 할아버지는 정회(町会) 의원도 지낸 지역의 중재자로 미야자키에게는 유일한 '응석의 세계', 자신이 안심할 수 있는 공간을 보증해

주는 존재였다. 부모는 바쁜 데다가 부부 사이가 나빴으며, 어린 미야
자키에게는 손목에 장애가 있었는데 이것 때문에 다른 사람과의 관계
를 기피하여 학교에서도 친구가 없었다.

전통적인 지역 결합은 급속하게 와해되었으며 다른 사람의 집에
까지 이웃이 들어가는 일은 없어졌다. 즉 미야자키와 사회를 매개하는
회로는 할아버지 이외에는 없었는데, 할아버지가 놀아줄 수 있는 것은
백인일수(百人一首, 고래의 대표적인 시인 백 명을 골라 한 사람당 한 편씩 시를 모
아서 만든 시집－역자)나 딱지놀이(カルタ) 등 옛날 놀이였으며 그렇지 않
으면 동요나 만화영화 등 미디어를 통해서 들어오는 것만을 받아들일
수 있는 사회였다. 이처럼 일상의 생활 속에서 타자의 존재감이 희박해
진 이상 자신의 존재감도 애매하게 되었다. 그러한 미야자키가 마침내
비디오 수집에 열중하게 되고 할아버지의 죽음을 계기로 지금까지 억
눌려 왔던 것이 폭발하듯이 일련의 여아 살해를 저질렀다.

미야자키가 저지른 살인은 문자 그대로 너무 잔혹하다. 모두 저
항도 할 수 없는 4살에서 7살의 여자아이로 미야자키는 이 아이들을
때리고 차에 태워 산속으로 데리고 가 상대가 불안해져 울면 살해하였
다. 시체를 비디오로 촬영하였으며 음부를 만지고 머리를 가지고 와
서 소각하였으며 절단한 뼈의 일부를 먹기도 하였다. 동시에 그는 '이
마다 유코(今田勇子)'라는 이름으로 범행 성명을 피해자와 언론에 보
냈으며 피해자의 뼈를 박스에 담아 피해자 집의 현관 앞에 놓아 두었
다. 시체나 뼈에 대한 이상한 집착은 엽기적이며 더구나 체포 후에 엄
청난 양의 비디오와 만화로 가득 찬 방이 공개되어 사건의 기괴함을
보여주었다.

허구로의 내적 폐쇄

요시오카 시노부(吉岡忍)는, 미야자키가 살인을 하게 된 의식의 심층을 추적한 『엠/세계의 우울한 첨단(M/世界の, 憂鬱な先端)』에서 미야자키의 주체로서의 감각 부재와 그가 저지른 살인의 흉악성을 연결하는 역설적인 회로를 밝히고 있다. 미야자키는 첫 공판의 사실 심리에서 "깨어나지 못하는 꿈을 보고 그 꿈속에서 한 것 같은 느낌밖에 없다"고 했다. 자신이 살인을 했다는 사실을 부정한 것이 아니라 그 자체의 희박한 현실감을 말한 것이다.

미야자키의 사건에서는 하나하나 "여아를 살해하여 토막내고 양 손목을 구워 먹었다고 무서운 이야기를 고백하면서 이것을 행한 자신은 덤덤한 표정으로 피고석에 서 있"(吉岡忍, 『M/世界の, 憂鬱な先端』)는 이 괴리를 근본적으로 묻고 있다. 이 사건은 그의 방에 산적한 어마어마한 비디오에 놀란 언론이 오해한 것처럼 성적인 망상을 펼친 변태자의 범죄가 아니다. 미야자키는 어릴 때부터 신체의 생생함을 신경질적으로 싫어하여 다른 사람과의 육체적 접촉을 혐오했다.

이러한 그가 빠져든 것은 "수많은 만화영화, 그 주제가, 고지라(ゴジラ, 영화에 나오는 가공의 괴물—역자), 소녀에 대한 성적 기호(lolicon), 루빅스 큐브, 프로레슬링, 퀴즈와 퍼즐……. 모두가 빠져들면 빠져들 수록 비현실적으로 되는 현실"(吉岡忍, 『M/世界の, 憂鬱な先端』)이었다. 그는 이미 고등학생 때부터 자기 방에 비디오테이프를 쌓아 놓기 시작했으며, 고등학교를 졸업하자 원래는 사진 전문 학교였던 전문대학에 다니기 시작했다. 이윽고 여자의 팬티가 보이는 사진이나 여아의 하반신 사진을 촬영하여 사진 잡지에 투고할 정도로 열을 올리게 되었다. 그는 렌즈를 통해서 "상대를 물건으로 취급하고, 빼앗고, 공격하며 지배하여 승리해서 즐거워하는"(吉岡忍, 『M/世界の, 憂鬱な先端』) 자신을 발견하였다.

즉 카메라와 비디오 수집은 내면적인 성장을 멈추게 하여 어린 졸음의 세계 속으로 후퇴한 미야자키가 주변의 세계에 '주체'로서 관계할 수 있는 몇 안 되는 회로였다. 미야자키와 같은 타자에 대한 공포를 느끼고, 자신의 세계에 내부적으로 폐쇄된 인간에게 카메라와 비디오 등 영상 미디어의 발달과 보급은, 타자가 자신의 세계에 관계해 오는 가능성을 배제한 채 자신만이 상대를 객체화할 수 있다는 의미에서 안성맞춤이었다.

타자의 신체와 텅 빈 자신

그렇지만 카메라와 비디오 세계로의 마니아적인 몰입만으로 잔혹한 연속 살인을 저지르지는 않는다. 요시오카는 미야자키가 비디오 수집에 몰두하게 된 과정은 그 나름대로 현실에 대한 필사적인 적응 행위가 아니었을까, 라고 말한다. 그러나 비디오를 수집하는 것이 일차적으로는 본인에게 어느 정도 관능적으로 느껴졌다고 하더라도 여기에는 타자가 없다. 여기서 가까워진 현실은 잡으려고 하면 할수록 비현실적으로 변하고, 적응하려고 하면 할수록 수동적이 될 뿐으로 "언젠가는 반드시 텅 빈 주체 공백의 자신에게 도달한다. 이러한 자신에게 직면하여 한숨을 쉰다"(吉岡忍, 『M/世界の, 憂鬱な先端』).

미야자키의 경우 할아버지의 죽음이 자기 공허함의 피사체였던 여아들을 연속 살인한 결정적인 계기였다. 미야자키에게 할아버지는 주위의 세계를 의미가 있는 것으로 받아들일 수 있도록 해준 유일한 지주였다. 그러한 할아버지의 죽음으로 인해 주위는 급속하게 퇴색되었으며 가족조차도 '동거인'으로밖에 느껴지지 않았다.

그가 세계를 회복하기 위해서는 할아버지와 같은 존재가 반드시 필요했다. 이를 위해서 미야자키는 몇 번이고 할아버지의 유골함을 열어서 그 뼈를 먹었으며 살해한 여아의 뼈도 먹었다. 그는 한편으로 시체나 유체(遺体)를 '뼈 형태(骨形態)' '고깃덩이(肉物体)'라고 부르며 그 사람의 인격성을 부정하면서, 이 타자가 아닌 타자의 신체를 글자 그대로 '먹는 것으로써' 자신에게 동화시키려고 했다. 이렇게 하는 것으로 최대의 한계점에서 타자의 존재와 연결하여 이것을 매개항으로 세계(=할아버지)를 회복하려고 하였다.

진재(震災) 거리의 교외에서

미야자키 사건은 90년대에 계속해서 일어난 살인 사건이나 커다란 사회적 사건의 '선구'였다. 그중 14세 소년이 일으킨 1997년 고베 연속 아동 살인 사건은 미야자키 사건과 많이 닮은 관계 구조로 일어났다. 실제로 여기서 11살의 아동을 살해한 소년 A는 피해자의 머리를 절단하여 이것을 자신이 다니고 있던 중학교 정문 앞에 놓아두고 '사카키바라 세이토(酒鬼薔薇聖斗)'라는 이름으로 범행 성명을 발표했다. 시체의 머리에 대한 처리나 가짜 이름으로 발표한 범행 성명, 해부에 대한 이상한 취미, 그리고 범행이 자신을 귀여워해 준 할머니의 죽음을 배경으로 일어난 것 등 미야자키 사건과 공통점이 너무 많다.

이 사건의 범인인 소년 A는 1982년 평균적인 샐러리맨 가정의 아이로 고베 시에서 태어났으며, 초등학교 3학년 때 시 교외 스마(須磨) 뉴타운으로 이사하였다. 제5장에서도 논한 것처럼 이 뉴타운은 고베 시가 롯코(六甲)의 산줄기를 깎아서 조성한 것으로, 깎아낸 토사는 해안의 인공 섬 포트아일랜드의 매립에 이용하였다.

나가야마 노리오 사건이 아바시리·아오모리·도쿄의 관계를, 미야자키 쓰토무 사건이 교외화가 진척되는 근교 농촌을 배경으로 하고 있는 것에 비하여, 이 사카키바라 세이토 사건은 원래 그러한 과거와의 지역적인 연결을 차단하고 기억을 소거한 공간을 배경으로 하고 있다. 60년대 마을에서의 이향, 70년대부터 80년대에 걸친 근교의 교외화, 90년대의 뉴타운과 이 3개 사건의 무대는 너무나 상징적으로 연동하고 있었다.

'투명'한 존재

미야자키 사건이 할아버지를 불러내는 의식으로 경험된 것과 유사하게 소년 A의 살인은 '바모이도오키 신'이라는 신 앞에서 '성스러운 실험'으로 인식되었다. 오사와 마사오(大澤真幸)가 논한 것처럼 소년은 눈앞에 있는 인간이 "부서지는지" 어떤지를 확인하기 위해, 즉 상대가 물건에 지나지 않는지 아니면 혼이 있는지를 확인하기 위해 살인을 저질렀다. 상대에게 혼이 있다면 이것은 보통의 물건보다도 '부수기 힘들'어서 이것을 "바모이도오키=바이오·모도키"(생명이 있는 듯 없는 듯)

초월자의 앞에서 확인하려고 한
것이다(大澤真幸, 『不可能性の時
代』).

▶사진 3-5. 고베 연속 아동 살해 사건이 있었던 고베
시 스마지구의 현장 주변(1997년 5월 28일. 사진—마이니
치신문).

　역으로 말하면, 이것은 소
년의 실감에 있어 눈앞의 상대
가 혼을 가진 인간이었다는 감
각을 잃어버리고 있음을 나타낸
다. 이것 역시 미야자키가 할아
버지의 사후에 가족을 '동거인'
이상의 존재로밖에 느끼지 못한
사실과 대응한다. 타자를 타자로서 이미 느끼지 못하는 이상 그러한
타자가 말을 걸어와도 자신이라는 존재를 확인할 수 없다. 소년은 계
속해서 '투명'한 존재로 있으며 이 세계에서 존재감을 가질 수 없다.

　오사와는 소년 A 사건에서 30년 전의 나가야마 사건과는 역으로
타자의 시선이 지옥이 아니라, 타자의 시선이 존재하지 않는 것이 지
옥이 되어 버린 점을 설득력 있게 보여주고 있다.

　고도성장을 거쳐 일본 각지에 광대한 교외가 확대되어 무수한 뉴
타운이 난립하고 무수한 '연기하는 상자'에 사람들의 인생이 폐쇄되어
가는 가운데 일어난 것은 타자가 있고 자신과는 다른 타자와의 관계성
에서 사회가 존재한다는 감각 그 자체의 상실이었다. 미야자키도 소년
A도 이러한 타자=자신의 존재감을 회복하기 위해서는 어떻게 하든
상상력으로 할아버지나 신을 불러내어 눈앞에서 타자인지 아닌지 분
명하지 않은 상대를 제물로 삼지 않으면 안 된다고 하는 생각에 홀려
있었다.

등교 거부·은둔(ひきこもり)의 시대

그러나 유의해야 할 점은 청소년 범죄가 70년대 이후 질적인 변화를 가져왔다고는 하지만 적어도 90년대 중반까지 범죄는 양적으로도 흉악적인 면에서도 증가한 것은 아니라는 사실이다. 오히려 청소년에 의한 살인이나 범죄는 50년대에서 60년대에 걸친 시기에 더 많으며 70년대 이후에는 감소하는 경향이 지속되었다.

분명히 1980년에는 가와사키 시에서 재수 중이던 청년이 부모를 금속 배트로 때려서 죽인 사건이 일어났으며, 89년에는 여러 명의 무직 소년이 여자 고등학생을 자택 2층에 감금하여 계속 폭행하고 죽인 후에 콘크리트에 넣어 매몰지에 버린 매우 충격적인 사건도 일어났다. 그러나 전체적으로는 일본의 젊은이들은 70, 80년대를 통해서 폭력적이지는 않았는데 이것이 역전되는 것은 90년대 이후이다.

따라서 미야자키나 소년 A 사건에서 특징적인 점은 사건의 흉악성 그 자체가 아니라 오히려 그러한 사건이 내폐(內閉)적인 자신에 의해 일어났다는 사실이다. 70년대부터 80년대에 걸쳐 젊은이들은 한 사람 한 사람이 잘 관리되어 어른스러워졌으며 폭력적인 경향을 밖으로 표출하지 않고 오히려 속으로 묻어두는 형태로 진행되었다. 그때 가족은 젊은이들을 훈육하고 사회적인 접촉에서 격리시키는 최대의 장치로서 기능해 왔다.

60년대의 나가야마 노리오의 범죄와 미야자키 쓰토무나 사카키바라 세이토가 저지른 범죄의 차이는, 전자에서는 실체로서도 가상으로서도 가족은 분명히 거부되고 있던 것에 비하여 후자에서는 실체는 붕괴했어도 허구로서의 가족은 오히려 과잉적이라는 점이다. 이 허구

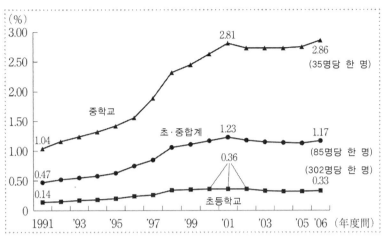

(%)

- 2.81
- 2.86 (35명당 한 명)
- 중학교
- 1.04
- 초 · 중합계 1.23
- 1.17 (85명당 한 명)
- 0.36
- 0.47
- 0.33 (302명당 한 명)
- 0.14
- 초등학교

1991 '93 '95 '97 '99 '01 '03 '05 '06 (年度間)

▶그림 3-6. 전 아동 학생 수에서 점하는 '등교 거부'의 비율.
주) 2006년도 장기 결석자(30일 이상 결석자) 가운데 '등교 거부'가 이유인 아동 수는 12만 7천 명(4천 명 증가).
출전 : 部科学省,「平成19年度学校基本調査速報」(http://www.mext.go.jp/b_menu/toukei/001/07073002/sanzu04.pdf)

를 미야자키의 경우는 할아버지가, 사카키바라 세이토의 경우는 할머니가 지탱하고 있었다. 범죄는 할아버지나 할머니의 죽음에 의해 허구조차도 불가능하게 되었을 때 일어났는데, 이러한 것이 일어나지 않았으면 젊은이들은 그대로 가족 내에서 자신을 계속 가두고 있었을 가능성도 높다.

이러한 사회는 폭력으로 내닫는 젊은이보다도 오히려 자신의 껍질 속에 숨어버리는 젊은이들을 대량으로 만들어냈다. 1980년대 이후 학교에서는 지금까지의 교내 폭력 사태가 조금 진정되는 한편 등교 거부나 은둔이 급격히 증가하였다.

이와 관련하여 1974년의 시점에서 전국의 초등학교에서 약 1만 명이었던 등교 거부 아동('등교 거부'를 이유로 30일 이상 결석한 자)의 수는 90년에 약 5만 명, 2001년에는 14만 명으로 급증하고 있다(文部科学省,

「学校基本調査」에 의함). 다른 한편, 은둔은 수개월을 넘는 장기간에 걸쳐 회사나 학교에 가지 않고 가족 이외의 친밀한 대인 관계가 없는 상태를 가리킨다. 일설에는 오늘날 은둔은 전국적으로 100만 명을 넘는다고도 하며, 가끔 외출하는 준 은둔도 증가하고 있는데 이를 더하면 더욱 많아진다.

의사소통 희망

그러나 은둔해 버린 젊은이들은 미야자키나 소년 A에게서 본 것처럼 동일한 정도로 '자폐'적이지는 않다. 은둔하면 그들은 사회뿐 아니라 가족에게서도 은둔한다. 즉 식사 이외에는 가족과 거의 얼굴을 맞대지 않으며 자기 방에 들어가 거의 외출하지 않는다. 하루 종일 자고 있든가, 빈둥빈둥 지내며 저녁부터 활동하기 시작해서 심야까지 텔레비전 게임 등에 몰두하고 새벽에 잠든다. 그런 생활을 하고 있기 때문에 창문을 닫은 방은 지저분하고 본인은 물건과 쓰레기에 파묻혀 살고 있다.

사이토 타마키(斎藤環)에 의하면, 그들의 마음은 "종종 초조감과 비참함으로 가득 차 있으며 과대한 자아 이상(거의 '자존심'에 해당함)을 가짐으로써 겨우 자신을 지탱하고" 있다. 그래도 "격심한 공허감이나 절망적인 노여움이 종종 덮쳐온다. 이것은 이상적 자아(거의 '자신'에 해당함)의 기능이 쇠약해졌기 때문이다. 이 때문에 바라지도 않던 폭력을 휘두르는 경우도 있다. 괴로우면 괴로울수록 '언젠가는 자력으로 다시 일어설 수 있다'는 자존심에 매달리기 위해 다른 사람에게 도움

을 청하기는커녕 치료 기관에 가는 것은 생각도 하지 않는다"고 사이토는 말한다(斉藤環, 『ひきこもり文化論』).

그러나 이처럼 타자를 극단적으로 거부하는 젊은이들이 의사소통에 대한 욕망 자체를 상실하고 있는 것은 아니다. 은둔하고 있는 이들은 많은 경우 '보통의 생활'에 강하게 끌리는데 여기에 존재하는 것은 절망적이기까지 한 의사소통에 대한 희망이다. 하지만 그들에게는 타자와의 관계를 자연스럽게 만들어 갈 자신이 없으며, 의사소통을 시도하면 상당히 높은 확률로 계속 실패한다. 더구나 은둔이 장기화하면 가족이나 주위가 어떻게 해서든 본인을 사회에 복귀시키려고 질타, 격려, 설교, 압력을 가해 오기 시작한다. 그 자체가 더욱더 본인과 가족의 벽을 높게 쌓아 사태를 악화시킨다.

결국 본인이 '은둔하는 자신'에 대한 자기 혐오에서 도피하기 위해 선택하는 것은 '더욱 깊이 은둔하는 것'이다. 이러한 상태가 지속되면 극단적인 경우 스스로 혐오하고 있는 자아 그 자체가 붕괴하기 시작하여 다른 자아가 형성되고 신경병적인 단계의 은둔에서 종합실조증(総合失調症)적인 단계로 이행하는 일도 있다.

쇼와(昭和)에서 헤이세이(平成)로

그런데 1980년대 말에 '할아버지의 죽음'과 자신에 대한 내폐화(内閉化)는 국가적인 수준의 집단 의식에서도 일어났다. 89년 1월 7일에 패전과 점령을 거치면서도 퇴위하지 않고 63년간의 긴 세월에 걸쳐 재위했던 쇼와 천황 히로히토(裕仁)가 십이지장암으로 87살의 나

이에 사망했다. 이로 인하여 길었던 '쇼와'는 막을 내리고 시대는 '헤이세이'로 옮겨갔다.

천황의 중태가 알려진 것은 88년 9월 19일경이다. 이날부터 실제로 죽기까지 3개월 반 동안 일본 열도는 'X데이' 분위기에 빠져들어 온갖 공적인 행사를 취소하고 자숙하였다. 지방의 전통 행사에서 텔레비전 방송의 화려한 연출이나 광고 문구 등 거의 관계없다고 생각하는 것까지 '자숙'의 움직임은 확대되었다. 각지에 설치된 참배소에는 '쾌쾌'를 기리는 참배자가 끊임없이 방문하여 그 수는 최종적으로 900만 명에 이른다고 한다.

'쇼와 천황'은 80년대 말의 일본인 특히 젊은 세대에게 있어서 어떠한 존재였을까. 필자의 조사팀은 89년 1월 7일부터 몇 일간 황거 앞 광장에서 참배소를 방문한 사람들을 대상으로 인터뷰 조사를 실시했다(栗原彬 杉山光信 吉見俊哉編,『記録 天皇の死』). 필자들이 질문한 것은 '천황의 죽음'에 대한 감상이나 참배소에 온 동기, 황실 이미지와 미디어의 관계, 가족 내에서의 천황에 대한 이야기, '자숙' 소동에 대한 감상 등이었는데 쇼와 천황의 이미지에 대해서는 얼마간 분명한 세대 차가 보였다.

고령자의 경우 '천황과 자신은 함께 싸워왔다'는 발언이 보여주듯이 천황에 대한 생각을 본인의 전중·전후 체험과 연결시키는 경향이 강했다. 그들에게 있어 천황의 죽음은 '쇼와'의 종말이자 자기 자신들의 인생이 계속 거기에 있었던 장소의 상실을 의미하였다. 이에 비하여 젊은이들의 경우는 '천황은 다정한 할아버지'라는 발언에 나타나듯이 '천황=할아버지' 이미지가 지배적이었다. 즉 전자에겐 천황이 동시대적인 존재임에 비하여 후자는 가족적인 존재로 받아들이고 있었다. 그리고 이 '천황=할아버지'는 결코 가부장으로 군림하는 '할아버지'가 아니라 '돌아가서서 적적한' '이러한 곳(황거)에 갇혀 지내다니 안됐다'라는 발언에도 보이는 것처럼 가족의 한쪽에서 존재감을 잃어가면서 받아들이고 있는 할아버지라는 느낌이 있었다.

'할아버지의 죽음' 이후

이러한 80년대 형의 천황 이미지를 형성하는 데 미디어가 미친 영향은 상당히 컸다. 전후의 미디어 속에서 '천황/황실' 이미지의 변천을 돌아본다면, ①전국을 순행하는 인간 천황이 등장하는 1940년대 후반에서 50년대 중반까지, ②천황보다도 황태자와 황태자비에 관심이 집중된 50년대 말에서 60년대에 걸쳐, ③'혁신' 분위기 속에서 천황에 대한 관심이 약해지는 60년대 말부터 70년대에 걸쳐, ④다시 이번에는 쇼와 천황이 가족의 한쪽에 머물러 있는 '다정한 할아버지' 이미지로 굳어진 때에는 10대의 젊은이들도 받아들이기 쉬운 것이 되어 있었다. 그리고 이것은 동시대 일본인의 천황에 대한 태도와도 거의 일치하고 있으며, '쇼와'는 그 자체로 이 '할아버지' 이미지에 고정되어 있었다.

따라서 '천황의 죽음'은 이러한 가족적으로 상상되는 '할아버지의 죽음'이기도 했다. 가족=국민은 '할아버지'를 잃어버림으로써 '쇼와'라는 국민·국가적인 시공간에서 해방되었다. 이것은 지금까지 연속체로 상상되어 온 국민 공동체가 불안정해지는 사태가 올 것이라는 예감이었다. '쇼와'에서 '헤이세이'로의 이행은 단순한 원호의 변화가

▶사진 3-7. 황거 앞 광장을 가득 메운 참배자 행렬(1989년 12월 22일. 사진—교도통신).

아니라 '쇼와'의 종언은 국민 공동체 시대의 종언이었다. 그 이후에 오는 '헤이세이'는 글자상의 의미와는 정반대로 지금까지 '천황=할아버지'에 의해 고정된 자기 의식이, 확산과 통합의 사이에서 크게 동요하는 분열 혹은 공동화(空洞化) 하는 가능성을 포함하고 있었다.

제4장 지역 개발이 남긴 것

유바리(夕張) 시 석탄 역사 마을 유원지 내의
'로봇 대과학관'에서 해체되는 거대 로봇 '뉴
바로트'(2008년 8월 28일. 사진―마이니치신문).

1. 반공해에서 환경보호로

최후의 저항 운동

포스트 전후 사회가 직면한 현실이 가족의 변화와 자신의 폐색이었다고 한다면, 또 다른 현실은 농촌의 붕괴와 자연의 황폐화이다. 전자를 내적 자연의 쇠퇴, 후자를 외적 자연의 쇠퇴라고 생각한다면 양자는 모두 일본의 근대화, 특히 고도 경제 성장이 가져온 물질적인 '풍요로움'의 이면이다.

고도 경제 성장을 거쳐 우리들은 흘러넘치는 '풍요로움'을 얻고 바꿀 수 없는 '풍요로움'을 잃었다. 1960년대 말부터 70년대에 걸친 젊은이들의 반란과 많은 반공해 운동은 이처럼 무너져 가는 자연에서 일어난 최후의 저항 운동이었다.

앞장에서 본 것처럼 나가야마 노리오의 범죄에는 자신의 출신인 빈곤한 농촌으로부터 탈출을 기도한 결과이며, 극히 농촌적인 신체로 인한 자기 자신을 향한 저주가 묻어 있었다. 이에 비하여 미야자키 쓰

토무나 사카키바라 세이토의 범죄에는 이처럼 회복해야만 하는 자연
은 이미 상실되었다.

동일한 변화가 살인자라는 특이한 경우뿐만 아니라 열도에 퍼져
있는 자연 세계에도 발생한 것은 아닐까. 고도성장과 지역 개발 그 후
의 세계화는 일본의 지역 사회와 자연을 결정적으로 변화시켰다. 그
극한에서 더 이상 외적 자연 관념 자체가 상실되려고 한다. 이러한 현
상을 생각하기 위해서도 우리들은 고도성장과 지역 개발 정책이 열도
의 지역과 자연에 무엇을 가져왔는지를 되묻지 않으면 안 된다. 아마
도 그러한 물음의 가장 깊은 원점에 있는 것은 미나마타(水俣)병 문제
이다.

미나마타라는 원점

미나마타병이 공식적으로 확인된 것은 1956년이다. 그 30년 후
에 미나마타병 문제와 계속 관계해 온 의사 하라다 마사즈미(原田正
純)는 미나마타병의 원인 가운데 유기수은은 "작은 원인", 질소를 흘려
보낸 것은 "중간 원인"이지만 미나마타병에는 더욱 근본적인 "큰 원인"
이 있다고 말한다.

이 큰 원인은 미나마타병 문제에서 3가지 책임의 포기에 나타나
있다. 첫째, 많은 위험 물질을 바다에 버리고 그 영향을 감시하지 않아
미나마타병을 발생시킨 책임이다. 두 번째는 발생을 저지할 수 없었
다고 하더라도 피해를 최소한으로 축소하기 위해 무엇인가 유효한 수
단을 강구하지 않은 책임이다. 세 번째는 재판에서 패소할 때까지 피

해를 입은 사람들에 대한 최대한의 보상을 하려고 하지 않은 책임이다. 이러한 책임 포기의 근저에는 화학 물질을 버린 바다에는 무수한 생명이 존재하며 그 바다에 의지하여 살아가는 수만 명의 사람이 있음에도 이러한 삶을 무시해 온 오만한 차별 의식이 있었다고 하라다는 생각한다(原田正純, 『水俣が映す世界』).

실제로 미나마타 만에 이상이 있다는 사실을 인정한 것은 1950년경이다. 이상한 병이 많이 발생하기 시작한 것은 53년경이며, 56년에는 구마모토(熊本) 대학 의학부와 후생성 과학연구반의 조사에 의해 이것이 중금속 중독에 의한 것임이 판명되었다. 58년에는 후생성 견해로 질소 미나마타 공장에 원인이 있다고 명시되었다. 이 시점에서 문제의 생산 공정에 대한 정지와 배수 처리의 전환이 이루어졌다면 미나마타병의 피해는 상당히 부분적인 것에 그쳤을 것이다.

그러나 정부가 미나마타병의 원인이 질소에 있다는 사실을 솔직하게 인정하고, 미나마타 공장의 문제의 생산 공정을 정지한 것은 68년이다. 후생성의 견해가 나오고부터 10년간 질소 공장은 책임을 인정하지 않고 충분한 배수 처리도 하지 않은 채 아세트알데히드의 증산을 계속하였으며 구마모토 현도 이것을 방치하였다. 그 결과 미나마타병의 피해는 계속 확대되어 피해를 신청한 환자만으로도 엄청난 수에 이르게 되었다.

'풍요로운 사회'의 뒷면에서

미나마타병 대책이 10년 정도나 방치된 것은 국가 정책상의 이유가 있었다. 50년대는 화학 공업이 종래의 전기 화학에서 석유 화학으로 전환해 가는 과도기였으며, 석유 화학 계통의 생산 설비가 아직 충분하지 않은 단계에서 염화비닐의 수요가 급증했다. 그리고 가소제(可塑劑)인 옥타놀을 생산하려면 질소 미나마타 공장의 아세트알데히드를 반드시 생산해야 했다. 당시에 질소는 아세트알데히드에서 옥타놀 제조를 거의 독점하고 있었으며 이것이 국내의 염화비닐 생산 전체를 지탱하고 있었다. 그렇기 때문에 50년대 말에 통산성은 자주 후생성의 미나마타병 조사에 개입하여 질소 미나마타 공장의 생산라인에 지장이 발생하는 것을 막으려고 하였다. 그리고 60년대 말에 각지에서 대규모의 석유 화학 콤비나트가 완성되고 화학 공업의 전환이 이루어지자, 더 이상 불필요한 미나마타 공장의 아세트알데히드 생산은 폐지되고 정부도 미나마타병을 공해병으로 인정한다.

구리하라 아키라(栗原彬)의 주장처럼 고도성장은 "대량 생산·대량 유통·대량 소비 시스템을 급속하게 제도화하였으며, 한편으로 내구 소비재를 가득 채운 '풍요로운 사회', 쾌적하고 편리한 도시형의 생활을 만들어 냄과 동시에 다른 한편으로 미나마타병에 나타난 인간 파괴, 환경 파괴, 사회 파괴를 낳았"는데 이 두 가지는 표리를 이루고 있다(栗原彬, 『証言 水俣病』).

길어지는 공해병 소송

1960년대 말부터 70년대에 걸쳐서 싸워온 공해 소송은, 고도성장기를 통해서 추구된 '풍요로움'의 이면에서, 즉 성장 속에서 파괴되어 온 자연이나 사람들 측에서 일어나는 근대에 대한 회의를 품고 있다.

이미 미나마타병을 정부가 인정하기 전해인 1967년에 니가타(新潟) 아가노(阿賀野) 강 유역에서 발생한 제2 미나마타병 환자들이 쇼와전공을 상대로 니가타지방재판소에 손해배상 소송을 제기했다. 앞서 논한 정부가 인정한 후인 69년에는 구마모토의 미나마타병 환자들 가운데 112명이 질소를 상대로 손해배상 소송을 일으켰다. 71년에는 제2 미나마타병에 대하여 원고 승소 판결이 나왔으며 공해로 인한 주민의 건강 피해에 대하여 기업의 과실 책임을 전제로 하는 손해배상이 인정되었다. 73년 구마모토지방재판소에서도 기업은 지역 주민의 건강·생명에 대한 위험을 미연에 방지하는 고도의 주의 의무를 가진다고 공해방지에 대한 기업 책임을 명확하게 하는 원고 승소 판결을 내렸다.

그러나 미나마타병 문제가 이 원고 승소 판결에 의해 해결된 것은 아니었다. 판결에 의해 미나마타병으로 인정된 환자는 질소(및 쇼와전공)에서 보상을 받았으며 인정 환자 수는 2천 명에 이른다. 그러나 이 인정 기준은 실제의 미나마타병 환자를 충분히 구제하지 못한다는 비판이 있으며 미인정 환자의 구제는 오늘날까지 문제로 남아 있다.

1995년에 손해배상 청구를 제기한 미인정 환자들은 정부 여당의 조정을 받아들여, 미인정 환자에게 질소로부터 일시금이 지불되었으며 의료비의 자기 부담분이 국가나 현에서 지급되었다. 그러나 이 정치적 해결을 받아들이지 않고 소송을 계속한 미나마타병 간사이 소송에서는 2004년에 미나마타병의 피해 확대를 방지하기 위한 노력을 게을리 한 국가와 현의 책임을 인정하는 판결이 나왔으며, 인정 기준에 관해서도 지표가 된 중상의 일부밖에 없는 환자에 대해서도 질소에 배상 지불을 명했다. 이 판결에 의해 새롭게 미나마타병 환자로 인정을 요구하는 수도 더욱 증가하였다.

환경청의 탄생

60년대 말부터 70년대에 걸쳐서는 그 외에도 진즈(神通) 강 유역의 이타이이타이병, 요카이치(四日市)나 가와사키의 천식, 도카이(洞海) 만과 닷코 포(田子浦)의 공장 폐수로 인한 오염 등 공장에서의 배수나 대기 오염에 의한 피해가 확대되어 커다란 사회 문제가 발생했다. 원인 기업을 상대로 한 재판에서 하나하나 원고 승소 판결이 나오는 가운데 정부는 이러한 공해에 대해 더욱 근본적인 대책을 강요받았다.

67년에 제정된 공해 대책기본법에 더하여 70년의 '공해국회'에서는 공해범죄처벌법, 공해방지사업비 사업자부담법, 해양오염방지법, 수질오염방지법, 폐기물처리법 등의 관련 입법이 이루어졌다. 71년에는 공해 문제를 시작으로 하는 환경 보전에 관한 기간 관청으로 환경청이 탄생했다. 그리고 이러한 일련의 입법 조치와 관청의 신설을 거쳐 원고와 기업이 정면으로 대결하는 공해 문제의 구도에 변화가 생긴다.

이 변화는 80년대 이후 '공해'라는 단어를 점차 사용하지 않고 역으로 '환경 문제'라는 단어로 대치하는

▶사진 4-1. 오사카 시멘트 공장 진출 계획에 항의하여 소송을 제기하여 중단하도록 한 오이타(大分) 현 우스키(臼杵) 시 후세이(風成)의 여성들(1971년 2월. 『写真集 女たちの昭和史』).

과정에 잘 나타나 있다.

70년대 초에 미나마타병이 세계적으로 알려지는 가운데 'KOGAI'
는 일본뿐만 아니라 국제적으로도 통용되는 단어가 되었다. 이 단어
에는 '가해자=기업'이 흘려 보낸 유해 물질에 의한 '피해자=주민'의
건강 피해와 그 구제라는 함의가 있었다. 실제로 두 개의 미나마타병
이든, 요카이치의 대기 오염과 도카이 만의 수질 오염이든 가해자가
이 지역의 기업 공장임은 명백하다. 따라서 공해 연구의 개척자 가운
데 한 사람인 우이 준(宇井純)은 기업 측에 선 기술자들의 정책 과학에
대항하여 '공해'를 피해자=주민의 입장에서 고찰하고 탐구하는 학문
을 구상하여 도쿄대학에서 '공개자주강좌'를 시작하였다.

'환경'의 시대

그러나 70년대 중반이 되자 이러한 가해자와 피해자가 비교적 명

▶사진 4-2. 구마모토 현 미나마타 시의 미나마타병 환
자들을 방문한 오이시 부이치(大石武一) 환경청 장관(1971
년 2월 27일. 사진—마이니치신문).

확해진 것뿐 아니라 가해와 피
해의 관계가 훨씬 복잡하고 단
순하게 특정할 수 없는, 더구나
피해자가 쉽게 가해자도 될 수
있는 경우가 부상했다. 피해에
대해서도 미나마타병이나 요카
이치 공해처럼 특정한 사람들에
게 심각하게 집중되기보다도 광
범위한 사람들이 피해자가 되거

나 그 잠재적인 사태가 확대되는 경우로 시선이 집중되었다.

　이것들은 60년대의 의미에서 '공해'라고 부르기보다도 더 넓은 '환경 문제'로 간주하는 편이 적절하다. 더구나 70년대 이후 이미 일어난 환경 파괴에 의한 피해를 구제하는 것만 아니라 도로나 발전소 건설, 매립에 의해 이제부터 일어날지도 모르는 환경 파괴를 방지하려는 자연 보호 운동이 각지에서 일어났으며, 종래의 반공해 운동을 포함하여 '환경'을 유기적인 통일체로 파악하는 흐름을 형성하였다. '공해'를 둘러싼 논의는 '환경'이라는 장기적인 시점의 논의로 발전했다.

환경 행정의 진전

　1973년에 미야모토 켄이치(宮本憲一)는 지금까지 수년간 일본의 공해 문제를 둘러싼 상황이 크게 진전된 것을 다음의 5가지로 정리했다. 첫째는 공해 방지 여론과 주민 운동의 전진이다. 70년대 초반의 반공해 운동은 공장에 의한 건강 피해뿐 아니라 환경권에 기초한 자연 문화 환경의 예방에까지 투쟁의 범위를 확대시켰다. 두 번째로 이러한 주민 운동과 여론을 배경으로 혁신지자체의 공해 행정이 미노베 료키치(美濃部亮吉) 도정(都政)의 공해방지조례를 시작으로 일정한 제도 정비를 진척시켰다. 세 번째로 일련의 공해 재판 판결을 통해 공해의 원인 기업에 대한 가해 책임이 명확하게 표시되었다. 네 번째로 이러한 시대의 흐름 속에서 정부도 공해 대책기본법의 개정이나 환경청의 신설, 일련의 공해 관련 법률 정비 등 지금까지의 경제 성장 최우선 정책을 전환하는 조짐을 보이기 시작했다. 다섯 번째로 72년에 스톡

홀름에서 유엔 인간환경회의가 열렸을 때 지구 규모의 환경 보전을 위한 국제 협정이나 정부 간 협력 가능성이 확대되었다(座談会, 「公害問題の回顧と展望」, 『公害研究』, 1973년 春季号).

실제로 70년대 전반까지 지자체와 정부의 환경 행정도 여론을 배경으로 일정한 진전을 보이고 있다. 환경청도 초기에는 새로운 정책 구도를 창출하는 데 진정으로 노력했다고 평가할 수 있다. 초대 장관인 야마나카 사다노리(山中貞則)는 기업 공해나 자연 보호뿐 아니라 수도관, 즉 물을 둘러싼 행정을 환경 행정 속에 포함하려고 노력하였다. 2대 장관 오이시 부이치는 오제(尾瀬)에 건설하려고 한 자동차 도로를 중지시켜 자연 보호에 커다란 역할을 하였다. 제2차 다나카 내각에서 74년까지 장관을 지낸 미키 타케오(三木武夫)는 이산화질소의 환경 기준 설정, 세토(瀬戸) 내해의 환경 보전 대책, 건강피해보상법의 공포, 항공기 소음의 환경 기준 설정, 대기 오염 방지법 개정에 의한 총량 규제 도입, 자연 보호 헌장 채택 등 선진적인 환경 대책을 착착 실현시켰다.

환경 행정의 후퇴

그러나 1976년에 후쿠다 타케오(福田赳夫) 내각에서 환경청 장관에 임명된 이시하라 신타로(石原慎太郎)는 장관에 취임하자 주민 운동에 대한 적대감을 노골적으로 드러내고, 청사의 북문을 폐쇄하여 그 외의 문에서 검열 태세를 강화했다. 이렇게 하여 역대 장관이 고생하면서 쌓아올린 '열린 환경청' 이미지를 붕괴시켰다. 이시하라의 폐쇄 행정이 계기가 되어 마침내 환경청은 청사 앞에서 농성하고 있던 미나마타병 환자를 경찰력으로 배제하였다.

　나아가 이시하라 미키까지의 장관이 진전시켜 온 여러 정책을 역방향으로 뒤집기 시작했다. 이렇게 하여 이산화질소의 환경 기준은 완화되었으며, 공해 대책도 경제 발전과 조화하는 범위 내에 존재하는 것으로 제한하였다. 이것은 환경청이 스스로의 존재 근거를 부정한 방향타였다.

　70년대 중반 이후 환경 정책의 후퇴는 이시하라와 같은 개성적인 환경청 장관이 등장하면서 이루어진 것은 아니다. 오일 쇼크를 계기로 불황으로 변한 경제 상황 속에서 기업은 가능한 한 주변적인 경비를 줄이려고 필사적이었다. 그 결과 70년대 초반에 확충의 방향으로 나아가고 있던 기업의 환경 대책은 가장 먼저 삭감하는 분야가 되어 자본금 1억 엔 이상의 기업 중에서 공해 방지를 위한 투자는 75년에 전 설비 투자의 17.7%였던 것이 77년에는 7.2%, 79년에는 4.5%로 급격하게 감소하였다(宮本憲一, 「環境問題研究の歷史と未来」, 『公害研究』, 1986年 夏季号).

　그리고 불황 속에서 기업의 공해 대책이 후퇴하는 것과 병행하여 반공해 주민 운동도 열기를 잃어버렸다. 나아가 70년대 말의 자치단체장 선거에서 하나둘 혁신계 후보가 패배하여 혁신지자체가 국가에 앞서 환경 정책을 선도해 가는 시대는 막을 내렸다.

　마침내 1999년 이전에 혁신지자체의 선두로 공해 행정을 앞서 시행해 오던 도쿄 도의 수장에 이시하라 신타로가 취임하자 시대는 크게 변화했다. 이것은 다음 장에서 논할 복지 국가에서 신자유주의로의 커다란 조류 속에서 일어난, 상호 운동하는 변화였다.

2. 지역 개발과 유원지 개발의 결말

자기 목적화하는 공공사업

1970년대 이후 '공해'와 '환경', '성장'과 '발전' 그리고 '지속 가능성'이란 단어의 길항 관계 속에서 싸워온 지역 사람들과 산업 그리고 자연에 대한 관계사는, 더욱 거시적인 시점에서 보자면 포스트 전후 사회의 국토 계획의 존재 형태를 둘러싼 노선의 대항과 연결되어 있다. 60년대에 태평양벨트 지대 구상이 보여준 집중화 노선과 구전총(旧全総)의 신산업도시가 보여준 공업 기반의 지방 재배치 노선 사이에 있었던 미묘한 균형은, 70년대 이후의 개발 계획에서는 몇 번이고 진자(振子)의 중심을 옮겼다.

전체적으로 보자면, '개발' 지향이든 '환경' 지향이든 70년대의 국토 계획은 기본적으로 지방 분산, 격차 시정을 위해 지방에 산업 기반을 정비하는 것을 중시하였다. 마침내 이것이 목적인 기반 정비라기보다는 권익을 확보하거나 고용을 창출하기 위해 공공사업을 하는 것

자체가 자기 목적화되어 이에 대한 비판도 높아졌다. 그런 한편 80년대 중반 이후 신자유주의 노선이 강화되는 가운데 지방으로 산업 기반이 재배치되는 국토 계획이라는 색채는 약해져 중앙 집중이 사실상 묵인되었다.

대규모 공업 기지화 계획

일련의 국토 계획 구상은 대체적으로는 '개발'과 '환경'의 대항 축을 횡으로 하고, '중앙 집중'(격차 확대)과 '지방 분산'(격차 시정)의 대항 축을 종으로 한 좌표를 만들어 보는 것으로 정리할 수 있다. 제2장에서도 논한 것처럼, 열도 전 지역을 신칸센, 고속도로, 공항, 통신망으로 연결하고 지방 벽지에 거대한 공업 기지를 건설하여 부의 평균화를 꾀하려고 한 신전총, 그 연장 선상에 있었던 다나카 카쿠에이의 일본 열도 개조론은 명백하게 '개발' 지향이었으며 이것이 목표한 바는 '지방 분산'(격차 시정)이었다. 그러나 이 계획에 기초하여 기반 정비를 실시한 도마코마이(苫小牧)나 무쓰오가와라(むつ小川原), 시부시(志布志) 등의 거대 공업 기지의 결말은 비참했다.

예를 들면, 도마코마이 동부 개발 계획의 경우 철강, 석유 화학, 자동차 공업을 중심으로 한 1만 헥타르의 거대 개발로, 생산액도 철강을 중심으로 완공 시에는 3조 3천억 엔을 예상할 정도로 거대했다. 그러나 제1차 오일 쇼크로 공업 기지의 중핵이 되어야 했던 철강이 계획에서 제외되었으며, 석유 정제는 1/3, 석유 화학은 1/4, 자동차는 1/3, 전력은 1/17로 계획은 크게 축소될 수밖에 없었다. 그리고 계획에서

30년 가까이 지난 90년대 말에도 기업에게 분양될 예정이었던 공업용지가 전체의 약 20% 정도밖에는 팔리지 않았으며 사업을 진행하던 도마코마이 동부 개발주식회사는 1,700억 엔의 빚을 지고 있었다. 그 사이 개발을 위해 투자된 공공 예산은 2,200억 엔에 달하며 홋카이도 경제의 견인차가 되기는커녕 출자한 홋카이도 동북개발공고(公庫)를 힘들게 하는 커다란 짐이 되고 있다(本間義人, 『国土計画を考える』).

나아가 무쓰오가와라 개발의 경우 사태는 더욱 심각하다. 원래 이 개발의 중심 지역이 될 아오모리 현 롯카쇼(六ヶ所) 마을은, 시모키타(下北) 반도에 붙어 있는 태평양 연안에 남북 30킬로미터, 동서 80킬로미터에 걸친 띠 모양을 이룬 변경 지역이었다. 전후 1940년대 말부터 50년대에 걸쳐서 롯카쇼 마을에는 만주나 가라후토(樺太)에서 돌아온 사람들이 개척 농민으로 이주하여 정부가 목표로 한 식량 증산을 위해 콩, 피, 감자 등 밭의 개간에 몰두하고 있었다. 이들 개척 농민이 유입되자 롯카쇼 마을 인구는 약 14,000명까지 늘어났는데 토질이 나쁜 곳이어서 농업은 매우 힘들었다. 60년대가 되자 농업을 포기하고 낙농으로 전환하는 농가가 늘어났고 이 중에 성공한 사람도 나왔지만 실패하고 이농·이촌하는 농가가 증가하였다.

그러나 60년대 말에 신전총을 정하는 과정에서 롯카쇼 마을을 중심으로 한 무쓰오가와라 지역의 대규모 공업 기지화 구상이 부상했다. 68년 가을부터 다음 해에 걸쳐서 경제계획청을 중심으로 신전총의 골격이 정해지는 것과 병행해서, 아오모리 현은 무쓰오가와라의 대규모 개발을 신전총에 포함해야 한다고 정부와 계속 접촉하여 개발 계획 보고서를 정리하였다. 이들 초기의 계획으로는 오가와라 호수 주변의 태평양 연안에 굴착 방식으로 대규모의 항구를 건설하고 시모키

타 반도의 앞쪽을 횡단하는 수로를 건설하여 무쓰(陸奧) 만과 연결시
켜 이 일대 약 2만 3천 헥타르에 원자력 발전, 제철, 석유 공업, 알루미
늄 공업 등 일본 최대의 콤비나트를 건설할 계획이었다. 아오모리 현
은 이 계획을 실현하여 한꺼번에 농업 현에서 공업 현으로 변신할 예
정이었다.

이렇게 하여 69년 여름에는 경단련 수뇌부의 아오모리 시찰이 이
어졌으며, 8월에는 동북경제연합회가 개발프로젝트 소위원회를 설치
하고, 아오모리 현은 무쓰 만·오가와라 호(湖) 지역 개발에 대하여 기
업을 대상으로 한 선전을 개시하였다. 12월에는 아오모리 현, 국가, 동
북경제계의 연락조직도 발족하였으며, 다음 해 70년 4월에 아오모리
현은 무쓰 만·오가와라 호 개발실을 설치하여 마스터플랜 작성에 착
수하였다. 7월에 〈도오일보(東奧日報)〉는 '거대 개발의 시동─변화하
는 무쓰 만·오가와라 호'라는 특집 기사로 개발을 선전하는 대대적인
캠페인을 행하였다(舩橋晴俊他編, 『巨大地域開発の構想と帰結』).

농공양전(農工両全)의 이면에서

그러나 개발 계획이 알려지기 1년 전부터 지역에서는 부동산 업
자들이 용지를 매수하기 위해 암약했다. 이들 업자들은 롯카쇼 마을
이 신전총의 주요한 거점이 된다는 정보를 일찍부터 입수하여 69년
여름경부터 목장 건설을 위해서라는 말로 마을 내의 토지를 매수하였
다. 롯카쇼 마을의 토지는 지금까지 천 평방미터당 5·6천 엔 정도였던
것이 69년부터 70년에 걸쳐서 5·6만 엔으로 10배나 올랐으며 심지어

수십만 엔까지 올랐다. 농민들은 갑작스럽게 파격적인 가격으로 토지를 구입하는 상대가 나타나자 경제적으로 곤궁한 농가일수록 점차 농지를 넘겨 주었다.

이렇게 하여 현이 아직 개발에 대한 구체적인 정책을 아무것도 주민에게 설명하지 않은 사이에 71년 말까지 약 1,780헥타르가 넘는 토지가 부동산 업자의 손에 넘어갔다. 더구나 이것은 정식으로 소유권이 바뀐 것만으로 가등기나 매매 계약 등으로 실질적으로 권리가 바뀐 토지도 비슷한 정도로 존재하였다. 롯카쇼 마을의 민유지는 전부 약 1만 3천 헥타르인데 약 1/4이 겨우 1년 반만에 소유권이 바뀐 것이다(本田靖春,『村が消えた』).

1971년 1월에 '농공양전'을 슬로건으로 3선을 이룬 아오모리 현 다케우치 슌키치(竹内俊吉) 지사는 계획 책정이 시작되고 2년 정도가 지난 71년 8월에 겨우 '주민대책대강안(住民対策大綱案)'과 '무쓰오가와라 개발 입지 예상 업종 규모 제1차안(むつ小川原開発立地想定業種規模 第一次案)'을 발표하여 개발 계획의 구체적인 상을 공개했다. 이것에 의하면, 퇴거해야 할 곳은 미사와(三沢)·노헤지(野辺地)·롯카쇼의 3시정촌(市町村)에 걸친 2,016세대로 그중에서도 롯카쇼 마을에서는 1,260세대가 집과 토지를 비워줄 것을 요구받았다. 이것은 롯카쇼 마을 총세대 수의 반에 해당하며 개발은 마을 전체의 붕괴를 의미했다.

개발 계획의 좌절

지사가 선거에서 내놓은 '농공양전'이 실은 농민의 희생을 말하며, 무쓰오가와라 개발은 전후 외지에서 돌아온 개척 농민이 고생한 끝에 쌓아올린 마을을 붕괴시키는 것이란 사실을 알게 된 농민들은 한꺼번에 개발 반대를 주장한다. 개발 규모가 거대하고 공해와 심각한 어업 피해가 예상되는 것도 반대 운동을 확산시켰다.

격렬한 반대 운동이 고조되기 전에 현은 개발 계획을 수정하여 오가와라 호수와 무쓰 만을 연결하는 수로 건설의 중지, 석유 비축 기지(CTS) 계획의 삭제, 개발 규모의 축소 등을 제안했다. 이로 인하여 개발 대상에서 미사와 시(市), 노헤지 정(町)이 제외되었으며 롯카쇼 마을 가운데서도 대상 지역은 20부락에서 11부락으로 줄었다. 급속한 고조를 보이던 반대 운동의 기운은 후퇴하였으며 조건부 찬성파도 대두하기 시작하여 지역은 반대파와 찬성파로 분열되었다.

1971년부터 72년에 걸쳐서 롯카쇼 마을에서의 반대 운동과 현이나 국가의 대립은 지속되었지만, 실은 동일한 시기에 더욱 커다란 규모로 신전총의 전제 그 자체가 현실성을 잃어버리게 되었다. 즉 이미 제2장에서 논한 변동 환율제로의 이행으로 인해 급격한 엔고와 오일 쇼크라는 충격을 받아 고도성장기까지의 전제는 근본에서부터 재검토 해야 했다. 71년 말에는 석유 화학 공업과 철강업에 심각한 과잉 설비 문제가 발생하였으며, 자발적 감산과 불황 카르텔의 움직임이 나타나기 시작했다. 마침내 일본 경제 전체에서 더 이상의 대규모 설비 투자는 마이너스였다. 앞서 논한 아오모리 현의 수정안에는 반대 운동 대책뿐 아니라 이러한 세계 경제 정세의 변화도 영향을 미쳤다.

이러한 가운데 국가와 현이 어디까지나 무쓰오가와라 개발을 계속할 것을 고집한 반면 경제계는 정세 변화에 민감했다. 73년에 지금까지 용지 매수에 적극적으로 임하고 있던 미쓰이 그룹은 개발 계획

참가를 단념하고 이미 취득한 800헥타르를 개발공사에 내놓았다. 그 직후 오일 쇼크가 발생하여 거대 콤비나트 건설은 완전히 시대 착오적인 계획이 되었다.

그러나 지금까지의 투자로 대출 지옥이 되어 버리고 포기할래야 포기할 수 없는 상태에 빠진 개발 사업자와 아오모리 현은 75년에 무쓰오가와라 개발의 제2차 기본 계획을 정비한다. 여기서는 개발 지역이 더욱 축소되었지만 아직 석유 화학 콤비나트 건설에 대한 집착은 버리지 않고 있었다. 그러나 오일 쇼크 뒤의 불황 아래에서 새로운 석유 화학의 대규모 공장 건설 계획은 공상적이었다.

'원자력의 성지'

이렇게 하여 결국 무쓰오가와라는 열도의 어느 지역에서도 받아들이고 싶어하지 않는 핵연료 저장 시설을 수용하여 재정상 국가 보호

▶사진 4-3. 아오모리 현 롯카쇼 마을의 저장소로 고단위의 방사성 폐기물을 운송하는 전용 차량(1999년 4월 15일. 사진—마이니치신문).

를 받아들이는 방향으로 가게 되었다. 1983년 말 나카소네 수상은 시모키타 반도를 '원자력의 성지'로 만들겠다고 선언하였으며, 다음 해 1월의 신문은 정부가 무쓰오가와라에 핵연료 시설을 집중적으로 설치한다는 방침을 정했다고 보도했다. 그리고

다음 해 85년 4월에 아오모리 현과 롯카쇼 마을은 핵연료 시설을 수용하기로 정식으로 결정한다. 이에 대하여 이전 70년대 초반에 개발 반대 운동에서 투쟁하던 그룹 등이 반대 의견을 제시했지만 운동은 소수파였다.

그러나 1986년 4월 26일에 소련의 체르노빌에서 원자력 발전소 폭발 사건이 발생하여 그 피해의 심각함이 세계를 놀라게 하면서 사태는 급변하였다. 아오모리 현민들에게 체르노빌 사건은 남의 일이 아니었으므로 착공 직전의 핵연료 시설에 대한 불안이 급속하게 높아졌다. 80년대 후반에 반대 운동은 아오모리 현민, 농어업자를 중심으로 광범위하게 확대되었으며, 89년의 참의원 선거에서 핵연료 반대를 호소한 후보가 대량 득표로 당선했다. 그러나 91년의 아오모리 현 지사 선거에서 핵연료 추진파인 기타무라 마사야(北村正哉)의 4선을 저지하지는 못하고 핵연료 설비도 예정대로 건설·조업하였다.

방향 전환의 모색과 한계

도마코마이나 무쓰오가와라처럼 성공 가능성이 없는 거대 공업 기지 건설을 몰아붙인 신전총에 대하여 70년대 말에 전원도시 국가와 정주권(定住圈) 구상을 내걸고 오히라 마사요시(大平正芳) 정권은 3전총을 책정했다. 이는 지금까지의 개발중심주의를 수정하여 '환경'을 중시하면서 '지방 분산'(격차 시정)을 가능하게 하는 길을 모색하는 것이었다.

실제로 70년대를 통해 정부 내에서 신전총의 거대 개발주의에 대하여 수정 작업을 진행했다. 경제기획청과 국토청을 중심으로 진행된 '신전총점검작업'에서는 지금까지의 국토 계획이 거대 도시와 지방 대규모 공업 기지를 기반으로 한 생산력 증강에 너무 편중되어 있었기 때문에, 많은 지방 도시가 획일화하고 생활 환경을 악화시킨 점이 비판되었다. 나아가 국토 계획에도 자연환경 보전의 관점이 도입되어 신전총이 거대 공업 기지 건설 후보로 삼고 있던 서부 세토 내해에 대해서는 '동결해야 한다'고 명확하게 정지시켰다. 도쿄 만과 세토 내해는 환경 보전과 해상 교통 과밀의 관점에서 공업 기지 건설은 한계에 도달했다고 판단했다.

이러한 흐름을 이어서 오히라 정권이 책정한 3전총은 정주권 구상을 축으로 환경 문제와 재해에 대한 국토의 보전, 주택과 식량, 에너지 문제 등 사람들의 생활에 직결된 과제가 중시되었으며, 지금까지의 생산력 중시 국토 계획과는 매우 다른 가능성을 살짝 보였다. 여기에서는 도시와 농산어촌을 일체화한 권역으로 시정촌이 횡으로 연대하는 것이 논의되었다.

그러나 3전총이 표방한 미래는 현실적인 정책으로서 그 의도를 이해시켜 구현하지는 못했다. 국가의 지정을 받은 시정촌이 진척시킨 것은 하천의 치수 사업과 이전과 동일한 공업 단지 정비였다. 즉 3전총을 책정한 중앙 관청의 의도와는 달리 실제로 시정촌이 희망하고 있던 것은 여전히 고도성장기와 동일한 기업 유치, 산업 기반 정비였다. 이러한 현실과의 차이 속에서 3전총이 보여준 새로운 싹은 이른바 이념으로 기울고, 결국 60년대의 공업화를 대신할 지역의 새로운 미래상을 창출하지 못했다.

세계 도시 도쿄의 정비

신전총의 '개발' 지향에서 3전총의 '환경' 지향으로 전총의 이념은 크게 바뀌었는데, 이것은 어느 것이나 지방에 자원을 재분배하고 국토를 격차가 적은 방향으로 정비해 가려고 한 점에서는 공통된다. 이들 전부는 전체적으로 그 의도를 성사시키지 못한 점에서도 동일하다. 즉 고도성장 이후의 국토 계획은 실제로 진척된 대도시 특히 도쿄로 집중된 중추 관리 기능을 전환시키지는 못했으며, 겨우 그 보조적인 역할을 수행하는 데 그치고 있었다. 지방 농촌을 중요한 지지 기반으로 해온 자민당 정권은 한편에서는 도쿄 중심의 자본 집적을 촉진하면서도 항상 변명으로 지방을 중시하고 공업 기반을 전 열도에 재배치하여 격차를 시정하겠다고 표명해 왔다.

그러나 80년대에 들어서서 나카소네 정권을 커다란 전환점으로 하여 자민당 정권의 이러한 기본 자세가 변화하기 시작한다. 자민당이 도시에서도 지지층을 확대해 가면서 나카소네 수상은 너무 명확하게 대도시=강자 중심의 정책을 취하기 시작했다.

이 전환은 3전총의 뒤를 이어 4전총의 책정 과정과 비슷한 시기에 제정된 민활법(民活法, 경제 활성화를 위한 법률의 하나로「민간 사업자의 능력 활용을 통한 특정 시설의 정비 촉진에 관한 임시 조치법」을 지칭한다.―역자)과 리조트법(종합보양지역정비법)의 영향에 나타나 있다. 4전총은 당초에 3전총의 정주권 구상을 계승하고 이것에 광역 교통이라는 관점이 첨가될 예정이었다. 그러나 나카소네 수상은 세계 도시 도쿄의 정비를 중심으로 수정하도록 지시했다.

▶표 4-1. 전국종합개발계획의 비교(출전-국토교통성 홈페이지)

	제1차	제2차	제3차	제4차	제5차
명칭	전국종합개발계획(전총)	신전국종합개발계획(신전총)	제3차 전국종합개발계획(3전총)	제4차 전국종합개발계획(4전총)	21세기 국토의 그랜드 디자인-지역 자립의 촉진과 아름다운 국토의 창조-
각의 결정	1962년 10월 5일	1969년 5월 30일	1977년 11월 4일	1987년 6월 30일	1998년 3월 31일
책정 시의 내각	이케다 내각	사토 내각	후쿠다 내각	나카소네 내각	하시모토 내각
배경	1. 고도성장 경제로의 이행 2. 과대 도시 문제, 소득 격차의 확대 3. 소득 배가 계획(태평양벨트지대 구상)	1. 고도성장 경제 2. 인구, 산업의 도시 집중 3. 정보화, 국제화, 기술 혁신의 진전	1. 안정성장경제 2. 인구, 산업의 지방 분산의 징조 3. 국토 자원, 에너지 등 유한성의 현재화(顯在化)	1. 인구, 여러 기능의 도쿄 집중 2. 산업 구조의 급속한 변화 등에 의한 지방의 고용 문제 심각화 3. 본격적인 국제화의 진전	1. 지구 시대(지구환경 문제, 대경쟁, 아시아 제국과의 교류) 2. 인구 감소·고령화 시대 3. 고도정보화 시대
장기 구상	-	-	-	-	21세기 국토의 그랜드 디자인, 일극일축(一極一軸)형에서 다축형 국토구조로
목표 연차	1970년	1985년	1977년부터 대충 10년간	대충 2000년	2010-2015년
기본 목표	지역 간의 균형 있는 발전	풍요로운 환경의 창조	인간 거주의 종합적 환경 정비	다극 분산형 국토의 구축	다축형 국토 구조 형성을 위한 기초 만들기
기본적 과제	1. 도시 과대화의 방지와 지역 격차의 시정 2. 자연 자원의 유효한 이용 3. 자본, 노동, 기술 등의 여러 자원의 적절한 지역 분배	1. 장기에 걸친 인간과 자연의 조화, 자연의 항구적 보호, 보존 2. 개발 기초 조건 정비를 통한 개발 가능성의 전국적인 확대 균형화 3. 지역 특성을 살린 개발 정비를 통하여 국토 이용의 재편 효율화 4. 안전, 쾌적, 문화적 환경 조건의 정비 보전	1. 거주 환경의 종합적 정비 2. 국토의 보전과 이용 3. 경제 사회의 새로운 변화에 대응	1. 정주와 교류에 의한 지역 활성화 2. 국제화와 세계 도시 기능의 재편성 3. 안전하고 질 높은 국토 환경의 정비	1. 자립의 촉진과 자긍심을 갖는 지역 창조 2. 국토의 안전과 생활의 안심을 확보 3. 은혜로운 자연의 향수와 계승 4. 활력있는 경제 사회의 구축 5. 세계를 향해 개방된 국토 형성
개발 방식 등	거점 개발 구상	대규모 프로젝트 구상	정주 구상	교류 네트워크 구상	참가와 연대

이것을 수용한 국토심의회는 도쿄를 국제 금융 정보 도시로 하여 그 정비에 중점을 두는 지금까지와는 전혀 다른 중앙 지향의 수정안을 작성하였다.

여기에 지방의 자치단체장들이 맹렬히 반대하여 옥신각신한 끝에 도쿄의 국제 금융 정보 기능을 중시하면서 다극 분산형의 국토 형성을 목표로 한다고 하는 애매한 안이 되었다.

민활법과 리조트법

결국 나카소네 정권은 국토 계획의 책정을 보류한 채 민간 자본이 국토 개발에 투입되는 것을 실질적으로 용이하게 하는 법 정비를 진척시켰다. 이렇게 하여 1986년에는 민활법이, 다음 해 87년에는 리조트법이 제정되었다. 전자는 도심에서 후자는 지방의 산과 바다에서 민간 주도의 개발 사업을 용이하게 하는 많은 규제 완화를 포함하고 있다. 이들 법 정비에 의해 기업은 도심 개발과 리조트 개발에서 과세 특례 조치나 자금의 저리 융자, 각종의 규제 완화를 받을 수 있게 되었으며, 지금까지의 법률로는 불가능했던 개발·재개발 사업을 한꺼번에 추진하였다.

이렇게 하여 87년부터 약 10년간 600만 헥타르에 이르는 특정 지역에서 리조트 개발이 행해졌다. 이것은 일본 국토의 약 16%에 달한다. 유치하는 지자체와 개발 업자의 이해가 일치하여 이처럼 방대한 토지에 골프장, 스키장, 마리나 등의 시설이 건설되었다.

이 리조트 개발 붐은 개발 지역의 자연에 커다란 피해를 남겼다.

삼림의 벌채와 보수(保水) 기능의 상실, 지형의 개조, 폐기물의 증대 등이 있다. 더구나 마침내 거품 경제가 붕괴하자 물이 빠져나가듯 개발 업자들은 마을에서 사라졌다. 이후에는 관민 합동으로 설립한 제3섹트 등에 막대한 부채가 남거나 부채가 없다고 하더라도 계속 건설되는 리조트 건설군을 위한 사회 기반 정비나 유지 비용이 지자체의 예산을 압박했다.

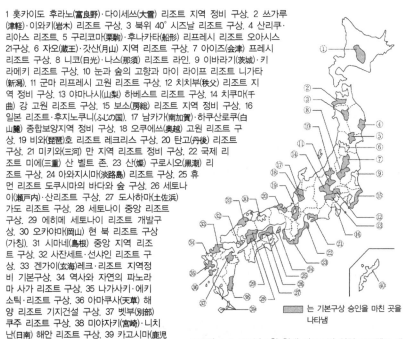

1 홋카이도 후라노(富良野)·다이세쓰(大雪) 리조트 지역 정비 구상. 2 쓰가루(津軽)·이와키(岩木) 리조트 구상. 3 북위 40° 시즈날 리조트 구상. 4 산리쿠·리아스 리조트. 5 구리코마(栗駒)·후나카타(船形) 리프레시 리조트 오아시스 21구상. 6 자오(蔵王)·갓산(月山) 지역 리조트 구상. 7 아이즈(会津) 프레시 리조트 구상. 8 니코(日光)·나스(那須) 리조트 라인. 9 이바라기(茨城)·키라메키 리조트 구상. 10 눈과 숲의 고향과 마이 라이프 리조트 니가타(新潟). 11 군마 리프레시 고원 리조트 구상. 12 치치부(秩父) 리조트 지역 정비 구상. 13 야마나시(山梨) 하베스트 리조트 구상. 14 치쿠마(千曲) 강 고원 리조트 구상. 15 보소(房総) 리조트 지역 정비 구상. 16 일본 리조트·후지노쿠니(ふじの国). 17 남카가(南加賀)·하쿠산로쿠(白山麓) 종합보양지역 정비 구상. 18 오쿠에쓰(奥越) 고원 리조트 구상. 19 비와(琵琶)호 리조트 레크리스 구상. 20 탄고(丹後) 리조트 구상. 21 미키와(三河) 만 지역 리조트 정비 구상. 22 국제 리조트 미에(三重) 산 벨트 존. 23 산(燦) 구로시오(黒潮) 리조트 구상. 24 아와지시마(淡路島) 리조트 구상. 25 휴먼 리조트 도쿠시마의 바다와 숲 구상. 26 세토나이(瀬戸内)·산리조트 구상. 27 도사하마(土佐浜) 가도 리조트 구상. 28 세토나이 중앙 리조트 구상. 29 에히메 세토나이 리조트 개발구상. 30 오카야마(岡山) 현 북 리조트 구상(가칭). 31 시마네(島根) 중앙 지역 리조트 구상. 32 사잔세트·선샤인 리조트 구상. 33 겐가이(玄海)레크·리조트 지역정비 기본구상. 34 역사와 자연의 파노라마 사가 리조트 구상. 35 나가사키·에키소틱·리조트 구상. 36 아마쿠사(天草) 해양 리조트 기지건설 구상. 37 벳부(別部) 쿠주 리조트 구상. 38 미야자키(宮崎)·니치난(日南) 해안 리조트 구상. 39 카고시마(鹿児島)·선오션 리조트 구상. 40 오키나와(沖縄) 트로피컬 리조트 구상.

▶그림 4-4. 1991년 5월 현재 리조트법 인정 프로젝트 개황(民活基本問題研究会 通商産業省 産業政策局 民間活力推進室,「民活プロジェクトの新展開―民活基本問題研究会報告」, 通商産業調査会, 1992年).

는 기본구상 승인을 마친 곳을 나타냄

탄광에서 관광으로

일련의 리조트 개발 붐은 지역이 살아남기 위해 여기에 편승한 지자체를 되돌릴 수 없는 빚더미에 떨어뜨릴 위험성을 안고 있었다. 유하리(夕張) 시는 정말로 이러한 위험에 빠져 마지막에는 지자체가 자기 파산하기까지 이른 경우이다.

유하리 시는 이전에는 홋카이도 소라치(空知) 탄광의 중심을 이루고 '탄광 도시'로 불리며 인구 12만 명에 40만 톤의 석탄 산출량을 자랑하고 있었다. 그러나 1960년대 이후 국가의 에너지 정책 전환 속에서 72년에 유하리 제2광(종업원 1,580명), 73년에 미쓰비시 오오 유하리광(종업원 2,673명), 75년에 평화광(종업원 1,533명)이 점차로 폐광하였다. 81년에는 93명의 희생자를 낸 북탄 유하리 신광에서 가스 폭발 사고가 일어나 미쓰비시와 나란히 소라치 탄광의 최대 기업이었던 홋카이도 탄광기선(北炭)은 도산하여 회사갱생법을 적용하였으며 탄광도 폐광하였다. 90년에는 최후의 미쓰비시 미나미 오오 유하리 광도 폐광하였으며, 1888년 이후 1세기에 이르는 '탄광 도시'의 역사에 막을 내렸다.

문제는 이 폐광 이후의 뒤처리였다. 폐광이 계속되는 가운데 79년에 시장에 당선된 나카다 테쓰지(中田鉄治)는 '탄광에서 관광으로'라는 슬로건을 내걸고 80년대의 리조트 개발 노선으로 나아갔다. 나카다는 83년에 진짜 갱도를 박물관화한 테마 공원 '석탄의 역사촌'을 개설하여 대형 유원지와 로봇 과학관 등 관광시설을 하나둘 건설하였다. 호텔이나 스키장을 매수하고 메론 주(酒)와 감자 소주 등 지역 특산품을 이용한 아이디어 상품을 개발하는 등 유하리를 관광 도시로 재생시키는 적극책을 추진하였다.

지자체 주식회사

유하리 시가 이렇게 하여 성급하게 관광 도시의 길로 들어선 커다란 이유는 호쿠탄(北炭)의 도산에 의해 발생한 대량의 광산 실업자를 지역과 연결하려고 했기 때문이다. 호쿠탄 도산에 의해 관련 기업이 폐쇄되고 많은 실업자와 인구 유출의 위험이 발생하여 시 재정에는 고정자산세나 주민세, 광산세의 격감이 예상되었다. 그러나 호쿠탄은 지금까지 시에서 빌린 자금을 떼어먹고 해고된 종업원과 주택에 대해서도 책임 있는 보상을 하지 않고 유하리에서 사라졌다. 남겨진 유하리 시는 호쿠탄이 남겨 놓은 종업원 주택과 토지를 사들여 탄광 주택과 수도 설비, 공중목욕탕, 학교 등 지금까지 탄광 회사가 부담하고 있던 사회 시설을 시 예산으로 정비하여 공영화하고 탄광 종업원들에게 제공했다. 또한 새로운 직장을 창출하기 위해 번성하고 있던 유하리 메론 재배에 관광을 덧붙여, 마을이 인구 감소, 고령화, 산업 쇠퇴의 악순환으로 흘러가는 것을 막으려고 하였다.

결과적으로 시는 탄광 주택을 공영화하고 골짜기 사이에 분산되어 있는 탄광 주택을 연결하는 도로를 신설하여 시설 정비에 막대한 시비를 투자할 수밖에 없었다. 오랫동안 탄광촌에서는 주거비나 목욕탕, 수도나 광열비도 모두 회사가 지불하는 습관이 있었으며 이것을 급하게 바꾸는 데는 어려움이 있었다.

유하리에서 얻은 교훈

유하리 시의 전략에는 처음부터 무리한 면이 있었다. 기업화한 부분은 착실히 성공하면 되지만 시장 원리로 움직이는 세계이기 때문에 조금만 잘못되어도 거대한 손실이 발행한다. 이 경우 민간 기업이라면 채산이 맞지 않는 부문을 파기하고 시장에서 철수한다. 그러나 지방자치제의 경우 원래의 목적이 주민의 고용 창출에 있기 때문에 채산이 맞지 않는 부문도 간단히 포기할 수 없다. 결국 지자체의 예산 가운데서 적자를 메워 사업을 이어간다. 그렇게 되면 호쿠탄 도산의 뒤처리에 거액의 시비를 투자했을 때와 동일한 일이 재발한다.

실제로 88년에 거품 경제의 여파로 마쓰시타흥산(松下興産)이라는 회사가 대형 리조트 계획을 앞세워 유하리 시에 들어와 대형 호텔과 스키장을 경영하였다. 거품 붕괴와 함께 96년에 이 기업이 유하리에서 철수하자 종업원의 고용 위기를 회피하기 위해 이 회사가 경영하고 있던 호텔을 매수할 수밖에 없었다. 이러한 일이 반복되자 유하리 시의 부채는 600억 엔을 넘어섰으며 지자체로서는 도저히 갚을 수 없는 거액이었다.

이렇게 하여 2006년 24년간 계속된 다나카 시정을 3년 전에 계승한 고토 켄지(後藤健二) 시장은 자력에 의한 재정 재건을 단념하고 지방재정재건촉진특별조치법의 적용을 국가에 신청할 것을 결단하였다. 사실상의 지자체 도산이었다. 이 사실상의 도산에 의해 유하리 시는 총무성의 엄격한 관리하에 들어가 많은 직원의 해고와 급여 삭감, '전국 최저 수준'의 주택 서비스를 강요당했다. 언론은 유하리 시가 목표로 한 관광 개발이 너무 과대했으며, 재정 운영이 방만하고 '미공개

공채'나 적자 은폐까지 있었다고 빠짐없이 비판했다.

그러나 유하리 시 파탄의 원점은 일본의 에너지 정책 전환 속에서 탄광이 점차로 폐광하고 있을 때 어떻게 하든 지역의 고용과 활력을 유지하려고 관광 도시화의 노선을 선택한 것에 있었다. 만약 아무것도 하지 않았으면 이전에 번창했던 많은 탄광 마을과 같이 폐광으로 직장을 잃어버린 많은 광부의 가족들은 마을을 떠나고 그대로 마을은 쇠퇴했을 것이다. 뭔가 기사회생할 수 있는 방책을 내놓지 않으면 안 된다고 생각하여 고안한 것이 관광이었다. 전체 과정을 살펴보면 이 것은 발버둥 치면 발버둥 칠수록 깊이 빠져드는 지옥과 같았다.

3. 농촌 붕괴와 지역자치의 모색

집락(集落)이 사라지다

1990년대 이후 일본 농촌은 고도성장기의 젊은이 유출과 '과소(過疎)' 문제와는 질적으로 다른, 집락 그 자체의 붕괴와 소멸의 위기에 직면하고 있다. 고도성장기에 많은 젊은이들이 도시로 도쿄로 마을을 떠났을 때 여러 가지 사정으로 마을에 남은 젊은이들도 있었다. 그 젊은이들이 90년대에 고령자가 되고 농업 현장에서 은퇴했다. 그러나 이제 농촌에는 그들을 이을 젊은이 세대가 존재하지 않았다.

농촌의 인구 감소는 이전에는 젊은 층이 도시로 유출되는 '사회적 감소'('과밀'과 표리를 이루는 '과소')였지만, 최근에는 오히려 사망 수가 출생 수를 크게 상회하는 '자연적 감소'가 주요한 요인이 되고 있다. 지금 일본 농촌은 인구의 재생산 능력을 잃어버리고 고령화와 함께 급격한 인구 감소를 경험하고 있다. 이렇게 하여 90년대 이후 우선 산간 지방의 농촌을 중심으로 집락 그 자체가 지속 불가능한 위기 상황이 발생했다.

　이처럼 존속 자체가 위기에 처한 집락을 일반적으로 '한계 집락'
이라고 부른다. 한계 집락이란 과소화·고령화가 진행되어 인구의
50% 이상을 65세 이상의 고령자가 점하고 있는 집락을 지칭하는 것
으로, 90년대 이후 산간 지방과 먼 곳의 섬을 중심으로 급증하고 있다.
한계 집락이 되면 취학 아동보다도 어린 세대가 존재하지 않으며 독거
노인과 병자가 증가하여 집락의 자치나 공공 시설의 관리, 관혼상제
등 공동체로서의 기본적인 기능 유지가 곤란하게 된다. 그리고 이 한
계치(閾値)를 넘어서면 마침내 집락 그 자체가 소멸해 간다.

　국토교통성이 2006년부터 07년에 걸쳐서 과소 지역을 포함하고
있는 전국 775개의 시정촌에 대해 행한 앙케트 조사에 의하면, 65세 이
상의 고령자가 50% 이상을 점하는 한계 집락은 시코쿠(四国)·추고쿠
(中国) 지방을 중심으로 7,873 집락이었으며, 그 수는 도호쿠(東北)·홋
카이도에서도 급속히 증가하고 있었다. 이 가운데서도 공동체로서의
기능 유지가 이미 곤란하게 된 집락이 2,917 집락으로, 실제로 소멸 가
능성이 있는 집락도 2,641 집락을 상회하고 있다(国土交通省, 「過疎地
域等における集落の状況に関するアンケート調査」).

　이들 집락에 살고 있는 주민들의 주요한 수입원은 이미 농촌 이
상으로 연금과 송금(37.4%)이 크게 점하고 있으며, 농업 생산 기능은
빈사 상태에 있다. 또한 제사나 모임(寄り合い)은 거의 행하고 있지 않
으며 농지도 관리를 포기한 곳이 20% 가까이 된다. 커다란 면적을 점
하는 임야에 대해서는 이미 30%가 관리를 포기했다. 나아가 집락이
소멸하고 황폐한 산간부가 도시의 잡다한 쓰레기나 산업 폐기물의 불
법 투기 장소가 되고 있다(農村開発企画委員会, 「限界集落における集落

機能の実態等に関する調査」).

버려진 농업

1980·90년대 이후 산간 지역의 농산촌을 중심으로 농사를 포기하고 경작을 그만두는 사태가 확대되었다. 이미 90년의 단계에서 경작을 하지 않는 토지는 산간 지역 경지 면적의 약 10%에 달했으며 그 후에도 이 면적은 계속 증가했다. 산간 지역 농촌에서 경작의 포기와 집락의 소멸은 경관을 악화시킬 뿐 아니라 산림과 수전(水田)의 보수 능력을 저하시켜 하류 지역에서 수해의 위험을 확대시킨다.

산촌의 농임업은 오랫동안 지역 전체의 환경 보전 기능의 중심을 담당해 왔다. 보수와 홍수 방지, 물과 대기의 정화, 토양 침식 방지, 산림의 생육 관리, 문화적인 경관의 보전 등이다. 이것들은 생산물의 경제적 가치만으로는 측정할 수 없는 것으로 경작을 포기하고 집락이 소멸해 가면 모두 잃어버린다. 호보 타케히코(保母武彦)는 이러한 농산촌의 환경 기능을 중시하여 환경과 국토 보전에서 도시 주민의 자연에 대한 이해까지 복합적인 시점에 입각하여 농촌 집락의 유지를 뒷받침하는 제도적 조치가 필요하다고 주장하고 있다(保母武彦, 『内発的発展論と日本の農山村』).

나아가 호보는, 이 위기는 고도성장기부터 젊은이들의 유출에 의한 것뿐만 아니라 80년대 이후 정부의 농업 포기라고도 할 수 있는 정책 전환 속에서 발생한 사실을 지적한다. 70년대까지 자민당 정권의 지지 기반이던 농촌에서 식량관리법에 의한 쌀의 유통·가격의 국가

관리(1967년~)와 감반 정책(減反政策, 쌀의 생산 억제를 위한 농업 정책으로 미작 농가에 경지 면적의 삭감을 요구하기 위하여 '감반'이라는 이름을 붙였다고 한다.─역자)에 대한 국가적 보상(1971년~) 등 각종의 보조금이 지불되는 시스템이 정비되었다. 이를 위해 국고 보조금이 농가를 지탱하면서 농민의 생활과 의식을 완전히 보조금에 의지하도록 하여 국가의 정책에서 자립하지 못하게 하였다.

그런데 80년대가 되자 지금까지의 복지 국가 정책은 근본적으로 재고되어 농산촌을 위한 재정 지출은 지속적으로 삭감되었다. 이렇게 하여 80년대에는 식량 관리 회계에 대한 재평가와 농업 보조금의 축소가 이어졌으며, 나아가 일련의 쌀 자유화 교섭에 의하여 93년에는 일본의 쌀 시장이 부분적으로 자유화되었다. 일본의 쌀 생산량의 약 1/3을 점하고 있는 산간 지역은 농업 생산성이 전국 평균에 비하여 낮기 때문에 자유화의 영향을 가장 심하게 받게 되었다.

반개발 운동에서 마을 만들기로

종래의 지역 개발이 막다른 상황에 막히고, 공공사업에 대한 의존이 지역의 힘을 더욱더 잃어버리게 하였으며, 리조트 개발의 결과도 비참하고, 산간 지역에서는 한계 집락이 증가하여 산림과 경지를 포기하였다. 고도 경제 성장으로 이전에는 경험하지 못한 '풍요로움'을 실현하였다고 믿었던 이 나라에서 국토 전체에 걸쳐 붕괴의 징조가 보이기 시작했다.

이러한 가운데 80년대 이후 지역이 그 역사와 자연을 지키면서 내발적으로 발전하려고 하는 마을 만들기의 움직임이 성행하였다. 이것들은 종종 행정과 기업에 의한 지역 개발 계획에 대한 주민들의 반대 운동을 시발점으로 하고 있다.

예를 들면, 이러한 선구적인 활동으로 유명한 곳은 규슈 유후인(湯布院)의 마을 만들기이다. 유후인이 현재와 같은 고부가가치의 이미지를 가진 온천지로 변신한 계기는 오사카 만국박람회와 같은 70년으로, 이 지역의 습원(湿原)으로 잘 알려진 '이노세토(猪の瀬戸)'에 골프장 건설 계획이 부상한 때였다. 여관업자 수 명이 중심이 되어 '유후인의 자연을 지키는 모임'이 결성되어 전국적인 자연 보호 단체나 언론의 힘을 이용하여 교묘히 반대 운동을 전개했다. 여전히 지역 개발·열도 개조를 믿고 있던 시기였다. 골프장 계획을 철회한 이후에도 '도큐(東急) 팜 타운'이나 '동화의 들판 사파리 파크' 계획이 논의되었으나 '지키는 모임'은 여기에도 반대하여 72년에 전국에서 처음으로 마을의 자연 보호 조례를 제정했다.

오타루(小樽)의 '운하 전쟁'

유후인에서 개발 반대가 성사되고 자연 보호형의 마을 만들기로 발전하게 된 것은 이 마을의 크기가 적었다는 것에도 성공의 이유가 있다. 더 큰 도시에서 개발 계획을 저지하는 것은 간단하지 않다. 예를 들면, 홋카이도 오타루에서는 60년대 중반에 역사적 경관으로 매우 귀중한 오타루 운하를 매우고 석조 창고들을 무너뜨려 항만 화물을 운반하는 산업 도로를 만들려는 계획이 부상했다.

다이쇼 시대부터 전중기(戰中期)까지의 오타루는 행정 도시 삿포로에 인접한 북일본 최대의 상업 도시로서, 가라후토나 중국 대륙으로의 진출과 함께 대단한 번영을 누렸다. 당시 항에서 가까운 이로나이(色内) 대로에는 일본 은행과 유력 은행, 해운업의 지점이 화려하게 늘어서 있어 '홋카이도의 월 가'로 불렸다. 이 대로와 등을 맞대고 석조 창고가 폭 40미터, 길이 약 1.3킬로의 오타루 운하를 따라 발전해 왔다. 운하와 창고군은 하나의 세트로 오랫동안 오타루의 번영과 활발한 경제 활동을 상징하고 있었다.

전후에 중국 대륙과의 교역이 중단되면서 오타루는 번영의 최대 기반을 잃어버리지만 그래도 1960년대 초반까지는 석탄과 목재 수출로 활력을 유지하고 있었다. 이윽고 고도성장과 더불어 석탄 산업이 사양화하여 오타루는 공업 항만 도시로 발전하는 도마코마이에 자리를 물려 주었다.

▶사진 4-5. '오타루 운하를 지키는 모임(小樽運河を守る会)'의 기관지(小笠原克, 「小樽運河戰爭始末」, 朝日新聞社, 1986年).

60년대 중반에 무로란(室蘭)의 임해 공업 지대, 도마코마이의 철강·석유 콤비나트화 등을 포함한 도오(道央) 신산업 도시 계획이 세워지자, 오타루 시는 이 흐름에 편승하려고 도로 항만 시설에 대한 공공 사업 투자를 국가에 적극적으로 요청하였다. 이렇게 하여 삿포로와 오타루를 고속도로로 연결하는 삿포로 하이패스 계획이 부상하고 67년에는 착공하게 되었다. 오타루 운하는 이 삿포로 하이패스와 연결되는 임항 도로의 오타루 도시 중심부 통로로 지정되어 운하 매립과 창고 해체가 입안되었다.

60년대 중반부터의 이러한 움직임에 대하여 70년대에 초반 시민들은 개발을 어떻게든 저지하려고 움직였다. 73년에 '오타루 운하를 지키는 모임'이 결성되어 그 후 보존 운동의 중심을 이룬다. 최초에는 100명 정도의 시민 모임에서 출발한 보존 운동은 시대의 흐름을 타고 급속히 지지자가 늘어나 전국적인 운동이 되었다.

그러나 시민·문화인과 언론 수준에서 이러한 보존 운동을 확대해도 운하 매립을 저지하지는 못했다. 보존파는 83년부터 다음 해에 걸쳐 10만 명에 달하는 매립 중지를 요구하는 서명을 모았지만 시는 매립 사업을 강행했다. 보존파는 시장에 대한 리콜 운동을 일으키는데 그 와중에 내부 분열하여 운동은 좌절되었다.

지역 주민의 '자각'

결과적으로 83년에는 임항 도로가 개통되고 운하는 그 옆에 폭을 축소하여 보존되었다. 그런데 그 이후 축소된 운하에는 산책로와 가스등이 설치되어 오타루의 '역사적 경관'을 지키는 유명한 관광 명소로 발전했다. 오타루 시는 운하 매립에 관해서 완전히 보전할 것을 주장하는 시민들의 의견을 배제하면서도 이러한 보존 운동에 자극을 받아 83년에「오타루 시 역사적 건조물 및 경관지구 보전 조례」를, 나아가 92년에는「오타루의 역사와 자연을 살린 마을 만들기 경관 조례」를 제정하여 시내의 역사적 경관에 대한 보존 대책에 본격적으로 착수한다. 오타루의 '운하 전쟁'은, 시민 운동이 좌절한 이후 행정이 역사적 환경에 대한 인식을 적극적으로 바꾸어 '오타루의 역사'를 주요 상품으로 한 관광지를 탄생시키는 역설적인 결과를 낳았다(小笠原克, 『小樽運河戦争始末』).

이것은 단순히 역설일 뿐일까. 요코하마 시에서 오랫동안 마을 만들기에 관여해 온 다무라 아키라(田村明)는, 반개발 운동에서 마을 만들기로 방향을 바꾼 사례가 70년대 이후에 증가한 것을 소개하면서 그 속에 있는 '자각'의 계기에 주목한다. 다무라가 말하는 것처럼 주민들은 "보통은 그 가치를 알지 못하고 늘 존재하는 것이라고 생각한 것이 어느 날 갑자기 없어지게 될 상황에서 그 가치를 깨닫"는다. 자각은 현실을 바꾸는 행동이 되고 연대가 확대된다. 이윽고 운동은 단순한 반대에 그치지 않고 지역의 장래를 생각하는 활동으로 발전한다. 그리고 이것을 반영하는 관계에 있는 변화가 종종 행정에서 일어난다. 경제 성장 정책 속에서 부상한 개발 계획이 계기가 되어 지역 주민의 자각이 일어나고, 반개발 운동은 마을 만들기의 실천으로 발전하며 나아가 행정의 자세도 조금씩 변화해 갔다(田村明, 『まちづくりの実践』).

마키 마을(巻町)의 주민 투표

고도성장 이후 지방의 과소와 피폐가 진행되면서도 다른 한편으로 국가의 개발 행정에 매우 비판적이며 자신들의 힘으로 지역의 미래를 구상하려고 하는 새로운 사람들이 열도의 각지에서 자라났다. 이들에 의한 반개발 활동은 성공하기도 하고 실패하기도 했지만, 90년대 이후 공공사업에 대한 비판과 재고가 이뤄지면서 이러한 새로운 집합적 주체가 급속히 형성되어 종종 정책의 결정적인 전환을 가져오기도 했다.

한편에서는 인터넷의 보급과 시민 조직 간의 네트워크화가, 다른 한편에서는 정보 공개, 환경 영향 조사, 원탁 회의, 주민 투표 등 여러 가지 절차의 제도화가 이러한 흐름의 확대를 가능하게 했다. 70년대에 주로 보여준 대결형과는 다른 방식으로 반개발 운동을 전개하여 지역의 지지를 획득하고 주민 투표로 기존의 정책을 결정적으로 전환하였다. 한 예로 니가타 현 마키(巻) 마을의 원자력 발전소 건설 문제를 들 수 있다.

니가타 시의 서쪽에 인접한 인구 3만 명 정도의 마키 마을에 1969년 도호쿠전력의 원전 건설 문제가 발생하였다. 2년 후에 도호쿠전력은 정식으로 원전 건설 계획을 발표한다. 그 이후 주민들과 정당·노조 등이 뿌리 깊은 반대 운동을 펼쳤는데 90년대에 이르기까지 이들의 운동은 그다지 확대되지 않았다. 거의 20년간 마키 마을의 정장(町長) 선거는 보수파 사이에서 경쟁하여 항상 원전 신중파 후보가 당선되고, 그 후보가 추진파로 입장을 바꾸면 원전에 신중한 입장을 내세운 상대 후보에게 패하는 형태를 반복해 왔기 때문이다.

이러한 형태에 변화가 생긴 것은 86년에 당선된 사토 칸지(佐藤 莞爾) 정장이 4년 후에도 '원전 동결'을 내걸고 연속으로 당선되었을 때였다. 그는 지반을 굳힌 다음 94년에 '원전 동결 해제'를 선언하고 추진파로 돌아섰다. '원전'은 선거의 쟁점이 되었고 사토 정장은 겨우 3선을 이루었다. 하지만 어디까지나 원전 반대를 내건 시민 그룹 '푸

른 바다와 숲의 모임(青い海と緑の会)'이 결성되어 이 지역의 일상적인 선거 운동과는 완전히 다른 형태의 운동을 전개해 예상을 웃도는 지지를 얻었다. 다른 한편, 추진파로 돌아선 사토 정장의 3선에 위기감을 느낀 지역의 자영업자들은 '마키 원전·주민 투표를 실현하는 모임'을 결성하고 원전에 대한 시비를 가릴 주민 투표를 실시하자고 요구했다. 후자는 정장에게 주민 투표 실시를 거부당하자 주민의 자주 관리에 의한 주민 투표를 실시했다. 그 결과 유권자의 약 45%가 투표하고 그중 95%가 원전 건설에 반대한다는 결과를 표시하였다.

주민 투표파는 여기서 힘을 얻어 마을 의회 선거에서 승리하고 나아가 원전 건설을 강행하려고 하는 사토 정장에 대한 리콜 운동을 일으켰다. 정장이 스스로 사임하자 이어서 실시된 정장 선거에서 주민 투표파 후보가 당선되어 정식으로 주민 투표가 실시되었다. 결과적으로 주민 투표는 88%라는 압도적인 투표율을 기록하고 원전 반대가 60.8%로 찬성 38.6%를 크게 상회했다.

이 결과를 보고 새로운 정장에 의해 원전 건설 예정지 내의 마을 소유지를 도호쿠전력에 팔지 않을 것, 주민 참가로 '탈원전'의 마을 만들기를 지향할 것 등이 선언되었다. 그 이후 우여곡절은 있었지만 최종적으로 2003년 12월에 도호쿠전력은 마키 마을에 예정하고 있던 원전 건설 계획을 백지화한다고 정식으로 발표했다. 계획에서 30년 이상이나 지나서 발표된 결론이었다.

▶사진 4-6. 니가타 현 마키 마을에서 마키 원전을 둘러싸고 가두 활동을 하는 원전 추진·반대 양파의 시민 단체(1996년 7월. 사진—교도통신).

스스로 결정하는 지역 주민

마키 마을의 주민 투표는 정장의 강행책을 마지막 단계에서 저지해야만 한다고 일어선 두 종류의 사람들에 의해 실현되었다. 하나는 종래의 반대 운동과는 인연이 없었던 30대에서 40대에 걸친 여성들이었다. 다른 하나는 40대에서 50대의 자영업 남성들이었다.

이 남성들이 마키 마을의 원전을 둘러싼 동향을 결정적으로 바꾼 힘이 되었는데, 그들은 지역의 정치 역학을 숙지한 자영업자들이다. 그들은 지역의 지배 구조 내부에 있으면서 만약 이 싸움에서 진다면 생업에 직접적으로 타격을 받는 입장에 있었다. 이러한 세력이 중앙의 관리나 정장에게 정치를 맡겨서는 안 된다고 생각하여 자신들이 "싫은 것은 싫다"고 주장해야 한다고 일어섰다(伊藤守他, 『デモクラシー リフレクション』).

마키 마을의 주민 투표에 이어서 1997년 6월에는 기후(岐阜) 현 미타케(御嵩) 마을에서 산업 폐기물 처리장 건설에 대한 시비를 묻는 주민 투표가 실시되었다. 또한 2000년 1월에는 도쿠시마(德島) 현 도쿠시마 시에서 건설성이 추진하려고 한 요시노(吉野) 강 하구 제방(제10제방)을 가동 가능한 제방으로 만드는 것에 대한 주민 투표가 실시되었다. 90년대 말 이후 마키 마을 사건은 특이한 예외가 아니었으며, 전국 각지에서 특정 시설 건설과 개발 계획에 대한 시비를 둘러싸고 주민 투표 조례를 제정하고 이것에 기초하여 주민 투표를 실시하는 움직임이 출현하였다.

부드러운 네트워크

마키 마을에서 주민 투표가 실시되는 과정을 분석한 이토 마모루 (伊藤守)는, 90년대 이후 여러 운동의 궤적에는 몇 가지 공통점이 있다고 한다. 첫 번째는 이것들은 모두 단순한 '반대 운동'이 아니라는 점이다. "건설에 대하여 찬성을 하든 반대를 하든 당면한 문제에 대해 지역 주민의 생각이나 판단을 표명하는 '장' 혹은 '공간'을 만든다는 것"이 포인트였다. 두 번째는 자신들의 지역 문제는 자신들이 결정하자는 의식이 고양되었다는 것이다. 국가나 행정에 맡겨두는 것이 아니라 주민들 자신이 행정의 판단에 적극적으로 관여하여 방향 전환을 촉구하는 것이 필요하다는 인식이 침투했다. 세 번째로 운동 담당자들은 구좌파의 노동 운동이나 정당 조직과는 거리를 두고 새로운 형태의 활동을 전개했다는 점이다. 운동 조직에 고정적인 상하 관계는 존재하지 않으며 참가와 이탈이 자유로운 경우가 많았다. 온화한 네트워크가 정치적 입장이 다른 사람들도 참가할 수 있도록 했으며 팀워크를 만들어냈다(伊藤守他, 『デモクラシー・リフレクション』).

이러한 움직임은 90년대 이후 열도의 각지로 확대되었다. 예를 들면, 필자가 분석한 것처럼 2005년 아이치 만국박람회의 계획 과정에서 박람회장으로 지정된 세토시의 '바다 위 숲'의 보전을 둘러싼 문제를 들 수 있다. 이 과정에서 국가와 현, 지역의 자연 보호 단체와 전국적인 환경 단체, 국제적인 환경 보호 기관, 언론과 지역 대기업 사이에 서로 항쟁 과정이 뒤섞였으며, 현이 세운 당초 계획이나 이것을 수정한 국가의 계획도 근본적으로 변경할 수밖에 없었다. 그 일련의 갈등 과정의 절정에서 국가와 아이치 현, 환경파, 추진파 지역 주민, 전문가 등 서로 다른 입장에 있는 사람들이 대등한 입장에서 합의점을 논의하는 '아이치 만국박람회 검토 회의(愛知万博検討会議)'를 글자 그대로 극적인 전개로 개최하였다(吉見俊哉, 『万博幻想』, 町村敬志 吉見編著, 『市民参加型社会とは』).

나아가 비슷한 시기에 다나카 야스오(田中康夫)가 나가노(長野) 현 지사에 당선되어 '탈댐 선언'을 하여 커다란 반향을 일으켰다. 구마모토(熊本) 현의 가와베(川辺) 강 댐을 둘러싼 문제에서는 국가와 현, 반대파, 추진파가 공동으로 참가하는 공개 토론회가 개최되었으며, 마침내 새로 당선된 가바시마 이쿠오(蒲島郁夫) 지사는 2008년에 계획을 중지하기로 결심하였다. 이처럼 나가라(長良) 강이나 요시노 강의 하구 제방 문제에서 가와베 강 댐 문제, 아이치 현의 후지마에히가타(藤前干潟, 나고야 항 임해 공업 지역 내에 있는 일본 최대의 철새 도래지―역자), 해상 숲의 보전, 그리고 나가노 현의 탈댐 선언이 각각 지리적으로 분산되면서도 깊이 영향을 주는 커다란 파도가 도쿄에서 떨어진 각지에서 소용돌이 치고, 새로운 시대로의 활력을 보여주었다.

제5장 '잃어버린 10년' 속에서

한신·아와지(阪神·淡路) 대지진으로 한 면이 불타고 빈판으로 변한 고베
시 나가타(長田) 구 거리(1995년 1월 17일. 사진―마이니치신문).

1. 지진·옴진리교·버블 붕괴

고베 붕괴의 타격

1995년 1월 17일 이른 아침 아와지(淡路) 섬 북쪽을 진원으로 하는 매그니튜드 7.3의 지진이 발생하여 효고 현 남부에 엄청난 피해를 주었다. 지진의 흔들림은 광범위하여 진도 6을 기록했고, 오사카와 고베 사이에서 관측 사상 처음으로 진도 7을 기록했다. 사망·행방불명자 6,437명, 부상자 4만 3,792명, 피난 인구 30만 명 이상, 전부 또는 반이 파괴된 주택 약 25만 호(피해자 약 46만 세대), 집을 잃어버린 사람은 30만 명 이상, 피해 총액 10조 엔 이상이다. 지금까지 전후 최악이었던 후쿠이(福井) 지진(1948년)을 넘어서서 간토 대지진(1923년) 이래 최대의 지진 피해였다.

지진 직후에 도로, 철도, 전기, 수도, 가스, 전화 등 생활 시설이 파괴되어 광범위한 지역에서 전혀 기능하지 못했다. 한신고속도로는 10여 곳에서 붕괴되었고, 산요(山陽) 신칸센도 절단되었으며, 지하철의 터널도 각지에서 붕괴되었다. 인공 섬인 포트 아일랜드와 롯코(六甲) 아일랜드는 지반이 액상화(液狀化) 현상을 일으켜 크게 침하되었다. 70년대까지 세워진 많은 빌딩이나 맨션, 병원 등은 넓은 지역에서 무너졌으며, 고베 시 나가타 구 등의 목조 주택이 밀집된 지역에서는 화염으로 인해 심각한 피해가 발생했다. 다양한 구조 활동이 늦어져 국가 위기관리 체제의 약점을 그대로 드러내었다. 결국 소실 면적은 전체적으로 약 83만 평방미터였다. 무너져 내린 고속도로와 파괴된 고베 도심의 빌딩, 불타는 시가지 영상은 매일 텔레비전에 방송되어 사람들을 놀라게 했다.

이 지진은 이후에 '한신·아와지 대지진'으로 명명되었지만 피해의 중심은 고베 시였다. 고베 시는 전후 전국에서도 가장 적극적으로 구획 정리 사업을 추진한 곳이다. 동서를 관통하는 야마테(山手), 중앙, 하마테(浜手)의 간선도로와 산노미야(三宮)로의 도심 기능 집중 등 대규모 도시 정비를 진행했다. 그 대성공은 '산, 바다로 가자'로 평가된 것처럼 롯코 산록의 흙을 깎아서 해안을 대대적으로 매립하여 포트 아일랜드와 롯코 아일랜드라는 두 개의 인공 섬을 만든 사업이었다.

포트 아일랜드는 1966년에 착공하여 81년에 완성하였는데 총 면적이 436헥타르이다. 롯코 아일랜드는 1972년에 착공하여 88년에 완공하였는데 총 면적 580헥타르로, 양쪽을 합치면 1,000헥타르이다. 이는 도쿄에서 비교한다면 주오(中央) 구와 다이토(台東) 구에 상당하는 면적이다. 고베 시는 시의 사업으로 이 정도의 거대한 시가지를 해안에 조성하였고, 더구나 매립을 하기 위해 다량의 흙을 깎은 롯코 산록에는 스마(須磨) 뉴타운과 세이신(西神) 뉴타운이라는 거대한 뉴타운을 조성하여 이 두 가지 개발에서 나온 이익을 시 경영에 활용하고 있

▶사진 5-1. 고베 포트 아일랜드 박람회의 국철 캠페인 용 5장 1조의 포스터 가운데 1장(앞의 책, 『昭和二万日の全記録 第17卷 経済大国の試練』).

었다.

원래 포트 아일랜드 개발은 고도 경제 성장 속에서 수출입량이 급격히 증가하자 항만 시설이 따라가지 못해 새로운 항만 시설 건설이 급한 가운데 구상되었다. 고베 시는 오랫동안 롯코 산록과 바다에 둘러싸인 좁은 시가지 면적으로 고민하고 있었는데, 당시의 시장은 이것을 기회로 부두 건설을 시가지화를 통한 지역 확장에 연결하려고 생각했다. 이렇게 하여 건설이 시작된 포트 아일랜드가 81년에 완성되자 일련의 지방 박람회의 계기가 된 고베 포트 아일랜드 박람회(portopia)가 개최되었다.

당시에 다카사키 히로시(高崎裕士)는 이 거대한 토지 조성이 자연의 섭리를 거스른 매우 거만한 행위라고 비판하면서 "이런 난폭한 짓을 하고 과연 자연의 복수가 없을지," 이미 지반 침하가 나타난 인공섬은 "지진이 일어나면 어떻게 될까"라고 의문을 제기하였다(高崎裕士, 「ポートピア見て来て考えた」, 〈朝日新聞〉, 1981年7月29日). 대지진이 일어나기 약 14년 전의 일이다.

토건 국가의 한계

다카사키가 예감한 것처럼 대지진은 고도성장기 이후 고베 시가 화려하게 진행해 온 도시 개발 사업의 시비를 물었다. 실제로 70년대 이후에 건설된 고속도로나 인공 섬 등 최신 기술을 사용한 도시 시설이 그 이전의 메이신(名神) 고속도로나 재래선 이상으로 파괴되는 피해를 입어 나약함이 고스란히 드러났다.

하야카와 카즈오(早川和男)는 "고베식 도시 경영은 이 마을을 돈 들인 마을, 보는 마을, 이벤트 마을로 변화시켰다"고 비판했다. 우선 도시 개발을 전제로 하는 자세는 시민들의 생활을 경시하는 태도로 이어져 겉보기엔 화려한 개발과 이벤트 사업이 진척되는 한편, 지진으로 괴멸적인 피해를 입은 나가타 구 등의 시 내부 지역의 생활 환경을 개선하는 것을 뒤로 미루었다(早川和男,「被害無防備都市 神戸はこうしてつくられた」,『週間金曜日』, 1995年 2月 3日号).

틀림없이 지진으로 문제 된 것은 도로나 철도의 건설 기술 문제뿐만 아니었다. 미야모토 켄이치(宮本憲一)는 70년대부터 많은 지자체를 포함한 '도시 경영' 노선의 기수였던 고베 시가 심각한 피해를 입은 것은 '도시 경영'이라는 사고방식 그 자체에 깊은 반성을 촉구하는 것이었다고 말했다(宮本憲一,「都市経営から都市政策へ」,『世界』, 1995年 4月号). 왜냐하면 도시 경영은 지자체가 중앙의 보조금 의존 체질에서 벗어나는 것을 목표로 경영자적 발상을 행정에 도입한 것이었는데, 너무 수익성을 중시해 자치의 근본인 주민 복지를 소홀히 하여 민주주의를 부정하는 방향으로 행정을 진행시키는 위험을 내포하고 있었기 때문이다.

좀 더 논하자면, 지진으로 고도성장 이후의 "정치·경제의 근간인 전제 조건이 갑자기 심각하게 백안시되었다. ……기술에 대한 신앙, 관료기구의 능력에 대한 신뢰, 위기에 직면해서 당국이 분명히 시민을 지켜줄 것이라는 확신은 근저에서부터 흔들렸다"(ガバン マコーマック, 『空虚な楽園』). 이러한 신뢰의 붕괴는 그 후에도 1999년 이바라키 현 도카이(東海) 마을에서 일어난 핵연료가공회사 JCO 시설에서 일어난 임계 사고 등으로 반복되었다.

지진은 공공사업의 기술적 결함이나 정부의 위기관리 능력의 결여 등을 드러냈으며, 사람들은 시장 원리 도입과 수익성 향상을 추구하는 도시정치의 정당성 그 자체에 의문을 던졌다.

옴진리교 사건의 충격

일본이 여전히 대지진의 충격 속에 있던 3월 20일, 이번에는 도쿄 도심에서 열도를 더욱 충격으로 몰아 넣은 사건이 일어났다. 옴진리교도에 의한 지하철 사린(sarin, 사린은 1938년 독일이 개발한 유기염화합물로 신경 가스의 일종―역자) 사건이다.

이날 오전 8시경 도쿄 도심을 달리는 여러 지하철 차내에서 화학 병기로 사용되는 신경 가스 사린이 살포되어 승객과 역무원 등 12명이 사망하고 5,510명이 중경상을 입었다. 사건이 일어난 지 2일 후에 경시청은 야마나시 현 가미쿠이시키(上九一色) 마을의 교단 본부 시설을 강제 조사했다. 시설에서 사린 등 화학 병기 제조 설비가 발견되었다.

체포된 교단 간부의 진술에 의하여 1989년에 일어난 사카모토 쓰쓰미(坂本堤) 변호사 일가 살해 사건과 94년 마쓰모토 사린 사건을 포함하여 모든 것이 옴교단의 범행임이 밝혀졌다. 그리고 이 강제 조사를 실시할 당시부터 5월 16일에 교주 아사하라 쇼코(麻原彰晃), 본명 마쓰모토 치즈오(松本智津夫)가 체포되기까지 약 2개월간 일본 사회 전체는 이 특이한 교단에 대해 이해할 수 없는 감정으로 이상하게 흥분했다.

당시에 많이 논의된 것처럼 옴진리교는 상당히 미디어적인 종교였다. 그들은 80년대 이후의 확장 과정을 통해 SF애니메이션이나 텔레비전 게임의 이미지를 수용하여 이러한 정보 세계와 개개 신자의 신체적인 실천을 연결하는 기술적인 수법을 개발하였다.

이들이 반복하는 종말 이미지는 『우주전함 야마토』, 『미래소년 코난』, 『환마대전(幻魔大戰)』, 『바람의 계곡 나우시카』 등 애니메이션의 단편을 뒤섞은 것이다. 예를 들면, 『아마겟돈』에서 동양의 불교 문명이 서양의 기독교 문명에게 패하여 초능력자만 살아남아 '구제 계획'을 실행한다고 하는 옴의 이야기는, 서양풍의 얼굴과 이름을 가진 외계인에게 멸망될 위기에 처한 인류를 일본인 정예가 탄 전함 야마토가 구제한다는 『우주전함 야마토』 이야기를 본뜨고 있다. 가미쿠이시키 마을의 교단 시설 곳곳에 설치된 공기 정화기 이름이 위의 애니메이션에 등장하는 방사능 제거 장치의 이름에서 유래하는 등 세세한 곳에서까지 많은 유사점이 지적되었다.

좀 더 자세히 보면, 옴진리교의 세계는 텔레비전 게임과도 같았다. 호리명(옴진리교의 출가 신자에게 붙이는 교단 내에서의 이름—역자)을 부여하고, 보시와 선행을 쌓고 통과의례(initiation)를 받으면 힘이 증가해

▶사진 5-2. 총선거에 출마를 선언하는 옴진리교의 아사하라 쇼코 교주. 낙선하여 교단은 아마겟돈으로 향하였다(1990년 1월. 사진—교도통신).

마침내 '해탈'하여 '구제 계획'의 전사가 된다는 수행 시스템이 있는데, 이는 개개의 아이템을 갖추면서 힘을 높여 마계의 주술을 푸는 게임 이야기와 닮아 있다. 보시와 통과의례에서 화학 병기까지, 반 가상적으로 경험되는 세계에서는 사물이나 사건 이 게임에서 선택하는 아이템과 같은 모습을 띠고 있다.

시마다 히로미(島田裕巳)는 지하철 사건보다도 5년 전에 이 점에 대하여 언급하면서 젊은이들에게 옴 신자가 되는 것은 빗쿠리맨 (ビックリマン, 롯데가 발매한 과자의 일종으로 속에 각종의 씰[seal]이 들어 있었다.—역자)을 모으거나 텔레비전 게임에 열중하는 것과 동일한 현실 감각 속에서 일어나고 있다고 지적했다. 신자들은 우선 교주 아사하라가 '최종 해설자'라는 전제를 인정하고, 이것을 전제로 한 약속의 세계에서 종말이 가까워지고 있음을 다양한 징조로 해독하며, 수행에 의해 전사의 초능력을 길러가는 게임에 몰두했다(島田裕巳他, 『いまどきの神サマ』別冊宝島114).

미디어 사회의 한계

오사와 마사미(大澤真幸)는 연합적군 사건이 '이상의 시대'의 극한을 보여준 것이라면, 옴진리교 사건은 70년대 이후의 '허구의 시대'의 극한을 보여주고 있다고 한다. 옴진리교는 애니메이션=게임적인 허구성에 빠져 스스로의 조직을 '국가'에 빗대어 외부로부터의 독립을 특수하게 강조하였다. 신자는 '출가'하는 것으로 '현실 세계'에서 '가능 세계'로 이주한다고 생각했다. 가미쿠이시키 마을의 사티안(satyam, 옴진리교 종교 시설의 명칭―역자)의 외관이 암시하듯이 신자들은 외부와의 교섭 가능성을 부정하고, 스스로의 세계에 갇힌 가치 체계를 확장시켰다. 제1장에서 논한 연합적군의 궤적이 자기 부정의 극한화의 결말이었다면 옴진리교의 경향은 외적인 사실성 전체의 부정, 자립한 허구 세계로의 집단적 자폐를 보여주고 있다.

그러나 오사와가 강조하는 것은 옴진리교의 범죄가 단순히 허구로의 자폐라기보다도 그 허구를 사실적인 것으로 인식하며, 여기에서 외부 세계에서는 불가능한 신체성의 탈환을 꾀한 결과였다는 점이다. 옴진리교 수행의 바탕에 있는 욕망은 자기 신체의 부분성에서의 해탈, 즉 현실 사회 속에서 자의식의 좌표가 된 자기 신체의 고유성을 분쇄하고 자신의 신체를 타자와 직접적인 교류가 가능한 경지에까지 융해시켜 가는 것이었다.

그들이 목표한 바는 "신체에서의 탈출이 아니라 신체의 회복(恢復)이었다. 역으로 말하자면, 그들은 현실 세계의 통상적인 존재 형식에서는 신체를 거의 상실하고 있는데, 여기서는 실질적으로 신체적인 참여는 없었다"(大澤真幸, 『虛構の時代の果て』). 옴 신자들은 그러한 '현실적인' 신체의 외피를 파괴하고 자신과 타자가 직접 교감하는 경험을 가능하게 하는 기술 개발에 집중하였다.

그러나 이러한 경계 상실은 자신과 타자의 원근법을 무시하고 쉽게 주위의 타자나 자신들 내부의 '타자'를 완전한 '타자＝외부의 적'으로 거절하게 만들었다. 실제로 옴 신자들은 사카모토 변호사 일가의 살해에서 마쓰모토 사린 사건, 내부에서의 신도 살해, 그리고 지하철 테러 사건처럼 '타자＝외부의 적'이 침입해 오는 것을 끊임없이 두려워하여 이들을 말살하려고 범행을 반복해서 저질렀다.

어떤 의미에서 이 타자에 대한 공포는 이 교단의 이상함에 대해 지금까지 이상한 흥분 상태로 반응한 일본 사회의 공포심과 비슷한 것이었다. 옴진리교 측의 타자에 대한 공포와 일본 사회의 특이한 타자에 대한 공포, 옴적인 것에 대해 흥분 상태에서 배척한 것은 극도로 미디어화한 사회 속에서 공포의 감정이 정보와 함께 증폭된 결과였다.

거품 붕괴와 높아지는 정치 불신

1995년에 발생한 한신·아와지로 대지진과 옴진리교 사건이라는 두 개의 대사건은 거의 같은 시기에 심각해진 거품 붕괴와 중첩되어 포스트 전후 사회의 위기를 노정하였다. 원래 '거품'이란 투기적인 생각에서 토지, 주식 등 자산 가격의 급격한 상승을 지칭한다. 금융 자본, 기업, 개인 투자가가 모두 자산 가격이 계속 상승할 것이라고 믿어 그 결과 실제로 그 자산이 만들어 낼 가능성이 있는 가치를 훨씬 넘어서 가격이 형성되는 현상이다.

1980년대 일본에서 거품이 발생한 것은 나카소네 정권 이후의 금융 정책과 그 배경을 이루는 세계 경제의 신자유주의 노선과 깊이 연결되어 있다. 90년대 중반에는 거품의 극적인 붕괴가 심각해지고 있

▶사진 5-3. 지가 상승으로 빈터나 주차장이 산재한 도쿄 미나토(港) 구의 사무실 거리(1996년 2월. 사진—마이니치신문).

었다. 그리고 이 경제 위기가 동시대의 정치 위기, 즉 자민당 일당 지배 체제의 붕괴와 연립 정권에 의한 정치의 불안정화와 맞물려 일본 사회 전체의 분위기를 바꾸어 놓았다.

거품의 붕괴는 90년에 엔, 채권, 주식이 모두 가치 절하되면서 시작되었으며, 이어서 금융 기관과 종합건설업자(General Contractor), 특정주택금융전문회사 등으로 거품기에 방만하게 시행한 대부가 대량으로 불량 채권화하는 사태가 발생했다.

불황은 91년경부터 본격화하는 양태를 보이기 시작하여 대규모의 금융 완화·재정 자극책에도 불구하고 불량 채권은 계속 증가하였다. 지가와 주식이 급격하게 대폭 하락하여 거대 금융 자본조차도 불량 채권을 처리하기가 곤란한 지경에 빠져 은행과 증권 회사의 연쇄 파탄을 불러일으켰다. 92년 이후 도요(東洋) 신용금고, 코스모 증권,

기즈(木津) 신용조합의 파탄이 줄을 이었으며, 93년에는 산요(三洋) 증권, 홋카이도 척식 은행, 야마이치(山一) 증권이 연이어서 파산하자 일본 경제는 완전히 바닥으로 떨어졌다.

거품 붕괴와 함께 일본 경제의 장기적인 퇴보가 이어지자 정치가와 관료, 은행 등 오랫동안 '호송선단(護送船団)' 방식의 경제 통제를 해온 사람들에 대한 불신이 생겼다.

1990년에는 허영중(許永中)의 암약으로 스미토모 은행에서 이토만을 통해 거액의 자금이 폭력단 관계자에게 흘러간 사건이 발생했다. 다음 해 91년에 증권 회사가 대량 거래 기업 고객에게 거액의 손실 보존을 한 것이 알려졌으며, 증권 회사와 폭력단 사이의 부적절한 거래, 거래 조작의 의혹과 함께 증권 부정 사건이 있었다. 92년에는 자민당 부총재인 가네마루 신(金丸信)이 도쿄사가와큐빈(東京佐川急便)에서 5억 엔의 검은 헌금을 받은 사실이 판명되었으며, 다음 해에 자택에 수억 엔의 금괴를 부정으로 축재하고 있던 사실도 발각되었다. 그리고 95년부터 98년에 걸쳐서 대장성(大蔵省) 관료가 감독해야 하는 금융 기관에서 과대한 접대를 받고 있었던 사실이 하나둘 밝혀졌다. 정치가, 관료, 은행에 대한 국민의 신뢰는 땅에 떨어졌다.

혼미와 정체의 시대

90년대에 일본의 정치도 안정성을 잃고 혼란했다. 리크루트 사건으로 다케시타 노보루 정권이 무너지자 후임 수상에 선출된 우노 소스케(宇野宗佑)는 여성 스캔들로 재임 2개월만에 퇴진하였다. 그 후임인

가이후 토시키(海部俊樹)도 걸프전쟁에 대한 대응을 둘러싸고 힘들어하였으며 소선거구제도 도입하지 못한 채 사임했다. 그 후에 미야자와 키이치(宮澤喜一)가 수상이 되었지만 가네마루 신의 검은 헌금 문제에 대한 대응을 둘러싸고 다케시타파가 분열하였는데, 이것이 자민당의 분열로 발전하여 미야자와 정권도 퇴진하였다.

자민당이 분열한 후, 93년 8월에는 사회당, 신생당(新生党), 공명당, 민사당 등 8당파 연합으로 추천된 일본 신당의 호소카와 모리히로(細川護熙)를 수상으로 하는 정권이 탄생했다. 호소카와는 소선거구 비례대표병립제에 의한 선거 제도 개혁, 정치 자금 규제법 개정, 쌀 시장 개방 등을 실현했으나 개인 스캔들에 초점을 맞춘 자민당의 공세에 사임을 결정했다.

그 후에 연립의 중추에 있던 오자와 이치로(小沢一郎)는 하타 쓰토무(羽田孜)를 수상으로 옹립하지만 하타 정권은 사회당과의 관계가 악화되어 2개월의 단명으로 끝난다. 이때를 틈타 자민당은 사회당 위원장 무라야마 토미이치(村山富市)를 수상으로 옹립하는 익숙하지 않은 방식으로 정권 복귀를 이루어 자민당의 야당 시대는 종언을 고하였다. 무라야마 내각 이후 하시모토 류타로(橋本龍太郎), 오부치 케이조(小渕恵三), 모리 요시로(森喜朗) 등 자민당 중심의 연립 정권이 이어지지만 모두 단명했다.

이처럼 다케시타 정권 붕괴에서 고이즈미 정권 성립까지 약 12년간 일본의 정치는 어지러운 변화와 혼미를 계속하였다. 경제도 불량채권 처리가 진척되지 않은 채로 기업과 금융 기관의 재무 상황은 계속 악화되어 많은 기업이 도산하였으며, 도산을 피한 기업도 통폐합을 할 수밖에 없었고, 강제 퇴직에 의해 실업률도 높아졌다. 주가와 지가

도 계속 하락하였으며 빈부의 격차도 확대되었다.

　일본 사회 전체를 우울한 분위기가 감싸고 80년대에 칭송되던 일본적 경영과, '일본 제일'이라는 긍지에 가득찬 소리도 모습을 감추었다. '파탄' '위기' '붕괴' 그리고 '제2의 패전' 등의 한탄이 미디어의 표층을 장식하였다.

　이윽고 이 시대는 '잃어버린 10년'으로 총칭되었다. '잃어버린 10년'이란 어느 국가나 지역의 경제가 거의 10년에 걸쳐 정체하고 특정한 세대의 의식에도 깊은 영향을 준 시기로, 영국에서는 제2차 세계대전 이후, 라틴 아메리카에서는 1980년대를 지칭하는데 일본의 90년대는 정말로 이 호칭에 해당하는 정체 시기였다.

2. 국철 민영화에서 우정(郵政) 민영화로

오히라(大平) 정권에서 나카소네 정권으로

그러나 '잃어버린 10년'은 단순한 정체와 실패의 시대는 아니었다. 사회의 표면에서 정체가 계속되는 가운데 그 배후에서는 확실히 역사적인 구조 변화가 시작되었다. 이 변화는 여러 가지 면에서 세계화와 연동하는 것이지만 거시적으로 본다면, 통치 수준의 변화와 생활과 의식 수준의 변화로 나누어서 생각할 수 있다. 이 각각의 수준에서 90년대의 변화는 이미 되돌릴 수 없는 수준에까지 도달한 시기였다. 더욱 장기적인 시점에 서서 90년대를 되돌아보면 통치 수준에서 가장 중요한 것은 나카소네 정권에서 고이즈미 정권으로의 많은 연속성이다.

다만 나카소네 정권에서 표면화된 정책과 수법은 실제로는 70년대 말에 이미 오히라 정권에서도 시행되기 시작했다. 예를 들면, 오히라는 관료 기구가 아니라 자체적인 두뇌 집단을 조직하였다. 수상 보좌관 제도가 신설되었으며 대장성, 통산성, 외무성의 3성에서 3명의 보좌관이 임명되었다. 또한 수상의 사적인 자문 기관으로 9개의 정책 연구 집단이 설치되었으며, 정책에 대한 기본적인 방향타 역할을 수행하였다. 나아가 수상 직속의 두뇌 집단으로 고야마 켄이치(香山健一), 사토 세자부로(佐藤誠三郎), 구몬 슌페(公文俊平) 등 신보수주의적인 정치 학자가 중용되어 정치 입안에 관계하였다. 이들 가운데 몇 명은 이미 1975년에 '그룹 1984년'이라는 필명으로「일본의 자살」이라고 제목을 붙인 논고를 발표해 복지 국가적 정책의 침투에 의해 일본 사회에 '응석'이 만연하여 사회가 활력을 잃어간다고 비판하였다. 복지 국가 체제에서 신자유주의로의 전환이 모색되었다.

와타나베 오사무(渡辺治)는 이러한 오히라 정권의 두뇌 집단 가운데 무라카미 야스스케(村上泰亮)의 정책 구상이 내놓은 역할을 중시한다. 이들이 내놓은 정책 제언에는 "일본의 독자적인 복지 사회 건설"과 "다각적인 안전 보장을 포함한 유연한 국제 관계"라는 두 가지 목표

▶사진 5-4. 1985년 4월 9일의 기자 회견에서 국민에게 한 사람당 100달러의 외국 제품 구입을 요청하는 나카소네 야스히로 수상(앞의 책,『NHKスペシャル 戦後50年その時 日本は 第6巻 プラザ合意/アジアが見つめた"奇跡の大国"』).

가 제시되어 있으며, 이것들은 마침내 나카소네 정권의 주요한 정책 목표로 수용되었다고 한다(歴史学研究会編,『日本同時代史5』).

이 가운데서도 전자의 '독자적인 복지 사회' 개념에는 유럽형의 복지 국가가 중앙 정부의 역할을 비대화시켜 국민들이 복지 혜택을 바라기만 하는

"비자립적인 약한 개인을 만들어 낸다"라고 비판했다. 그리하여 고도 성장기 이후의 이익 정치로 비대해진 행정 기구를 축소하고 시장 원리 하에서 경제를 활성화시키는 신자유주의적 노선을 지향했다. 이를 위해 행정 개혁과 공공 부문의 민영화, 이른바 '작은 정부' 실현이 정책의 기둥으로 부상하였다.

'작은 정부'와 재계

70년대를 거쳐 경제는 저성장으로 전환했지만, 정부는 국채에 의존하면서 경기 대책을 실시하여 공공사업 등의 예산을 계속 확대시켰다. 이 때문에 적자 국채가 막대하게 팽창하여 이 위기에서 벗어나는 것이 시급하였다. 이를 위해서는 증세와 재정 지출 삭감의 두 가지 길이 있었다. 전자에 대하여 자민당 정권은 일찍부터 소비세를 도입할 것을 바라고 있었으나 이것은 일반 소비자의 반발을 초래할 뿐만 아니라 자민당 정치의 중요한 기반을 이루는 자영업자를 이탈시킬 가능성이 있었다.

실제로 오히라 정권이 일반 소비세 도입을 내세운 79년 10월 총선거에서 자민당은 참패하여 여·야당의 의석이 비슷한 결과를 초래하였다. 다른 한편 후자에 대해서도 자민당을 지지하는 이익 정치와 충돌할 가능성이 있었다. 왜냐하면 자민당의 집표 시스템은 의원이 후원회를 통해 모은 지역과 업자들의 요구를 자민당의 족의원(族議員, 일본의 특정한 행정 부서에서 정책 지식에 정통하고 인맥을 쌓는 가운데 정책 결정권을 장악하여 업계나 이익 단체의 이권 보호에 영향력을 가진 국회의원 및 그 집단을 지칭하는 단어로 건설족, 국방족 등으로 불린다.—역자)을 통하여 예산화하는 방식으로 유지되어 왔기 때문이다. 재정을 개건하기 위해서는 국가 경영의 틀에 대한 재고가 필요하며, 자민당의 이권 정치와 정면 충돌을 피하면서 행정 개혁을 근본적으로 진행하는 것이 급선무라고 느끼기 시작하였다.

물론 이것은 재계가 강하게 요구한 사항이기도 했다. 우선 오히라의 사후 정권을 이어받은 스즈키 젠코(鈴木善幸) 내각에 대하여 1981년에 오쓰키 분페이(大槻文平) 일경련 회장, 이나야마 요시히로(稲山嘉寛) 경단련 회장, 나가노 시게오(永野重雄) 일본상공회의소 회장, 사사키 타다시(佐々木直) 경제동우회 대표 간사, 휴가 호사이(日向方齊) 간사이경제연합회 회장의 재계 수뇌 5명이 '행정 추진 5인 위원회'를 조직하고 정부에 대하여 적극적으로 발언하기 시작했다. 이처럼 재계 수뇌가 연대하여 정권의 기본 정책에 대한 변경을 요구한 것은 정부와 재계의 관계가 지금까지와는 매우 다른 국면에 들어간 것을 나타낸다.

이윽고 5인 위원회를 배경으로 81년 3월에 도코 토시오(土光敏夫)를 회장으로 하는 임시행정조사회(第2臨調)가 수상의 자문 기관으로 발족하였다. 제2임조는 도코를 중심으로 활발한 활동을 전개하여 82년 7월에는 정부·자치 단체의 행정 간소화, 국철, 건강보험, 식량 관리 특별 회계의 해소와 특수법인의 대담한 민영화를 중심으로 하는 기본 답신을 제시하였다. 그리고 이 제2임조의 답신이 80년대 나카소네 정권의 민활(民活) 노선을 대체적으로 규정했다.

나카소네 정권과 고이즈미 정권

1982년 11월 갑자기 재선을 단념한 스즈키 젠코의 뒤를 이어 나카소네 야스히로가 오랫동안 노리고 있던 수상의 자리에 앉았다. 지금까지 나카소네를 싫어하던 다나카 카쿠에이의 지지를 얻은 것으로 나카소네 내각은 처음에 다나카파가 대량으로 입각하여 '다나카소네 내각'이라고 조롱받았다.

자민당 내에서 다나카파가 아직 큰 세력을 유지하고 있던 시대에 나카소네 정권의 장기화를 예상한 자는 별로 없었지만, 예상과는 반대로 나카소네는 약 5년간에 걸쳐 정권을 유지하면서 신자유주의로의 정책 전환을 결정했다. 나카소네 정권의 성립은 다나카 정권보다 약 10년 뒤지고, 고이즈미 정권보다 약 20년 앞서기 때문에 시간적으로는 전자와 가깝지만 내용적인 측면에서 보면 고이즈미 정권과의 연속성이 더욱 크다.

예를 들면, 나카소네와 고이즈미는 모두 자민당 내에서는 소수 파벌을 기반으로 하고 있었다. 그렇기 때문에 정치 수법에서 국회 밖의 국민적 지지에 눈을 돌려 텔레비전 정치를 중시하고 대중 추수적인 경향을 강하게 지니고 있었다. 나카소네는 정권 말기에 대중 민주주의 시대의 정치 포인트는 명확한 표현을 시의적절하게 텔레비전을 통해서 국민에게 호소하는 것에 있다고 강조하였다. 이른바 "나는 전후 정치의 총결산과 국제 국가 일본을 제시하여 명확한 목표를 내걸었다. 시의적절이란 앞선 자가 반드시 이기는 것으로 국민에게 과제를 던지고 국민 전체의 참가를 호소하는 것이다. ……(중요한 것은) 텔레비전을 통해서 직접 국민에게 호소하는 것이다. 텔레비전은 정직하기 때문에 호소하는 힘이 있다"(〈每日新聞〉, 1987年 9月 13日). 이 발언은 그 대로 '고이즈미 극장'의 미디어 정치로 연결된다.

제2임조(第2臨調)

정치 수법 면에서 유사한 것 이상으로 나카소네 정권과 고이즈미 정권 사이에는 정책적인 연관성이 존재한다. 나카소네 정권이 실현한 국철과 전전공사(電電公社)의 민영화에서 고이즈미 정권이 정치적 쟁점으로 내놓은 우정(郵政) 민영화까지 정책의 기본적인 방향은 변화가 없다. 행정 개혁과 공공 부문의 민영화는 '새로운 보수주의'가 취해야 할 최대의 과제였다.

제2임조 답신을 현실화하는 것은 나카소네 정권 초기에 가장 중요한 의미를 갖는다. 제2임조는 나카소네가 행정관리청 장관이던 스즈키 내각 시대에 설치한 것으로, 나카소네 내각 성립 직전인 82년 7월에 '증세 없는 재정 재건' '지방자치체를 포함한 행정 개혁' '3공사(일본전전공사, 일본전매공사, 국철) 민영화'를 기둥으로 하는 기본 답신을 제출하였다. 나카소네는 임조의 활동 종료 이후에도 도코를 행정 개혁이 착실히 진행되고 있는지를 감독하는 '감시자'로, 고토다 마사하루(後藤田正晴)를 관방 장관에 앉혀 '행정 개혁'을 위한 전략적 포진을 갖추고 3공사 민영화를 실현하였다.

도코의 성실한 인품이 임조에 대한 국민적 지지를 상승시킨 것은 사실이지만, 실은 이 흐름 속에서 70년대에 혁신지자체가 기반을 다진 사회 보장과 교육 관련 예산이 삭감되어 갔다. 더구나 도코의 임조가 내건 3대 기둥 가운데 3공사 민영화는 여러 가지 반대를 물리치고 실현되었는데 '증세 없는 재정 재건'은 점차 대형 간접세 도입을 어쩔 수 없는 흐름으로 변화시켜 '증세 없는'을 대신하여 '민간 활력'이 전면에 등장한다.

국철의 파탄

제2임조의 답신을 수용하여 실시된 3공사 민영화 가운데서도 대다수 국민의 최대 관심사는 국철(일본국유철도)의 민영화에 집중되었다.

국철은 1949년에 GHQ의 점령 정책의 일환으로 지금까지 정부의 직영 사업이었던 철도 사업을 독립채산제의 공공 사업체로 전환하는 것을 목적으로 설립된 공사 조직이었다. 전전부터의 노선에 덧붙여 전후에도 많은 노선이 건설되었으며 1980년대 초반까지 총 연장 약 2만 킬로미터의 철도 노선과 40만 명에 달하는 직원이 종사하는 거대 조직이었다.

이 국철이 순조롭게 독립채산제를 유지할 수 있었던 것은 전후 부흥에서 고도성장을 향한 60년대 초반까지였다. 이미 도카이도(東海道) 신칸센이 개통된 64년에는 최초의 적자로 전락했다. 처음에는 이월 이익으로 적자를 보충했지만 66년에는 완전한 적자로 전환한 이후 국철의 적자 채무는 매년 증가하여 자력으로 변제가 불가능할 정도로 팽창했다.

원인은 국가의 정책을 수용하여 채산성이 맞지 않는 지방 노선을 계속 건설해야 하는 점과 전후에 복귀병과 귀환자의 수용처로 과도하게 인원을 고용한 것이 이후에 인건비를 팽창시킨 점 등 반드시 국철 자체의 책임이라고 하기 어려운 면도 있었다. 이에 더하여 1965년부터 71년까지를 계획 기간으로 하는 '제3차 장기계획'에서는, 수도권의 주요 노선에 대한 복선화를 시작으로 정부의 출자와 많은 융자를 전제로 한 사회 기반 시설 정비가 계획되어 정부도 철도건설공단에 의한 새로운 노선 건설을 계속하였다. 그러나 실제로 정부 지출은 없었으며 운임 인상과 새로운 노선의 건설 구상도 없는 채로 융자에 의존하여 설비 투자가 계속되었다.

70년대에 다나카 정권이 '열도 개조'를 내걸자 국철은 보조를 맞추어 신칸센을 중심으로 더욱 대규모의 건설 계획을 세웠다. 거듭되는 '재건 계획'에도 불구하고 30조 엔을 넘는 누적 채무를 가진 국철 사업은 결정적으로 파탄을 향해 가고 있었다.

파업권 파업

다른 한편 국철에는 국철노동조합(国労)과 국철동력차노동조합(動労), 철도노동조합(鉄労)이라는 3개의 강력한 노동조합이 있었다. 이 가운데 총평계의 국로와 동로는 전후 노동 운동의 중심을 이루고 60년대 말에 국철 당국이 도입하려고 한 '생산성 향상 운동'에 대해 대결 자세를 강화하여 공공사업체 등 노동자위원회(公労委)에서 생산성 향상 운동은 '부당 노동 행위'라는 판단을 쟁취하였다.

이후 70년대의 국철에서는 국로와 동로가 주도한 파업이 많이 발생했는데, 75년에 양 조합은 파업권 획득을 내건 '파업권 파업'을 감행하였다. 그러나 파업권 부여는 자민당 주류파의 강경한 반대로 연기되었으며, 파업에 의한 열차 지연과 운행 정지에 화가 난 국민의 지지를 얻지 못한 채 8일간에 걸친 파업은 조합 측의 패배로 끝났다. 당시 국철 총재는 책임을 지고 사임하였으며, 국철은 국로·동로를 상대로 202억 엔의 손해배상소송을 제기하였다. 그 이후 정부 내에서 노동조합 파괴 움직임이 강화되어 국철 민영화를 촉진하는 또 하나의 복선이 되었다.

　　결국 국철의 파탄은, 단순히 거대 공사가 경영에 실패한 것 이상으로 고도성장기 이후 공공사업에만 의존하여 국가를 운영한 필연적인 결과였다. 지금까지 어디까지를 국가 예산으로 지탱해야 하는지, 어디까지가 시장 원리 속에서 운영되어야 하는지에 대한 논의가 불충분한 채로 국철의 적자 채무에 모순을 떠넘기고 문제를 은폐하면서 새로운 노선 건설 사업이 계속되었다. 그리고 국철 측도 어느 시점부터 실질적으로 누적 적자에 대한 변재를 포기하고 집권당에 의존하여 과잉이라고도 할 수 있는 설비투자를 지속하며 막대한 융자금을 더욱 부풀렸다.

▶사진 5-5. 파업권 파업의 첫 날(1975년 11월 26일), 도쿄 이케부쿠로(池袋) 역 앞에서 사철(私鉄)에서 지하철로 갈아타는 승객의 늘어선 줄((NHK取材班, 『NHKスペシャル 戦後50年その時日本は 第5巻 石油ショック/国鉄労使紛争』, 日本放送出版協会, 1996년).

국철 분할 민영화

80년대의 국철 분할 민영화는 이러한 위기에 대한 해결책으로 등장한다. 이미 제2임조의 답신에는 '7구역 정도'로 분할 민영화하는 방안과 국철 재건 감리위원회 설치가 포함되었다. 새로운 형태로 이행하기까지 임시 조치로서 직장의 이면 협정이나 나쁜 관행의 전면적인 시정과 신규 채용 및 신규 설비 투자의 정지도 제안되었다.

제2임조의 답신을 받은 정부는 83년 5월에 국철 재건 감리위원회 설치법을 성립시킨다. 자민당은 이미 전년에 미쓰즈카 히로시(三塚博)를 위원장으로 하는 국철 재건위원회를 설치하고, 국철이 85년까지 재건을 향해 진척되지 않을 경우에는 혼슈(本州), 규슈, 홋카이도, 시코쿠 4개의 지역으로 분할 민영화하는 방침을 제안하였다. 정부의 재건감리위원회는 이러한 흐름을 이어서 84년 8월의 긴급 제안 속에 분할 민영화의 기본 방침을 포함하였으며, 나아가 직원의 대폭적인 삭감과 잉여 인원 대책 추진을 위한 대책 본부 설치를 제안하였다. 이 제안은 정부에서 각의 결정되었으며 정부 안은 공명당, 민사당까지를 찬성하게 만들어 국철 문제의 주도권을 장악하였다.

늦어도 1985년까지는 국철의 분할 민영화라는 기본 방침은 정부 정책으로 확정되었다. 재건감리위원회는 85년 7월에 최종 답신을 제출하였는데 이것을 수용한 정부는 동년 10월에 국철을 87년까지 분할 민영화 할 것을 각의 결정하였다.

자민당의 압승으로 끝난 중·참의원 동시 선거 결과를 보고 나카소네 정권은 86년 9월에 국철 개혁 관련 법안을 국회에 제출하였다. 법안에는 혼슈의 3개 회사에 홋카이도, 시코쿠, 규슈를 더한 6개의 여객 회사와 화물 회사로 국철을 분할할 것, 현재의 국철은 새로운 사업체를 분리한 후에 청산 사업단으로 한다는 내용이 포함되었다.

이렇게 하여 1987년 4월에 37조 5천억 엔에 이르는 거액의 누적 적자 처리와 20만 명에 가까운 직원 삭감을 포함하여 국철에서 JR 각 사로의 대전환이 실시되었다.

국로의 해체

노동조합은 국철의 분할 민영화로 최대 타격을 입었다. 1982년에 제2임조와 노사 관행에 대한 언론의 공격에 직면하여 위기감을 느낀 4개의 노동 단체(国労, 動労, 全動労, 全施労)는 '국철개혁공투위원회'라는 공투 조직을 발족시켰다. 그러나 이미 이 시점에서 동로와 국로에서는 당국에 대한 서로 다른 대응이 두드러지기 시작했다. 예를 들면, 82년부터 본격화한 운행 시각 개정 교섭에서, 도호쿠·조에쓰 신칸센과 병행하는 재래선의 대폭 삭감, 화물 취급 역이나 화차, 조차장(操車場)의 대폭적인 삭감이 초점이 되었는데, 국로는 경영자 측과의 대립을 첨예화한 데 비하여 철로, 전시로, 동로는 이른 단계에서 당국과의 교섭을 타결시켰다.

분할 민영화에서 국철 당국과 노조의 교섭에서 최대의 포인트는 거듭되는 합리화 결과 발생한 거대한 잉여 인력 대책이었다. 동로는 힘든 상황을 예견하고 조합원의 고용 안정을 최우선으로 하여 노사 협조 노선으로 방침을 전환하였다. 국로는 이러한 동로의 '현실주의적' 인 방침 전환에서 격리되어 결과적으로 조합원이 가장 혹독한 형태로

▶사진 5-6. 도쿄 마루노우치(丸の内) JR빌딩 앞에서 국철청 산사업단의 해고안에 항의하는 국철 노조(1990년 3월 9일. 사진—마이니치신문).

희생되었다.

86년에 들어서자 당국에 의한 국로 파괴 작업은 강화되어 앞에서 논한 파업권 파업에 대한 202억 엔의 손해배상소송 가운데 동로분만을 취소하는 노골적인 회유책도 시도되었다. 당연히 국로에서는 85년경부터 탈퇴자

가 나오기 시작하였다. 86년 7월의 국로대회에서 내부의 균열이 표면화하여 국로를 탈퇴하고 새로운 조합을 결성하는 움직임이 가속화한다. 나아가 10월에 열린 임시 대회에서 분할 민영화를 용인하려고 한 집행부를 비주류파가 퇴진으로 몰고 갔다. 주류파가 국로를 탈퇴하고 철산노련(鉄産労連)을 결성하자 국로는 자멸을 향하였다.

결국 국철 시대의 말기부터 JR로 이행하는 과정에서 국로에 계속 남아 있던 직원은 혹독한 처우나 차별과 지속적으로 싸우지 않으면 안 되는 상황에 처했다. 이미 국철 말기에 지방 기관의 통폐합과 역의 무인화, 창구의 정리 통합, 승무 거리의 연장, 다른 차량과의 혼합 운용 확대 등의 시책이 진척되었으며 그 결과 발생한 잉여 인원이 인재 활용 센터에 전환, 배치되었다. 이런 종류의 센터가 많게는 전국에서 1,500곳 가까이 설치되었으며 여기에 배치된 사람들은 종종 철로 연변의 제초 작업이나 열차 홈의 페인트 칠, 화장실 청소, 열차의 유리 닦기 등 지금까지 쌓아온 지식과 기능과는 관계가 없는 주변적인 작업에 배치되었다.

결과적으로 민영화 시점에서 약 28만 명이던 국철 직원 가운데 JR에 채용된 것은 약 20만 명으로, 약 8만 명이 퇴직이나 재취직의 길을 선택하고 약 8천 명의 재취업 미정자가 발생했다.

노동조합의 재편

국철의 분할 민영화와 국로 붕괴는 노동 운동 전체의 재편과 병행했다. 80년대 초까지 일본의 노동조합은 총평(総評), 동맹(同盟), 중립노련(중립노동조합연락회의), 신산별(親産別)로 나눌 수 있다. 그중 총평이 전 조직 노동자의 36%에 해당하는 약 450만 명을 자랑하는 최대의 조직이었다. 다카노 미노루(高野実)의 지역 투쟁 노선이 오타 카오루(太田薰)·이와이 아키라(岩井章)의 경제 투쟁 중시 노선으로 바뀐 후에도 총평은 사회당의 주요한 지지 단체로 중요한 정치 세력이었다.

그러나 80년대 초에 더욱 노사 협조 지향적인 동맹을 중심으로 노동조합 전체를 재편·통일하려는 움직임이 일어났다. 이것은 관공로(官公労) 중심의 총평과 민간 기업 중심의 동맹이라는 구조 속에서 국철의 분할 민영화와 국로 붕괴에서 나타난 것처럼, 공적인 부문이 축소되고 민간 부문이 확대되는 것에 대응하는 사태였다. 80년대에 민간 단산(単産)의 회합을 추진하는 노동전선통일 추진회가 발족하고, 민간 대기업 노동조합 주도에 의한 노동조합 통일의 움직임이 강해졌다.

민간 주도의 통일화 움직임에서 놓칠 수 없는 점은 좌파 계통의 관공로 노조를 배제하는 방침이 명확하게 제시된 것이다. 통일추진회는 1981년에 '노동 전선 통일을 위한 기본 구상'을 기초하고 자신들의 움직임을 '우익적 재편이라고 일방적으로 단정하고 교조적인 비방 방해를 획책하는 단체, 조직 등에는 의연하게 대처'한다고 표명했다. 이에 대하여 총평 집행부는 '반자민, 전야당의 결집'과 '선별주의 반대'가 통일을 위한 전제라고 '보강 견해'를 덧붙이지만 조직 내부의 이견도 존재하여 민간 노조 주도의 통일화 움직임에 끌려다녔다.

연합(連合)의 발족

이렇게 하여 1987년 11월에 전일본민간노동조합연합회(連合)가 발족했다. 가맹 단체 수 55, 산하 조합원 수 539만 명이었는데 89년까지 총평계의 단산을 더욱 가입시켜 78단산에 조합원 800만 명의 거대한 전국통일노조가 되었다.

연합 발족에 따라 지금까지 노동 운동을 담당해 온 동맹, 중립노련, 신산별은 88년까지 해산하고 총평도 89년에 해산했다. 공산당 계열의 노조는 이것에 반발하여 전국노동조합총연합(全労連)을 결성하지만 한정적인 세력으로 머물 수밖에 없었다. 또한 총평이 연합에 통합하는 것을 비판해 온 오타 카오루, 이와이 아키라, 이치카와 마코토(市川誠) 등 이전의 총평 간부도 일련의 움직임에 반발하여 노동연구센터를 설립하고 이것을 개조하여 전국노동조합연락협의회(全労協)을 결성한다. 하지만 이전의 총평에 비교하면 매우 작은 운동 단체에 지나지 않았다. 전체적으로 총평의 지도력 상실과 민간 주도 연합으로의 대동단결은 이른바 노동 운동에서의 민영화라는 사태를 나타낸다.

우정(郵政) 민영화로

그런데 2000년대에 고이즈미 정권에 의해 단행된 우정 민영화는 20년 전 국철 민영화의 속편과 같은 의미를 갖고 있다. 국철 민영화는 막대한 채무 때문에 실행되었으며, 이 민영화로 인해 관공로 노동조합이 가장 큰 피해를 입었다. 한편 우정 민영화는 국가의 재정 투융자를 위한 기초재원(이를 둘러싼 이권까지 포함하여) 확보를 위해 실행되었는데, 이로 인해 파괴된 것은 자민당 자신의 권력 기반을 형성해 온 전국의 특정 우편국의 지지였다는 사실이 양자의 최대 차이점이다. 그렇기 때문에 국철 분할 민영화는 자민당 주류가 중심이 되어 신속하게 실시된 것에 비하여, 우정 민영화는 국철 민영화에서 20년이나 지나 자민당을 완전히 둘로 갈라 놓은 정쟁의 끝에 겨우 실현되었다.

원래 우정 사업의 민영화는 1996년 하시모토 류타로 내각하에 설치된 행정개혁회의에서 취급했다. 동 회의의 중간 보고에서는 우정 3사업의 민영화가 처음으로 취급되어, 우편은 국영, 우편 저금은 민영화를 준비, 간이 보험은 민영화한다는 원안이 제시되었다. 그러나 결과적으로 다음 해 97년의 최종 보고에서 중앙성청 재편으로 신설되는 총무성 속에 우정 사업청을 설치하고, 3사업을 포함한 채로 공사(公社)화하는 답신이 제출되었다. 중간 보고안이 후퇴한 배경에는 자민당의 지지 기반인 특정우편국장회 등에서 강한 로비가 있었다고 한다.

그런데 2001년에 우정 민영화를 오랫동안 지론으로 주장하던 고이즈미 준이치로가 수상이 되자 한꺼번에 우정 민영화 움직임이 활발해졌다. 2004년 9월에 정부의 경제재정자문회의와 각의에서 우정 민영화의 기본 방침을 결정했는데, 그 최대의 목표는 재정 투융자의 축소였다. 막대한 우편 저금과 간이 보험 자금이 국가의 재정 기반이 되어 적자 재정과 특수법인의 비효율적인 운영이 유지되고 있다는 견해가 있었다. 이들 자금을 정부 기관이 아니라 개인과 민간에게 융자할 수 있도록 하면 경제 활성화를 기대할 수 있다는 논리였다.

한편 우정 사업을 기반으로 한 재정 투융자가 불가능해지면 국가 재정을 위기에 빠뜨린다는 비판과 특수법인에 대한 재고를 우선해야만 한다는 논의, 민영화에 의해 지방 우체국이 설 자리가 없어져 우편의 공익성이 손실될 위험성이 있다는 비판도 이어졌다.

찬반 양론의 혼돈 속에서 고이즈미 정권은 2005년 4월에 우정 민영화 관련 법안을 국회에 제출하였다. 국회에서는 야당은 물론이고 우정족 의원을 중심으로 자민당 내에서도 강경한 반대가 존재하여 당론에서 이탈하는 의원도 많이 나와 중의원에서 겨우 가결시켰지만 참의원에서 법안은 부결되어 폐기되었다.

고이즈미 수상은 민영화의 찬반을 국민에게 묻겠다고 하여 곧바로 중의원을 해산하고 총선거를 실시하였다. 자민당에서는 민영화 반대로 돌아선 의원은 후보 추천에서 제외되어 신당을 결성하든가, 무소속으로 입후보 하든지를 선택할 수밖에 없었다. 또한 이들 의원의 선거구에는 자민당 집행부에서 '자객'이라고 부른 대립 후보를 옹립하여 의원은 종종 낙선되기도 하였다. 이런 철저한 '반대파 무너뜨리기'는 '우정 민영화'를 총선거의 유일한 절대적인 쟁점으로 하려는 고이즈미 '극장 정치'의 교묘한 전술이었다. 그 결과 고이즈미 자민당은 압승하였고 선거 후의 특별 국회에서 법안은 가결되었다.

3. 확대되는 격차

중간층의 소멸

그런데 생활과 의식 면에서 1980년대 말 이후에 발생한 커다란 변화는 이른바 '중류'의 붕괴이다.

70년대까지 자신의 생활이 사회 속에서 '중간'에 속한다고 생각한 사람은 계속 증가하였다. 73년 총리부의 '국민 생활에 관한 여론 조사'에서 '중간' 의식은 인구의 90%를 넘었다. '일억 총 중류화'가 적어도 의식의 면에서는 실현되었다.

실제로 가계와 생활 설계의 안정성이란 면에서 '중류' 의식의 광범위한 침투는 현실적인 근거로 기초하고 있었다. 고도성장을 통해 대량 생산·소비 시스템을 구축한 대기업과 그 계열을 중심으로 여성을 사무 노동에 포섭하면서도 종신 고용제가 안정되어 대다수의 가정에서는 가전제품과 자가용을 구입하였다. 사회 전체의 경제적인 부가 팽창했기 때문에 모두가 생활이 점점 나아지고 있다고 기대할 수 있었다. 이러한 가운데 압도적으로 많은 사람들이 장래의 기대를 포함하여 자신을 '중'이라고 사회 속에 위치시켰다. 또한 중류 의식이 확산되자 '보수'대 '혁신'이라는 계급 정치는 후퇴하고, 사람들이 각자 획득한 지위와 권익을 어떻게 지킬 것인가를 둘러싸고 대립하는 지위 정치가 전면화하였으며 생활 보수주의의 거대한 흐름을 이루었다.

무라카미 야스스케가 1980년에 『중앙공론』에 제기한 '신중간 대중'이란 개념은 고도성장을 통해 계층 간 격차가 축소되었다는 논의를 집약한 것으로 받아들였다. 그러나 무라카미의 논의의 포인트는 70년대 일본 사회에서 계층의 비구조화가 현저해졌다는 것, 즉 사람들을 경제적(소득·자산), 정치적(영향력), 문화적(학력) 등의 다양한 지표로 위치시키는 계층 질서가 비일관적으로 착종(錯綜)되어 버렸다는 점이었다. 여기에서 발생하는 중요한 결과는 '중류 계급'과 '신중간층'의 확대가 아니라 오히려 소멸이었다.

화이트칼라와 블루칼라의 경계선이 애매해지고 소득에서도 종종 역전되었으며, 중산 계급을 특징짓는 윤리감은 붕괴하고 있었다. 무라카미는, 국민의 대다수가 고도 경제 성장을 거치면서 스스로의 생활 수준을 '중'의 어딘가에 위치시키면서 실체로서의 '중산 계급'은 소멸되고 있다고 주장한 것이다(村上泰亮, 『新中間大衆の時代』).

새로운 '계층 사회'

그러나 80년대 말에 이마다 타카토시(今田高俊)는 무라카미의 논의를 수용하면서도 동시대 일본의 계층 구조에는 비구조화만으로는 단언할 수 없는, 오히려 일관성의 증대로 볼 수도 있는 경향이 발생하고 있다고 지적한다. 이마다는 SSM조사(일본의 사회학자들에 의해 1950년대부터 실시되어 온 사회 계층과 사회 이동에 관한 전국 조사) 자료에 기초하여 논한 곳에서, 55년부터 65년까지는 학력, 직업적 위신, 소득의 모든 조합에서 지위의 비일관성이 진척된 데 비하여, 고도성장이 끝난 75년에는 학력과 직업적 위신의 조합을 제외하고 상관성이 높아졌으며, 나아가 85년에는 모든 조합에서 상관성이 높아졌다고 한다. 이마다는 계층의 비구조화는 고도성장의 효과이며 그 영향이 거의 끝나는 80년대가 되면 역으로 지위의 일관화가 진행되는 것은 아닌가 하고 논하였다(今田高俊, 『社会階層と政治』).

　　이마다의 이러한 지적 이전에 80년대의 일본 사회가 점점 새로운 계층 사회로 변하고 있다고 하는 사람도 있었다. 일본장기신용은행의 경제 전문가였던 오자와 마사코(小沢雅子)는 1985년에 출판한 『새로운 '계층 소비'의 시대(新「階層消費」の時代)』에서, 지금까지 소비의 개성화나 차별화를 둘러싼 논의는 소비자의 요구 변화만을 중시했다는 점을 비판하고, 소비자의 구매력의 차이가 확대되고 있는 점에 주의를 환기시켰다. 나아가 오자와는 일억 총 중류화의 통설과는 달리 저성장 사회 속에서 산업 간 기업의 규모별로 임금 격차가 확대되고 있는 점, 그리고 남녀별, 지역별 격차도 확대되어 일본 사회는 전체적으로 격차가 확대되는 경향으로 나아가고 있는 점, 그 결과 일본인의 '중간' 의식에는 그늘이 나타나기 시작했음을 지적했다.

격차 사회로서의 90년대

80년대에 일본 사회에서 격차가 확대되고 있다고 생각한 사람은 소수파였다. 그러나 90년대 중반까지는 많은 논자들이 격차 확대를 확인하였다. 우선 다치바나키 토시아키(橘木俊詔)는 『일본의 경제 격차(日本の経済格差)』에서 불평등의 정도를 나타내는 지니계수의 변화를 추적하면서, 80년대 말 이후의 일본 사회에서 불평등화가 급속하게 진행된 사실을 분명히 밝혔다. 전후 일본의 빈부 격차는 고도성장기를 거치면서 감소하고, 저성장 시대가 되어서도 소강 상태를 유지하였다. 그러나 거품 시기 이후 부동산과 주식 등의 가치가 폭등하여 우선 이것을 보유하고 있는 사람과 보유하지 못한 사람 간의 불평등이 확대되었다. 이윽고 장기 불황 속에 소득 분배가 불평등한 경향을 보이기 시작한다. 마침내 경제 전체의 크기가 더 이상 커지지 않는 상황하에서 공평성보다도 효율성을 중시하는 경향이 강화되었다. 이윽고 일본보다 불평등한 미국이 미래 사회의 모델이 되어 불평등 확대를 인정하는 분위기가 확산되었다.

다른 한편, 사토 토시키(佐藤俊樹)가 『불평등 사회 일본(不平等社会日本)』에서 주장한 것은 80년대 후반 이후 계층 간의 세습적인 벽도 더욱 심화되었다는 사실이었다. 사토는 아버지의 주요한 직업이 40세에 달한 자식의 직업에 영향을 미치는 정도를 조사하였다. 고도성장기에는 부친의 직업에 관계없이 관리직이나 전문직이 될 수 있는 비율이 상승한 데 비하여, 80년대 후반 이후에는 세대 간에 계층을 이동할 가능성이 좁아짐을 보여주었다. 고도성장기에는 관리직 자체가 증대하여 공교육을 기반으로 진학 기회도 개방적이었기 때문에 부모의 계층에 관계없이 관리직으로 들어갈 가능성은 컸다. 그러나 경제 발전이 끝나고 자리가 확대되지 않자 아래로부터의 진입 가능성은 급속하게 줄어들었다.

격차의 질적인 확대

이러한 변화를 야마다 마사히로(山田昌弘)는 '희망 격차 사회'로 요약했다(『希望格差社会』). 야마다가 강조한 점은 개인의 통상적인 노력으로는 어떻게 할 수 없는 차이가 발생하고, 사회에 결정적인 균열이 발생하기 시작한 점을 의미한다.

인터넷 산업으로 대표되는 새로운 산업 체제에서 지금까지와 같은 기업 내에서 업무 능력을 점차로 향상시켜서 임금도 상승해 가는 연공서열형의 직책은 감소하고, 전문적인 능력을 필요로 하는 직종과 매뉴얼대로 일할 뿐 능력 향상이 필요 없는 직종으로 양극 분해가 진행된다. 전자는 기업에서 잡아 두려는 힘이 작용하여 수입은 높아지고 전직에도 유리한 조건이 제시된다. 후자는 일생 동안 저임금에 시달리고 해고·실업의 위험도 높아진다.

확대되는 비정규직 고용

90년대 이후 경제적인 격차 확대와 표리를 이루면서 일본 사회의 구조를 근저에서 변화시킨 것은, 고용 인구 전체 중 시간제, 파견 노동자, 계약 사원·촉탁 등의 비정규직 고용이 점하는 비율의 급격한 상승이다. 총무성 통계에 의하면 전 고용 인구에서 비정규직 고용이 점하는 비율은 1984년 시점에서 15% 정도였는데, 80년대 후반부터 급격히 증가하여 90년에 20%를, 99년에 25%를 넘어섰으며, 나아가 2002년에는 30%를 넘어서고 2008년에는 35%에 육박하였다. 산업별로 보면 서비스업에서는 비정규직이 고용 인구의 2/3를, 제조업에서도 과반수 이상을 점하였다. 일본의 기업 구조는 비정규직 고용 노동자가 정사원의 주변적인 업무를 담당하고 있던 구조에서, 비정규직 고용자가 숫자상에서는 정규직 사원 수를 웃돌 정도로 많아져 노동 시장을 양극화시키는 구조로 격변하고 있다.

이들 비정규직 고용 노동자는 20대의 젊은 층, 60대 이상의 고령층, 그리고 여성(여성의 비정규직 고용은 이미 2002년 시점에서 50%를 넘었다.)에게 현저하게 편중되어 있다. 제3장에서도 논한 것처럼 원래 여성의 시간제 노동은 일본 사회가 성차별을 해소하지 않은 채로 여성을 직장의 노동력으로 이용한 중요한 요인이었다. 그러나 90년대 이후 이 시간제 노동이 정규 고용으로 전환되지 않고 오히려 역으로 관례대로라면 정규직으로 고용되었을 젊은 층까지도 시간제 노동 시스템 속에 포함하는 경향이 강해졌다. 젊은 층의 비정규직 고용이 급속하게 증가한 것은 일본 사회에서 직업의 존재 형태를 근저에서 바꿔 버릴 가능성을 갖고 있다.

1986년에 실시된 노동자 파견법은 비정규직 고용 인구가 격증하는 계기가 되었다. 이 법률은 지금까지 직업안정법에서 위법이라고되어 있던 '상거래계약'에 의해, 특정 업자가 계약을 체결한 사업자에게 노동자를 파견하는 것을 부분적으로 합법화하였다. 사업자는 노동자를 직접 고용하는 것이 아니라 청부업자와의 계약에 기초하여 인재를 확보할 수 있었다.

처음에 파견법은 시장 원리가 작용되어도 노동자에게는 커다란 불이익이 없도록 파견 대상 업무를 정령(政令, 내각이 정한 명령—역자)으로 정

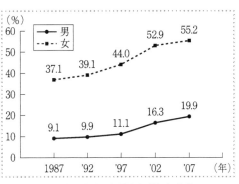

▶그림 5-7. 남녀별 비정규직 취업자 비율의 변화(1987~2007년)(総務省統計局,「平成19年就職構造基本調査結果の概要」).

하여 전문성이 높은 업무에 한정하였다. 그러나 90년대를 통하여 이 지정 업무의 범위가 무너지듯이 완화되어, 마침내 99년의 법 개정으로 정령 지정 업무 이외의 일에도 원칙적으로 자유롭게 파견할 수 있도록 되었다. 그 결과 많은 기업에서 '소비자'의 입장에서 필요에 응하여 노동자를 가감시킬 수 있는 시스템인 '마음대로 사용하기 좋은 점'이 장점이 되어, 정규 고용을 확대하지 않고 파견 사원으로 전환하는 흐름이 확대되었다(中野麻美, 『労働ダンヒング』).

'풍요로운 사회'의 붕괴

여기에는 세계화와 규제 완화가 가져온 '고용의 융해' 현상이 있다고 나카노 마미(中野麻美)는 말한다. 원래 80년대의 법 개정은 신자유주의 체제가 세계적으로 확대해 가는 과정에서 일본의 산업이 국제 경쟁력을 강화하기 위해서는 전문적인 능력을 가진 자가 계약 본위로

전문성을 살려 일할 수 있는 '선택의 자유'에 대한 확대가 필요하다는 판단에서 실시되었다. 그러나 결과적으로 이 시스템은 이러한 사회적 엘리트 이상으로 하층 노동자들에게 충격을 주어 복지 국가 체제 속에서 이들에게 최저 수준으로 보장되어 온 권리마저 빼앗아 가버렸다.

현재 진행되고 있는 것은 정규직 고용자와 비정규직 고용자 사이의 사회적 격차의 확대, 비정규직 고용 노동자의 저임금화와 계약 기간의 단축, 정규 직원의 장시간 근무와 책임량 증대라는 심각한 사태이다. 고도 경제 성장을 통해 달성했다고 한 '풍요로운 사회'가 붕괴되려고 하고 있다.

세계화와 신자유주의 체제가 계속되는 한 이러한 경향은 멈추지 않는다. 기업은 국제적인 경쟁력을 유지하기 위하여 이후에도 점점 더 정년까지 고용을 보장하는 정규직 사원을 소수 정예화하고 대체 가능한 노동력을 비정규직 고용으로 보충하려고 할 것이다. 기업은 생존을 걸고 전문적인 능력을 가진 사원을 자신의 회사 내에 확보하고 고액으로 경영의 중심에 위치시키면서 대체 가능한 보조 노동자를 점점 더 파견 회사나 아르바이트로 충당할 것이다.

이에 따라 일본 기업이 사원의 인생을 완전히 책임지고 있던 시대는 과거사가 되었으며, 많은 비정규직 고용 노동자에게 고용주에 대한 충성심이 줄어들지도 모른다. 이미 비정규직 노동자들을 횡으로 연대시키는 새로운 형태의 노동조합 활동이 활발해지고 있다. 기업별 노동조합과 노사협조 시대와는 다른 전 사회적인 계급 투쟁의 시대가 다시 올 수도 있다.

저출산 고령화 사회의 도래

일본 사회는 늙어가고 있다. 사회 전체가 미래에 대한 전망과 활력을 잃어버리고 분출하는 불안감 속에서 혼란스러워하고 있다. 이미 논한 것처럼 신자유주의적인 조류 속에서 복지 국가의 여러 제도가 점차 붕괴하고, 고용이 유동화하여 격차가 확대되고 있다. 1970년대까지 지배적이었던 종신고용제와 기업의 인재 육성, 핵가족이라는 인생 형태가 급속하게 다양해지고, 기업 간을 건너다니는 인생과 결혼하지 않는 인생, 이혼과 재혼이 일반적인 것이 되고 있다. 이러한 사회 구성의 질적인 변화에 더하여 일본 사회의 존재 형태를 근저에서 결정적으로 변화시킬지도 모르는 저출산과 고령화가 급격하게 진행되고 있다.

저출산 고령화는 '고령화'와 '저출산'이라는 두 가지 인구 변화가 동시에 진행되고 있는 현상이다. 90년대 이후의 일본에서는 이 두 가지가 세계적으로도 눈에 띌 만큼 빠른 속도로 진행되고 있으며 ①총인구 중의 고령자 비율의 증대, ②출산율 감소에 따른 소년 인구의 감소가 병행하여 진행되면서 결과적으로 ③총인구 그 자체도 감소하고 있다.

한편 고령화 사회는 이미 90년대 중반에 본격화하였다. 일반적으로 고령화의 지표로 삼고 있는 65세 이상의 인구가 총인구에서 점하는 비율(고령화율)은 1970년대에 7%를 넘어섰으며, 겨우 24년 뒤인 94년에는 2배인 14%를 넘었다. 동일한 변화가 프랑스에서는 114년, 독일에서는 40년 걸린 것에 비하면 전례 없는 속도로 고령화가 진척되고 있다.

고령화율은 96년에는 15%를, 2005년에는 마침내 20%를 넘었다.

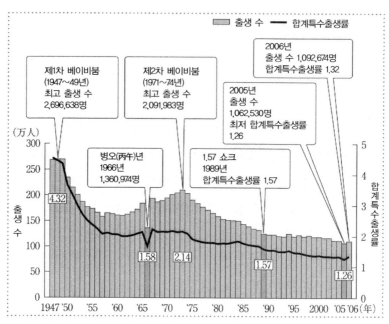

▶그림 5-8. 출산 수 및 합계 특수출산율 추이(1947~2006년)(内閣府, 『平成20年版 小子化社会白書』).

2007년에 고령자 인구 비율은 21.5%(70년의 3배), 인구로는 2,746만 명에 달한다. 즉 우리들은 이미 5명 가운데 1명 이상이 고령자라는 '초고령 사회'를 살아가고 있다.

다른 한편, 저출산의 원인은 말할 것도 없이 출산률의 저하이다. 전후의 출산율은 고도성장기 동안에는 거의 비슷하다가 제2차 베이비붐이라고 부르는 1973년(합계특수출산율 2.14)을 정점으로 감소하여, 75년에는 2.0을 밑돌고 그 후에도 계속 감소하였다. 89년의 출생률은 백말띠(丙午, 이 해에 태어난 여자는 남편을 단명하게 한다는 미신이 있었다. ―역자) 해였던 66년의 출생률을 밑도는 1.57로 과거 최저 수준을 기록했다.

90년대에 저출산 대책 추진 기본 방침과 엔젤플랜(エンゼルプラン, 1994년 12월에 문부, 후생, 노동, 건설성이 금후 10년간 육아 지원을 위한 기본 방

향과 시책을 명확히 하자 이에 따른 계획을 엔젤플랜이라고 통칭하게 되었다. ─역자)을 책정하는 등 정부 수준의 대책을 마련했지만, 출산율은 계속 저하되어 2003년에는 '초저출산국'의 수준인 1.3을 밑도는 1.29를 기록하였다. 나아가 2005년에는 출생률이 1.26, 출생아 수가 106만 명으로 처음으로 110만 명을 밑도는 과거 최저 수준을 기록했다. 이 수준은 유럽 국가의 것과 비교해도 최저 수준이다. 이후 출생률이 저하되어 바닥을 쳤다 하더라도 인구 규모가 큰 '베이비붐' 세대의 여성이 출산 연령을 넘어서는 2010년경부터는 출생아 수가 급감할 것이다.

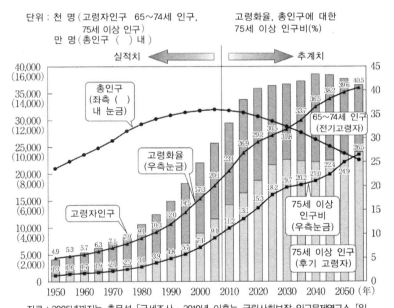

자료 : 2005년까지는 총무성 「국세조사」, 2010년 이후는 국립사회보장·인구문제연구소 「일본의 장례추계인구(平年 18年 12月 추계)」의 출생평균·사망평균가정에 의한 추계결과.
(주)1955년의 오키나와는 70세 이상 인구 23,328명을 54년과 56년의 70세 이상 인구 가운데 75세 이상이 점하는 인구 비를 기초로 70~74세와 75세 이상으로 비례 배분하였다.

▶그림 5-9. 고령화의 추이와 장례 추계(1950~2055년)(內閣府, 「平年20年版」, 高齡社会白書[槪要版])

한계 사회의 출현

이러한 변화는 지역적·계층적 격차 속에서 격차를 더욱 증폭시키고 있다. 야마다 마사히로에 의하면, 1995년부터 2005년까지의 출산율 감소는 도쿄 도에서 미미한 반면, 아오모리 현에서는 25%에 달한다. 지방 특히 과소 지역에서는 출산율 감소로 젊은 인구가 사회적으로 배 이상 감소되기 때문에, 대도시권 이상으로 저출산의 충격을 심각하게 받는다. 이것이 그 지역의 부정적인 연쇄(spiral)를 일으킬 가능성이 있으며, 인구가 감소하고 고령자만 남아 있는 과소 지역에서는 서비스업도 경제적인 이유로 유지하지 못하고 철수하고 만다. 간병인이나 의료 노동력도 부족한데 이들을 잡아두기에는 공적 보조가 필요하지만 이것이 지자체의 재정 상황을 악화시키는 악순환을 발생시킨다(山田昌弘, 『小子社会日本』).

한편 계층 간 격차가 확대되는 가운데 결혼하지 않는 사람, 아이를 갖지 않는 사람들이 증가할 것으로 예상된다. 현재 60세 이상의 세대 가운데 자녀가 없는 사람의 비율은 여성이 8%, 남성이 10% 정도이다. 그런데 1985년에 태어난 사람 가운데 결혼하지 않는 여성이 23% 정도, 남성이 약 30%이며 자녀를 갖지 않는 여성이 37% 정도, 남성이 45% 정도까지 예상된다.

심각한 것은 이처럼 결혼하지 않고 자녀를 갖지 않는 사람들 중 대다수는 자신은 가정을 갖기를 희망하지만 그러한 인생을 선택하기에는 좀처럼 쉽지 않은 구조적 조건 속으로 내몰리고 있다는 점이다. 우선 90년대 이후에 계속되는 격차 확대 속에서 적은 수입을 버는 젊은이들이 증가하면서 스스로의 기대 수준을 만족시키는 상대를 만나기 어려워졌고, 미래의 경제적인 불확실성이 증가하고 있어 이런 이유로 저출산을 억제하기 어려워졌다(山田昌弘, 『小子社会日本』).

피할 수 없는 고령화 사회를 지탱할 수 없는 수준으로까지 저출산이 진행되면, 사회로서의 재생산 능력 자체가 위기에 빠질 수도 있다. 현재 중간 정도의 산간 지역에서는 집락 자체가 재생산 불능 상태에 접어들고 있음을 제4장에서 논했는데, 반세기 후에 동일한 현상이 전국적으로 확대되어 한계 집락이 아니라 한계 사회가 출현하지 않는다고 단언할 수 있을까.

제6장 아시아에서 본 포스트 전후사

미군의 여아 폭행 사건에 항의하여 8만 5천 명의 참가자가 결집한 기노완
(宜野湾) 시 가이힌(海浜) 공원에서 오키나와 현민 총궐기대회(1995년 10
월 22일. 사진—마이니치신문).

1. 기업의 해외 진출과 산업 공동화

일본 기업의 아시아 진출

1970년대 초까지는 경제 성장이 전후 사회를 추동해 온 최대 계기였다면, 70년대 이후의 포스트 전후 사회에서는 변동 환율제로 바꾼 것을 계기로 한 세계화가 변화의 최대 요인이었다.

제2장에서 본 것처럼 71년에 닉슨 대통령이 금과 달러의 교환 정지를 발표하고 나서 지금까지 각국의 통화를 연결하고 있던 금을 제외하자 세계 경제는 변동 환율제로 이동할 수밖에 없었다. 그 결과 70년대 후반에 각국은 자본 이동 규제를 많이 철폐했으며, 수년 후 정부의 관리가 미치지 않는 거액의 자금이 전 세계를 이동하기 시작했다.

일본의 경우 급격한 엔고에 의해 변화가 발생했다. 급격한 엔고는 수출 주도로 발전을 이어온 일본 경제에 충격을 주었다. 기업은 모두 곤경에 처하고 타개책을 찾아 해외 직접 투자로 방향을 전환하였다.

이렇게 하여 70년대까지 일본 기업의 해외 직접 투자는 연간 10

억 달러에도 미치지 않았지만 73년엔 35억 달러로 급증하기 시작한다. 여기에 반응하여 아시아 각국에서 수출 공업 단지를 조성하여 일본 기업을 유치하려는 움직임이 활발해져 타이완, 한국, 필리핀, 말레이시아, 타이 등에서 공장을 건설하려는 움직임이 확산되었다. 그렇다 하더라도 이 시기 일본 기업의 해외 진출은 아직 엔고에 대한 방어 조치를 주요시하여 상사 주도로 공장을 건설하거나 합병 사업을 추진하는 일에 역점을 두었다(小林英夫, 『戦後アジアと日本企業』).

직접 투자의 확대

같은 시기 아시아의 공장 건설 움직임과 병행해, 미일 무역 마찰이 격심해지자 일본 제품의 수입 규제를 회피할 목적에서 일본 기업의 현지 법인도 미국에 설립되었다. 가전 업계에서 소니가 이미 1972년부터 미국 본토에서 생산을 개시하였으며, 마쓰시타는 74년부터, 산요는 76년부터, 도시바와 샤프는 78년부터 미국 국내에서 생산을 시작하였다. 자동차 업계의 경우 혼다는 82년, 닛산은 83년, 도요타는 86년에 미국 국내에서 생산을 시작하였으며, 미쓰비시는 크라이슬러와 합병 기업을 설립하였다. 결과적으로 일본 제품의 대미 수출은 표면상으로는 80년대 중반을 정점으로 감소하였다. 물론 이것으로 일본 기업의 제품이 미국 국내에서 유통되지 않은 것은 아니다. 지금은 현지 생산이 국내 생산을 웃돈다.

1985년에 엔 강세와 달러 약세를 용인하는 프라자 합의가 이루어지자 엔고는 더욱 진행되어 다음 해에는 1달러=120엔 대에서 거래되었다. 이 때문에 국내에서는 엔고 불황을 걱정하여 철저한 저금리 정책을 취하였으며, 이것이 부동산과 주식에 대한 투자를 촉진하여 거품 경제의 한 원인이 되었다.

다른 한편, 일본 기업은 겨우 십몇 년만에 엔의 가치가 약 3배까지 올라갔기 때문에 국내의 거품 경기와 맞물려 아시아로의 직접 투자를 본격화한다. 연간 해외 직접 투자 총액은 1985년의 122억 달러에서 86년에는 223억 달러, 87년에는 334억 달러, 88년에는 470억 달러, 89년에는 675억 달러로 약 20년 전의 1970년경부터 본다면 거의 70배로 폭발적인 팽창을 했다. 예를 들면, 타이에 대한 직접 투자액은 프라자 합의 전인 1984년의 1억 2천만 달러에서 5년 후인 89년에는 12억 8천만 달러로 약 10배에 달한다. 다른 아세안의 여러 나라도 동일한 과정을 거쳤다. 일본 기업의 아시아에 대한 직접 투자는 국내에서 거품 경제가 무너지고 서구에 대한 투자가 감소하는 90년대 이후에도 순조롭게 계속 확대되었다.

아시아 통화 위기

프라자 합의 후의 엔고는 국내에서 거품 경기를 촉진하고 해외 직접 투자 움직임을 낳은 것만은 아니다. 급격한 엔고는 전체 일본 제품의 가격 경쟁력을 저하시켰다. 동시에 아시아 여러 나라에서 본다면, 엔고는 자국 통화가 엔에 비하여 하락한 것을 의미하기 때문에 이들의 대일 경쟁력은 강화되었다. 그리고 여기에 일본에서 직접 투자 자본이 흘러들어 가서 동아시아 여러 나라는 공업 생산을 급속하게 확대했다.

한국, 타이완, 홍콩, 싱가포르 등 신흥공업경제지역(NIEs)의 경우 1984년부터 86년까지 대일 수출액은 약 97억 달러에서 139억 달러로 43% 정도 증가하였다. 80년대 말에 NIEs에서 경제 성장에 의해 임금이 상승하여 가격 우위성이 약화되자 말레이시아, 타이, 인도네시아 등의 아세안 여러 나라에서 경제 성장이 이어져 NIEs는 자본 집약적인 공정으로 특화하였고, 노동 집약적인 공정을 아세안의 여러 나라로 이동시켰다. 90년대 후반에는 그 외부에 있던 중국과 베트남이 이러한 급성장 과정에 가담한다.

그러나 1997년 7월에 시작된 아시아 통화 위기는 지금까지 급성장을 지속해 온 아시아 여러 나라의 경제를 혼란에 빠트리고 이 지역 경제 기반의 취약성을 드러내었다.

이 통화 위기의 발단은 타이의 밧 가치의 폭락이었다. 90년대의 타이는 연평균 9%라는 높은 경제 성장률을 기록하고 있었는데 그 비율은 달러와 연동되어 있었다. 이 때문에 90년대 전반에 달러 환율이 급상승하자 밧의 가치도 상승하였는데 이것이 생산 가격을 끌어올려 전체적으로 타이의 국제 경쟁력을 저하시켰다. 96년에 타이 경제는 주춤하기 시작하면서 무역 수지도 적자로 바뀌었다. 밧이 과대 평가되었다고 본 국제 금융 시장은 밧을 팔기 시작하고 타이 중앙은행은 필사적으로 매수하다가 결국 밧을 변동 환율제로 변경하였다. 그 결과 밧의 가치는 1달러=24.5밧에서 50밧까지 폭락했다.

밧 폭락에 의한 혼란은 수주일 후에 인도네시아, 말레이시아, 필리핀에도 파급되었으며 이들 국가의 통화와 주가를 하락시켰다. 나아가 아시아의 통화·금융 시장의 혼란은 싱가포르, 타이완, 홍콩 등 이미 경제 성장을 이룬 국가에도 파급되었다. 급기야 10월에는 한국 경제를 직격하여 불량 채권 문제와 재벌의 경영 악화를 표면화했다.

결국 이 통화 위기로 타이, 인도네시아, 한국이 IMF 관리하에 놓였으며 한국의 경우 김대중 대통령이 재벌에 대해 대담한 정리 통합을 단행하고 무역·자본의 자유화, 재정 긴축을 진행했다. 인도네시아에서는 수하르토 대통령이 IMF의 권고를 적절하게 지키지 않아 혼란이 확대되었으며 반정부 활동이 거세지는 가운데 결국 퇴진했다.

중국의 약진

아시아 통화 위기는 동남아시아와 한국에서 많은 실업자를 거리로 내몰았는데, 그래도 이 위기는 90년대 이후 아시아의 발전을 종식시키지는 못했다. 타이와 말레이시아에서도 98년에는 경제가 현저하게 위축되었지만 2000년 이후 다시 상승 국면으로 전환하였다. 그리고 이즈음부터 새로운 성장의 중추로 중국 경제가 약진한다.

중국은 90년대를 통하여 연평균 10%의 경제 성장을 유지하고 통화 위기의 영향도 적어 1998년에는 GDP가 미국, 일본, 독일, 프랑스, 영국, 이탈리아에 다음가는 제7위로 부상하였다. 2005년 중국은 GDP 세계 제4위가 되었다.

우선 막대한 직접 투자로 외국 자본 계열 기업이 진출하여 90년대 이후 중국의 급성장을 지탱하였다. 1979년 이후 중국에서는 개방 개혁 노선하에서 경제특구를 설치하여 적극적인 외자 도입을 위한 작업을 시작했다. 경제특구에서는 해외 자본의 직접 투자를 도입하기 위해 중국 정부가 사회 간접 시설 및 세제 면에서 우대 조치를 강구하여 경제 발전에 힘을 쏟았다. 84년에는 대련, 천진, 상해, 광주 등 14곳의 연안 도시가 대외 경제 개방 도시로 인정되어 우대 조치를 부여하였으며 전 중국의 시장 경제화로의 흐름을 견인하였다.

이러한 흐름은 89년의 천안문 사건으로 타격을 입지만 91년 이후 공산당 지도부는 다시 개혁 개방에 힘을 기울여 대외 경제 개방 정책을 전국으로 확대하기 시작했다. 이러한 가운데 홍콩에 인접한 주강 삼각지와 상해를 중심으로 한 장강 삼각지의 두 지역을 중심으로 외자 도입을 급속히 확대하였으며, 99년에는 중국 수출의 46%, 수입의 53%까지를 외자가 담당하게 되었다. 일본 기업도 90년대 중반까지 중국을 해외 투자처로 가장 중시하였으며 90년에는 일본계 기업 현지 법인이 150사였지만 2000년에는 12배 가까운 1,712사로 격증하였다.

동아시아의 '삼각 무역'

90년대 이후 아세안과 중국의 발전 속에서 동아시아는 '세계의 공장'으로서의 역할을 확대했다. 예를 들면, 2005년에 자동차 생산 대수에서 이미 동아시아가 세계의 37.1%를 점하여 EU의 27.3%와 NAFTA(북미자유무역협정)의 24.6%를 크게 웃돌았다. 같은 해 화학 섬유는 전 세계 생산량의 67.3%, DVD는 92.2%, 컴퓨터는 96.8%를 동아시아에서 생산하고 있다. 더구나 이 가운데 DVD의 경우는 78.1%, 컴퓨터의 경우는 87.3%를 중국이 점하고 있다(『通商白書』, 2007년 판).

동아시아 경제권의 지역 내 무역의 특징은 전기 기기 등 중간재의 비율이 높다는 점이다. 또한 일본과 NIEs에서 개발·생산된 부가가 치가 높은 부품을 인건비가 싼 중국과 아세안에서 조립하여 일본, 미국, 유럽으로 수출하는 '삼각 무역'이 확대되고 있다. 이렇게 하여 오늘날 동아시아에서는 지역 내에서 사람, 물자, 자금의 왕래가 긴밀화하여 경제 관계는 일체화하고 있다.

이러한 가운데 일본 기업은 비용을 줄이고 가장 효율적인 생산·판매 태세를 구축하기 위하여 동아시아 지역 내에서 생산 기능을 통합·집약화했다. 기업 논리에서 본다면 해외에서 부품을 조달하는 가운데 자사 제품의 생산과 유통·판매 과정에서 일본 본토가 개입할 여지는 점차 없어졌다. 실제로 1995년 이후 동아시아의 일본계 법인이 일본 본토에서 부품을 조달하는 비율은 감소했고 역으로 중국과 아세안 여러 나라에서의 조달을 확대했다.

기업 이전에서 산업 공동화로

90년대 이후 일본 기업은 눈사태처럼 중국 등 해외로 생산 거점을 옮겼다. 90년대 전후까지 6% 정도였던 일본 제조업의 해외 생산 비율은 90년대 중반에 10%를, 2000년대 초반에 15%를 넘어섰다.

이 시기가 되면 단순히 대기업이 신규로 해외에 공장을 세우는 것이 아니라 관련 기업도 함께 이동한다. 하청의 관점에서 본다면 단골 거래처가 해외로 진출한다면 결국 자신들도 오랫동안 지내 온 거주지 공장을 버리고 해외에서의 새로운 가능성에 기대를 걸 수밖에 없었다. 이렇게 하여 모기업에서 하청의 부품 공장까지 일본 기업이 해외로 진출하여 현지 법인을 설립하였다.

80년대까지는 무역 마찰을 회피하고 엔고 손실을 줄이는 방어적인 해외 진출이었기 때문에 국내의 생산 거점은 남겨두는 것이 전제였다. 그러나 지금 그 전제는 무너지고 뿌리째로 해외 이전이 시작되었다.

고바야시 히데오(小林英夫)는 일본 기업의 해외 이전에서 국내 생산의 공동화에 이르는 과정을 세 가지 시기로 나눈다. 하나는 70년대부터 85년의 프라자 합의까지로, 급격한 엔고에 의해 경쟁력을 잃어 버린 산업이 수출 시장을 방어하기 위하여 해외 전개를 시작한 단계이다. 최초로 아시아 진출을 시작한 것은 섬유나 잡화와 같은 노동 집약적 산업이었는데 마침내 전기, 화학, 기계 산업도 아시아와 서구에 공장을 건설하기 시작했다. 두 번째는 프라자 합의에서 90년대 전반까지로, 엔고가 더욱 진행되는 가운데 수출 거점을 확보하는 움직임이 확대되었다. 이 단계가 되면 가전과 자동차 등의 분야에서 모기업의 요청을 받아 계열의 자회사가 해외로 이전하기 시작한다. 그렇더라도 이 단계까지는 주력 부문은 국내에 남겨둔 해외 전개였지만, 90년대 후반부터의 제3단계가 되면 상황이 달라진다. 아시아 여러 나라

의 기술력 향상 속에서 일본 기업은 주력 부문을 해외로 이전한다.

지금은 수출 총액에 필적할 정도의 액수가 해외 거점에서 생산되고 있으며 이들 거점에서의 수입도 급증하고 있다. 국내에 남아 있는 생산 현장은

▶사진 6-1. 중국 심천 시의 산요전기 라디오 카세트 공장(1986년 6월. 사진—마이니치신문).

주력이라기보다도 잔여 부분이며 국내외의 주객 관계가 역전되어 버렸다(小林英夫, 『産業空洞化の克服』).

지역 붕괴·기술력의 붕괴

대기업과 일부의 하청 기업이 해외 전개를 진행하고 있는 가운데 많은 중소기업과 영세 공장이 지역에서 존속의 기반을 잃어버려 이 열도의 근대가 키워 온 지역 사회의 기반을 잠식하였다. 실제로 90년대 말 이후 도호쿠 등에서는 유치했던 기업이 해외로 진출하자 공장의 인원 정리나 단가 절하, 하청에 대한 발주 정지 등이 발생하여 지역의 영세·중소기업이 연이은 도산과 폐쇄에 내몰렸다.

이들 지역 중 대부분은 농업만으로는 생활이 곤란하여 공장을 유치하고 여기에서 창출되는 고용으로 자식들을 토지에 잡아두었던 곳이었다. 따라서 지역 산업이 붕괴되어 고용 장소가 없어지자 농업은 더 이상 장남조차도 지역에 잡아둘 수 없게 되었다. 결과적으로 제4장에서 논한 한계 집락과 비슷한 상황이 더욱 넓은 지역으로 확대되었다.

기업의 해외 진출이 가져온 공동화의 더욱 심각한 위기는 지금까지 비교적 시간을 들여 쌓아 온 일본 제조업의 기술력 기반이 해외로 옮겨 가 국내에서 신기술을 만들어낼 잠재력이 사라지는 점이다. 한편에서는 NIEs와 중국이 대두하고, 다른 한편에서는 서구 기업이 아시아로 진출하는 가운데 일본 기업은 격렬한 국제 경쟁을 겪을 수밖에 없었다. 그러나 이를 위해서 생산 라인을 완전히 해외로 이전한 곳에서는 그런 만큼 국내의 설비 투자를 정지시켜 자사에서 양성해 온 기술자를 정리 해고하는 경우도 증가했다. 이것이 국내의 인재 기반을 약화시켰다. 세계화에서는 일본 기업의 발전으로 보이는 부분이 자신들의 기반을 위험하게 만들었다.

2. '해외'의 경험·'일본'의 소비

해외여행의 대중화

오늘날 '일본'은 두 개의 이질적인 존재로 분열하고 있다. 하나는 아시아 여러 나라로 확산되어 현지 법인과 공장을 설립하고 초국경적인 정보와 물류 네트워크를 형성하는 세계 자본의 일부로서의 'JAPAN'이다. 다른 하나는 이러한 세계화하는 자본에 뒤쳐져 붕괴하는 지역 산업과 한계 상태에 달한 농촌 속에서 발버둥치는 '국토'이다. 양자는 20세기 초반에 청일·러일전쟁의 승리로 제국화한 일본 사회에서 '외지'와 '내지'로 나뉜 것과는 전혀 다른 방식으로 괴리되어, 결국에는 같은 국민국가의 다른 영역으로 나눌 수 없을 정도로 너무 멀리 떨어진 존재가 되고 있다.

이미 논한 나카소네 정권에서 고이즈미 정권까지의 신자유주의는 이 괴리를 인정하고 역으로 전자가 세계적인 존재로 발전해 가기 위해서는 후자의 포기도 어쩔 수 없다는 논리였다.

그리고 80년대 이후 일본의 세계화 담당자로서 해외여행 혹은 장기 체제하고 있는 일본인이 급증했다. 일본인 해외여행객은 1972년에 연간 백만 명을 넘어서고 80년에 약 4백만 명에까지 달하였다. 그 후 거품 경제 시기인 86년경부터 격증하여 90년에는 천만 명을 99년에는 천5백만 명을 돌파하였다.

90년대 중반 이후 해외여행객의 폭발적인 증가가 숫자상으로는 급격히 낮아졌지만 여행객의 목적지는 크게 변화한다. 전체적으로 구미로 나가는 비율이 감소하고, 중국이나 한국 등의 인접 국가와 동남아시아의 휴양지를 방문하는 여행객이 증가하였다. 그러나 이 변화는 구미나 아시아에 대한 가치관의 변화라기보다는 해외여행에 대한 인식의 변화를 반영한다.

70년대까지 일본인에게 해외여행은 일생에 몇 번 있으면 행운인 특별한 사건이었다. 따라서 선택하는 곳도 구미의 '꿈과 같은 장소'가 많았다. 그러나 80년대 이후 해외여행은 점차로 반복되는 일상적인 일로 일상생활의 연장 선상에 있는 특별한 경험에 지나지 않았다.

이러한 의미에서 '해외'로의 도항은 이미 제2장에서 논한 테마 공원에 대한 소비와 유사하다. 테마 공원은 그 자체가 이국적인 세계의 재구성인데, 해외여행 역시 패키지여행 시스템과 휴양지 시설이 즐비한 가운데 동일한 경험으로 변하여 쾌락과 낙원에 온 기

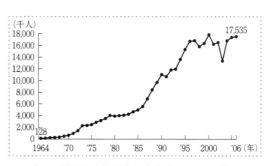

▶그림 6-2. 일본인 해외여행객 수의 추이(1964~2006년)(国土交通省,「平成18年度 観光の状況」).
주) 법무성 자료에 기초하여 국토교통성 종합정책국이 작성.

분을 소비하게 한다.

주재원의 증가

90년대 전반까지 해외여행객에 덧붙여 90년대 후반부터 사업과 유학 등을 목적으로 해외에 나가는 장기 체제자가 현저하게 늘어났다. 3개월 이상 해외에서 체류하는 이른바 '재외국민'의 수는 80년대부터 현저하게 증가하여 90년의 62만 명에서 95년에는 73만 명, 2000년에는 81만 명, 2005년에는 101만 명으로 마침내 100만 명을 넘어섰다. 이 가운데 우선 영주자를 제외하고 장기 체류자가 이 10여 년 동안에 급증하였으며, 97년부터 2007년까지 10년간 약 24만 명이 증가하였다.

재외국민이 증가한 최대 원인은 해외 진출 기업의 주재원과 그 가족의 증가이다. 이 경향은 우선 아시아에서 현저한데, 앞서 논한 재외국민 가운데 서구나 태평양에 접한 유학 목적의 장기 체류자가 많은 곳에서는 여성 체제자의 비율이 60%를 넘어선다. 이에 비하여 아시아 여러 나라에서는 남성이 62%, 여

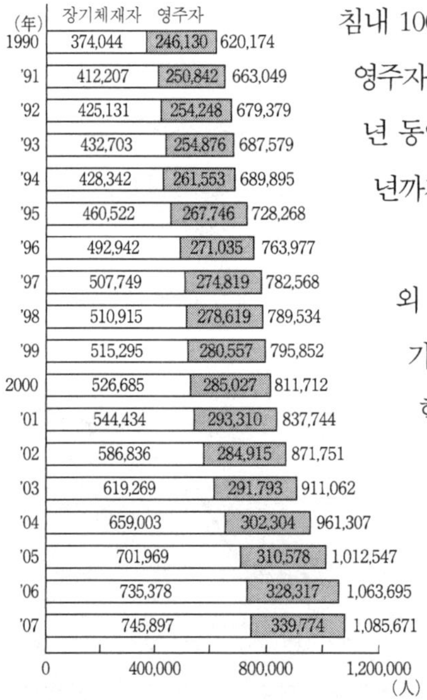

(年)	장기체재자	영주자	
1990	374,044	246,130	620,174
'91	412,207	250,842	663,049
'92	425,131	254,248	679,379
'93	432,703	254,876	687,579
'94	428,342	261,553	689,895
'95	460,522	267,746	728,268
'96	492,942	271,035	763,977
'97	507,749	274,819	782,568
'98	510,915	278,619	789,534
'99	515,295	280,557	795,852
2000	526,685	285,027	811,712
'01	544,434	293,310	837,744
'02	586,836	284,915	871,751
'03	619,269	291,793	911,062
'04	659,003	302,304	961,307
'05	701,969	310,578	1,012,547
'06	735,378	328,317	1,063,695
'07	745,897	339,774	1,085,671

0   400,000   800,000   1,200,000
(人)

▶그림 6-3. 해외 재류 일본인 수의 추이(1990~2007년)
(外務省領事局政策課「海外在留邦人数調査統計 平成20年速報版」).

성은 38%에 지나지 않는다. 이러한 차이는 서구나 태평양에 접한 곳으로의 도항은 유학 중심, 아시아로의 도항은 사업 중심이라는 것을 시사한다.

해외로 부임한 일본인들은 현지 사회와 어떠한 관계를 맺고 있을까. 일반적으로 일본 기업에서는 매뉴얼보다도 주재원을 통하여 현장을 관리하려고 하는 경향이 있다. 진출한 각각의 현지 법인은 일본인 주재원의 역할을 중요시하게 여긴다. 한편 이들 주재원의 파견은 본인의 희망보다는 인사 순환 속에서 '조합(patch work)적'으로 취급되었다고 소노다 시케토(園田茂人)는 지적한다(園田茂人, 『日本企業アジアへ』).

90년대에 엔고에 눌려 준비도 없이 해외로 나간 기업은 해외 업무를 효율적으로 수행할 인재가 한정되어 있는 상황에서 자전거 조업(自轉車操業, 자전거는 페달을 계속 밟으면 안전하게 주행하지만 그렇지 않으면 넘어진다. 이러한 상태를 경영에 비유한 말로 페달을 계속 밟는 것을 조업으로, 정지하여 자전거가 넘어지는 것을 도산에 비유한 용어이다. — 역자)으로 인재를 파견하여 "선발된 주재원이 반드시 적재적소에 배치되었다고 할 수 없는" 사태가 빈번히 발생했다. 또한 이러한 사람은 몇 년 만에 일본으로 귀국하기 때문에 해외 경험을 이후의 경력에 활용하지 못한다는 문제도 있었다.

또한 소노다는 구미에 파견되는 주재원과 아시아에 파견되는 주재원 사이에 커다란 차이가 있다는 점도 지적하고 있다. 예를 들면, 아시아에서는 현지어를 사용하는 것이 구미 정도로 중시되지 않으며 그런 만큼 일본인 주재원에 대한 평가도 좋지 않았다. 또한 아시아의 현지 법인에서는 구미 이상으로 주재원에게 커다란 의사 결정권을 부여

했다. 결과적으로 현지 사람들은 "일본인들 속에 끼어 승진·승격하려고는 생각하지 않는다. 그러한 위험한 선택을 하기보다는 역으로 권한이나 책임은 그대로 둔 채로 더욱 안정적인 고용과 높은 급여를 희망하고 있"었다. 한편 그들은 "일본 기업에서 계속해서 일하고 있으면서도 현지어를 이해하지 않고 일본인들끼리 모여, 자신들의 문화 속으로 들어오지 않는 일본인 주재원에게 비판적인 평가"를 내렸다(園田茂人, 『日本企業アジアへ』). 또한 일본인 주재원도 현지 종업원이 자신들을 그렇게 보고 있다는 것을 알고 있었다.

문화 이민자

기업의 주재원들 외에 90년대 후반부터 후지타 유코(藤田結子)가 '문화 이민'이라고 명명한 "문화적인 동기에 의하여 다른 나라로 이주한 자"들이 급증했다(藤田結子, 『文化移民』). 뉴욕과 런던은 지금도 이러한 종류의 문화 이민의 집결지로, 재즈와 춤, 대중 예술, 헤어메이크업 등의 분야에서 활약하기를 꿈꾸는 이들은 뉴욕으로 건너오며, 그래픽 예술, 패션, 연극, 사진 등의 분야에서 활약하고자 하는 이들은 런던으로 건너가는 경향이 강하다.

어느 쪽이든 젊은이들에게 있어 미국과 영국은 일본에는 없는 더욱 '근대적'인 뭔가가 있다고 생각하여 건너가는 곳이다. 뉴욕으로 건너온 이는 미국이 일본에 가장 '가까운' 나라라고 생각하고 도미했으며, 현지에서의 생활은 도쿄에서의 생활과 거의 '동일'하지만 여기에는 "도쿄에서는 놓쳐버린 성공의 기회가 풍부하다"고 생각한다.

오늘날 일본의 젊은이들에게 뉴욕과 런던은 '이국'이 아니라 오히려 도쿄의 연장 선상에서 '일상'이며, 단지 일본보다도 문화 자본을 획득할 수 있는 기회가 많은 곳이라고 생각한다. 젊은이들에게 이들 도시는 목적이 아니라 어디까지나 수단이다.

　　90년대 중반 이후 문화 이민자가 되어 해외로 이주한 일본의 젊은이들이 급증한 최대 요인 가운데 하나는 급격한 엔고이며, 다른 하나는 국내 젊은 층의 실업률·비정규직 고용의 증대이다. 후지타가 인터뷰한 젊은이들은 도미·도영하여 예술과 대중문화 분야에서 성공하기를 꿈꾸고 있었다. 그들 대부분은 일본에서 학생이던가 하청 디자이너, 판매원, 사무원, 이사 작업원 등 아르바이트나 계약 사원으로 일하던 사람들이다.

　　70년대까지 직업에 종사하고 있던 그들의 부모들은 은행원이나 세무사, 자영업자, 관리직, 전문직 등으로 자녀들보다 윤택한 지위를 획득하고 있는 경우가 많다. 그들은 "뉴욕 혹은 런던에서 오디션이나 콘테스트에 참가하기도 하며, 작품을 갤러리에 가지고 가기도 하고, 교육 기관에서 영어 회화나 예술을 배우기도 하고 있는"데 이렇게 해외에서 문화 자본을 획득하고 장래의 경력에 활용하여 "부모에게 갚고 싶다"고 생각하고 있었다고도 할 수 있다(藤田結子, 『文化移民』).

　　문화 이민자들에게 건너가는 곳은 목적이 아니라 수단이었기 때문에 항상 구미를 선택하지는 않는다. 예를 들면, 80년대 말에는 젊은 여성들이 일본의 기업 문화에 등을 돌리고 인도네시아 발리 섬의 며느리로 가는 경우도 보인다. 야마시타 신지(山下晋司)는 80년대 말 이후 적어도 300명 이상의 젊은 일본인 여성이 발리의 남성과 결혼했다고 한다. 인터뷰 조사 결과 많은 여성들이 1960년 전후에 태어난 세대

이며 많은 경우 처음에는 관광객으로 발리에 왔다가 이 섬에 매혹되어 다시 방문하게 되고, 드디어는 섬의 남성과 결혼하게 된 형태를 거친 것이 밝혀졌다. 이 경우 발리 섬을 대표하는 두 개의 마을 쿠타 형과 우부도 형으로 나뉘는데 쿠타 형의 경우는 바다 스포츠에, 우부도 형의 경우는 음악이나 연극 그림에 가치가 놓였다. 어느 쪽이든 "그녀들이 발리로 이주한 것은 문화적인 동기에 기반하고 있다는 점"이 중요하다(山下晉司, 『バリ 観光人類学のレッスン』).

급증하는 유입 외국인

80년대 후반 일본 사회는 기업 활동, 해외여행, 주재(駐在), 문화 이민 등 다양한 면에서 국경을 넘어 확대되었다. 그리고 일본 사회가 확대됨에 따라 종종 이 사회가 안고 있는 모순과 관습적 구조도 수출되었다. 해외로 진출한 기업은 다른 적절한 방법이 없는 채로 일본 형의 노무 관리나 주재원의 인사를 운용하였으며, 해외여행자나 문화 이민은 일본 국내 가치관의 연장 선상에서 서구나 아시아 문화를 소비하고 또한 그러한 문화적 가치 획득에 투신했다.

그러나 이러한 확대 과정 속에 일본 사회의 기화(気化)가 발생했다. 즉 지금까지 둘러싸여 긴밀하게 연결되어 있던 유기체가 증발하여 서로의 연결을 상실하고 그러한 과정이 확산되었다. 원래 유기체가 있던 장소에는 빈 공간이 생기고 이러한 빈 공간을 메우듯이 역으로 해외에서 다양한 요소가 도입되었으며 지금까지와는 다른 사회가 형성되었다.

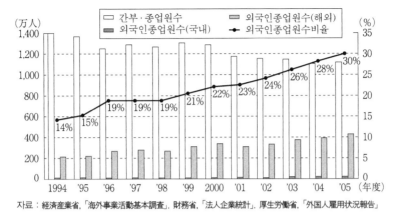

□ 간부·종업원수	▨ 외국인종업원수(해외)
▩ 외국인종업원수(국내)	●━ 외국인종업원수비율

자료 : 経済産業省,「海外事業活動基本調査」, 財務省,「法人企業統計」, 厚生労働省,「外国人雇用状況報告」

▶그림 6-4. 제조업 외국인 취업자 수의 추이(経済産業省,「通商白書 2008年版」).

주목할 만한 것은 일본 사회의 상이한 요소의 혼합, 즉 아시아나 남미에서 온 외국인이 유입되어 도시가 다민족화되었다는 점이다. 거품 경기로 노동력 부족이 심각하던 80년대 후반부터 일본의 정주 외국인이 증가하여, 외국인 등록자 수만도 1991년의 122만 명에서 2007년에는 215만 명으로 2배 가까이 증가하였다. 우선 중국을 시작으로 한 아시아 여러 나라, 브라질, 페루 등 남미에서 흘러들어 온 사람들이 증가의 주요한 부분을 차지했다.

상이한 요소의 혼합이 진행되는 도시

전체적으로 본다면 중국, 한국, 타이완 등에서 온 이주자는 대도시에 많고 직종도 일반 기업 외에 서비스업 등 비제조업에 많이 종사한 것에 비하여, 브라질, 페루에서 온 남미인은 아이치(愛知) 현, 시즈오카(静岡) 현의 이른바 북부 간토 지방의 자동차 공장 등 제조업에 집중적으로 고용되어 있다. 이것은 산업계의 의사를 수용하여 90년에 입국관리법 개정에 의해 증가한 것이다. 이 법으로 해외에 거주하는 일본계 사람들에 대하여 일본 국내에서의 구직, 취로, 전직의 제한을 없앤 '정주자' 자격이 부여된 것이다. 아시아계와 남미계에서 주거 지역에 차이는 있지만 어쨌든 일본 사회는 이전에 없던 속도로 혼재화하고 있다.

80년대 말부터 90년대에 걸쳐서 다지마 준코(田嶋淳子)는 이케부쿠로(池袋)와 신주쿠(新宿)에서 아시아계 외국인에 대한 면밀한 조사를 행하여 그들의 생활 상태를 알아보았다(田嶋淳子, 『世界都市 東京のアジア系移住者』). 이 조사에서 80년대 말에는 미미하였던 월경(越境)적 네트워크가 마침내 명확한 모습을 드러내고 역동적인 작용을 지역에서 펼치고 있다는 점이 나타났다.

소수민 사업(ethnic business)의 발전

이들 지역에서 소수민 사업의 발전은 월경적 네트워크의 활성화 경향을 잘 보여준다. 다지마에 의하면 아시아계 외국인이 도쿄로 유입되어 네트워크를 형성하는 과정에는 두 단계가 있다. 우선 도쿄에 살고 있는 가족이나 친족, 친구나 지인을 불러들여 국경을 넘어선 네트워크가 형성되어 가는 것이 제1단계이다. 새로운 이주자들이 집중되어 점차 특정한 소수민 생활 문화 세계를 형성하기 시작하는 것이 제2단계이다.

90년대에 이케부쿠로와 신주쿠의 아시아계 외국인의 생활 세계는 이 제1단계에서 제2단계로 이행한다. 유입에서 정착으로 그들의 도쿄 생활이 장기화하는 기미를 보이기 시작하면서 이주자들에게 모국의 문화와 정보에 대한 수요가 새로운 형태로 제기되어 소수민 사업이 발달하였다. 모국어 신문이나 잡지, 비디오 대여점, 집합소가 되어버린 음식점이나 미용실 등 이주자 자신이 처음 방문하는 곳에서 모국과의 연결을 재발견하고 네트워크를 재구축해 가는 매개가 된다.

이러한 소수민 사업가들의 대다수는 80년대에 일본에 와서 90년대가 되면서 사업을 시작하였다. 막 일본 경제의 거품이 걷히고 장기 불황에 빠지는 것과 대조적으로 도쿄의 소수민 사업은 융성해지고 있었다.

예를 들면, 다지마가 취급하고 있는 한 예는 이케부쿠로를 거점으로 한 책 대여점을 시작으로 하고 있다. 그 이후 중국인계 이주자의 수용에 맞추는 형태로 여행 대리점, 비자 수속 상담 업무, 신문사, 음식점, 부동산 중개, 식재료, 비디오 등 다각적으로 사업을 확장하여 무역 업무 관계로 상해에도 사무소를 개설하고 친족이 있는 홍콩에도 서적 구입 대리점을 열었다.

다지마는 이러한 예를 소개하면서 이들 사업이 하나의 지역에서만 변화를 만들어 내는 것이 아니라 몇 곳의 다른 지역에서 서로 사람들을 불러모아 그들의 모국과 연결하여 새로운 사업을 만들어 내고 있는 점을 강조하고 있다. 소수민 사업은 단순히 모국과의 연결이나 동포의 유대를 유지하고 있는 것이 아니다. 오히려 이주자들의 생활 세계를 이주지와 모국을 동시에 넘나드는 방식으로 끊임없이 새롭게 재조직하는 것이다.

'일본' 소비

1990년대 중반경부터 세계 각지에서 관심을 모은 일본화, 즉 '일본'의 대중문화가 열광적으로 소비된 현상은 이상과 같은 국내외의 경제적·문화적인 문맥 속에서 이해해야 한다.

분명히 일본의 대중문화, 특히 만화와 애니메이션은 70년대부터 타이완과 한국에서 '일본제'임을 감추고 소비되었다. 많은 일본 만화는 작자 명을 바꾸고 '일본'을 명시적으로 나타내는 부분, 예를 들면 '일본 옷'이 나오는 장면을 '민족 옷'으로 바꾸면, 줄거리 그 자체에는 국적이 드러나 있지 않으므로 자기 나라의 미디어 작품으로 소비할 수 있었다. 이렇게 이미 70년대부터 일본화의 기반이 구축되었던 사실에 대해서는 최근 타이완이나 한국의 젊은 연구자들이 왕성하게 연구하고 있다.

그러나 아시아 각국에서 본격적인 일본화가 시작되는 것은 90년대 이후이다. 이러한 움직임의 저변에는, 이미 앞에서 논한 신자유주의 체제하에서 국제적인 자본의 이동이 가속화되었던 것을 배경으로 한 80년대부터의 NIEs, 90년대 초부터의 아세안, 그리고 90년대 후반부터의 중국의 고도 경제 성장이 존재한다.

아시아 전 지역에 걸쳐 급속하게 경제가 성장한 결과 90년대 말까지 아시아에서는 한국과 타이완은 물론 동남아시아·중국을 포함하여 한 사람당 소득이 급격히 증가했다. 이윽고 각지에서 도시 중간층이 성장함에 따라 세계 최대의 소비 시장이 형성되었다. 처음에는 이 거대한 소비 시장에서 수요가 공급을 초과하였거나 아니면, 공급자의 생각과 수요 실태 사이에 커다란 간극이 있었기 때문에 각국의 도시

대중들의 관심은 문화적으로 가까운 타자로 느낀 일본의 대중문화에 집중하였다.

이와부치 코이치(岩渕功一)는 80년대의 최신 드라마 등 동아시아에서 일어난 일본 대중문화의 초국경적인 소비를 분석한 선구적인 연구를 했다. 그는 연구에서, 90년대에 본격화하는 아시아에서 일본 문화가 수용된 것은 일본의 미디어 산업 전략과 어긋난 것으로, 반대로 각국의 현지 대중의 기호와 지역적인 문화 산업의 주도권에 의해 진척된 것임을 분명히 했다.

일본의 미디어 산업은 90년대에 들어서서 일본의 문화 상품을 아시아 시장에 파는 시행착오를 시작하는데 그 움직임은 대체적으로 소비적인 것이었다. 예를 들면, 이와부치가 인터뷰한 일본의 프로듀서들은 "일본제 소프트가 해외에서 오랫동안 수용될 것인지에 대한 전망에 관해서는 극히 겸허"하였다. 그들은 일본적 내용물(contents)이 아시아에서 지속적으로 소비되리라고는 생각하지 않았으며 오히려 각지에서 '지역' 상품 제작에 관계할 것을 노리고 공동 제작이나 방송 서식(format)의 판매를 주축으로 전략을 세웠다(岩渕功一, 『トランスナショナル ジャパン』).

그러나 실제로 90년대 이후 성장하는 아시아에서는 일본과의 공동 제작이나 서식 계약보다 애니메이션, 일본 음악, 최신 유행 드라마 등의 대중문화 그 자체가 폭발적인 인기를 얻었다. 즉 90년대에 점차 "일본의 미디어 산업이 아시아 지역에서 서양 문화의 번역자가 되려고 하는 시험은 동아시아·동남아시아의 현실과는 잘 맞지 않았지만, 동시에 다른 한편으로 일본의 대중 음악, 텔레비전 방송이 동남아시아 시장으로 점차 빠르게 수출되었다"(岩渕功一, 『トランスナショナル ジャ

パン』)는 사실이 명확해졌다. 더구나 이러한 흐름을 담당하고 일본적 내용을 적극적으로 판매하고 있던 이는 일본 기업과 현지 법인이 아니라 아시아 각지의 지역 기업과 출판사, 케이블 텔레비전 등이었다.

3. '전후'에 대한 재론과 미일 관계

일본사의 종언?

일본 사회에 있어 90년대는 그 존립 근거가 흔들리고 동질성이 상실되어 가는 미증유의 위기 시대였다. 앞서 논한 것처럼 이 시대에 일본 사회는 적어도 4개의 국면에서 종래의 경계를 넘어 변화했다(표 6-1 참조).

우선 경제적인 차원에서 산업의 주요한 부분이 해외로 이전했다. 급속한 엔고 속에서 생존을 걸고 대기업에서 하청기업까지 주요한 생산 라인을 중국이나 동남아시아로 이전하고 생산 공정의 세계화를 추진하였다. 두 번째로 국내에 남은 생산 부분에서는 외국인 노동력이 상당히 도입되어 몇몇 도시나 지역에서 다국적화가 급속하게 진척되었다. 외국인의 정주화가 진행되면서 일본에서 서로 다른 지역과 모국을 연결하는 소수민 사업이 발달하였다. 세 번째로 문화적인 차원에서 해외여행이 큰 규모로 대중화·일상화하고 서구의 관광지뿐만 아니라 아시아의 휴양지로 많은 일본인이 방문하였으며, 문화적인 동기에 의해 해외로 건너가는 젊은이들도 증가하였다. 네 번째로 고도성장을 이룬 아시아 각국은 팽창한 도시 중간층의 젊은이를 지지층으로 하여 일본 대중문화, 특히 텔레비전 드라마와 대중 음악, 애니메이션 등을 상당히 소비하였다.

이상의 변화는 현재도 진행 중이며 미래에 일본의 존재 방식을 근저에서 변화시킬 가능성을 갖고 있다. 이것의 중대한 함의는 원래 이 시리즈의 주인공인 '일본'이라는 역사적 주체가 이미 분열·붕괴하고 있는 것은 아닌가 하는 점에 있다. 이미 시리즈의 다른 권이 보여 준 것처럼 이 역사적 주체는 결코 주어진 결과가 아니라 18세기 말 혹은 19세기 이후의 서구를 중심으로 한 세계 시스템의 전개 속에서 역사적으로 상상되고 구축되었으며 팽창한 문화적, 법적, 사회적 제도를 통하여 명백하게 된 것이기도 하다. 아시아, 태평양으로의 침략 전쟁과 패전이라는 결정적인 위기를 겪으면서도 전후의 고도성장 시기 그리고 1980년대까지 '일본'이 국민국가로서 통일적인 역사적 주체이며, 적어도 그러한 존재로서 기능하고 있었던 점은 입장의 차이에도 불구하고 전제가 되었다.

그러나 90년대 이후 이 전제가 이것을 비판하거나 옹호하는 것보다도 더욱 압도적인 힘에 의해 붕괴되고 있다. 적어도 지금까지 지배적이었던 국민국가의 외부에서 역사의 동향이 결정되는 상황이 급격히 확대되었다. 동시에 국제 기구의 발달, 국제적인 정보망을 구사하는 NGO의 성장도 무시할 수 없다. 그리고 이것을 일본 국내에서 본다면, 기업의 해외 이전과 국내 산업의 공동화, 외국인 노동자의 대량 유입, 해외여행의 대중화와 문화 이민, 미디어 세계에서 '일본'의 소비라는 초국경적인 흐름의 확대로 나타났다.

분명한 것은 90년대 이후 '일본'과 그 '국민'은 물음의 전제가 아니라 역으로 물음의 대상이 되어 버린 점이다. 예를 들면, '일본인'이란 어떠한 조건을 구비한 사람을 지칭하는지, 국적은 민족과 반드시 일치하지는 않으며 해외에서는 이미 많은 '일본인'이 현지의 생활과 문화에 완전히 적응해 있다. 국내에서도 많은 외국 국적의 사람들이 지역 사회에 적응하고 있다. 다국적화한 '일본' 기업의 이해는 더 이상 일본 국내의 이해와 반드시 일치하지는 않는다. 그러나 미디어는 더욱더 '일본인'의 정체성을 강조하고, '일본'을 더욱 강고한 역사의 주체로 세우려고 하는 주장을 확대하고 있다.

지금은 이 사회에서 많은 사람들 사이에서 '일본'과 '일본인'의 정의가 일치하지 않는다. 이러한 것들을 어떻게 정의하는가는 역사적이고 정치적인 물음이 되었다.

▶표 6-1. 세계화하는 '일본'

	일본→해외(특히 아시아)	해외(특히 아시아)→일본
문화	해외여행·문화 이민 (←엔고·격차 사회화)	일본 문화의 국제적 소비 (←아시아의 경제 성장)
경제	기업의 해외 진출(→국내의 산업공동화)	외국인 노동력의 유입(→도시의 다국적화)
	↓	↓
	'일본'의 세계화	'일본'의 다국적화

반문하는 전시 폭력

1990년대 '일본'이 물음의 전제가 아니라 마치 물음의 대상이 된 가운데 일어난 최대의 사건은 '종군위안부'(일본군에 의한 성노예제)를 둘

러싼 일련의 논쟁과 이것에 반발하여 '새로운 역사 교과서를 만드는 모임(新しい歷史敎科書をつくる会)'으로 대표되는 '역사수정주의'의 대두, 그리고 이러한 국내의 신국가주의적인 움직임에 저항하는 페미니즘과 인권에 대한 세계적인 움직임의 확대이다.

이 10년간 이전에 일본이 침략한 지역의 사람들이 일본 정부를 상대로 전후 보상을 요구하는 수많은 소송을 제기했다. 나카노 토시오(中野敏男)는 70년대 이후 일본 국적 이외의 사람이 원고가 되어 전후 보상을 요구하는 재판은 69건을 헤아리는데, 이 가운데 61건이 1990년에서 2001년 사이에 제소된 것이라고 한다. 사할린 잔류 조선인에 대한 보상, BC급 전범 피해에 대한 보상, 강제 연행·강제 노동 피해에 대한 보상 등 90년대에는 일본 정부와 기업에 대한 전후 보상 요구가 본격적으로 일본의 법정에서 논의되기 시작하였다(金富子 中野敏男編著, 『歷史と責任』).

이러한 가운데 1991년에 '종군위안부'였던 김학순 씨가 피해 보상을 요구하면서 실명을 밝히고 도쿄지방재판소에 제소하였는데, 그 후 일련의 논쟁에서 2000년의 '일본군 성노예제를 재판한 여성국제전범법정'이 개최되고, 나아가 이것을 다룬 NHK 방송이 왜곡 사건을 일으키는 등 10년간에 걸친 사건들이 발생하였다.

김학순 씨의 제소는 지금까지 한국의 여성 단체 등이 문제시해 온 '정신대'에 대한 일본군의 관여를 인정하지 않았던 정부의 견해를 근저에서 뒤흔든 충격적인 사건이었다. 언론이 그녀의 기자회견을 대대적으로 보도하고 사회적인 관심이 확대되는 가운데 정부도 본격적인 조사에 나서 92년에는 가토 코이치(加藤紘一) 관방장관이 '군의 관여는 부정할 수 없다'는 담화를 발표하고 한국을 방문한 미야자와 키이치(宮澤喜一) 수상도 노태우 대통령에게 위안부 문제에 대하여 공식적으로 사죄했다. 93년에 정부의 조사 결과가 공표되자 이에 따른 정부 견해가 고노 요헤(河野洋平) 관방장관의 담화로 제시되어 '위안부' 제도가 '군의 관여하에서 많은 여성의 명예와 존엄을 깊이 침해한 문제'라고 공식적으로 확인했다.

국제적인 페미니즘의 연대

90년대 후반부터 자민당 우파와 신보수주의 학자를 중심으로 '새로운 역사 교과서를 만드는 모임'의 움직임이 활성화되었다. 이러한 움직임의 근저에는 일본군의 군사 폭력 피해자에 의해 전후 일본에 대한 재심 움직임이 확대되자 이 나라의 보수주의적인 입장의 사람들이 위기감을 가지게 된 사실이 깔려 있다.

이러한 국내 보수파의 움직임에 대하여 국제적인 페미니즘 연대는 전시 성폭력 문제를 비판하고, 피해 여성의 인권 침해에 대하여 국가적인 배상과 사죄를 요구하는 흐름을 담당했다. 예를 들면, 1993년의 빈 세계인권회의에서 전쟁·무력 분쟁하에서 여성에 대한 폭력이 인권 침해임을 명기하였으며, 99년 북경의 세계여성회의에서도 여성에 대한 성폭력이 커다란 문제로 다루어졌다. 90년대 중반에 구유고와 르완다의 분쟁하에서 발생한 범죄를 재판한 국제형사법정은 학살이나 고문과 나란히 강간을 인권 침해로 재판하고, 98년에 로마에서 채택된 국제형사재판소규정에서는 성폭력이 '인도(人道)에 대한 죄'임을 명기하였다.

▶사진 6-5. 도쿄 구단미나미(九段南)의 구단회관에서 개최된 '여성국제전범법정'(2000년 12월 8일. 사진—교도통신).

이러한 가운데 일본군의 '종군위안부' 문제가 재심의되었다. '전쟁과 여성에 대한 폭력' 일본 네트워크(VAWW—NETジャパン)를 중심으로 하는 페미니즘 단체는 2000년 12월에 도쿄에서 '여성국제전범법정'을 개최하였다. '법정'에는 각국에서 64명의 피해 여성이 참가하였으며 방청석에서는 연일 세계 30개국에서 온 참가자를 포함하여 1,000여 명의 참가자가 일련의 심리를 거쳐 '천황 유죄' 판결이 언도되는 것을 지켜보았다.

보수파 대 국제적인 연대?

이상의 사실을 통해 90년대를 통하여 국내의 지배적인 보수층과 세계적인 시민 운동이 대립하는 현재 상황을 볼 수 있다. 자민당의 보수파는 고이즈미 준이치로에서 아베 신조로 정권이 이양되는 가운데 99년에 국기·국가법을 제정하고 2006년에는 애국심 교육을 삽입한 교육기본법 개정까지를 실현시켰다.

다른 한편 세계화한 시민 운동 특히 페미니즘의 연대는 일본 국내의 '우경화'에 대하여 반복적으로 이의를 제기하고 이러한 움직임에 제지를 가하는 끈기 있는 시도를 계속하였다. 그 결과 2007년 7월에 미국의 하원은 일본 정부가 일본군의 성노예제도에 대한 책임을 명확한 형태로 인정하고 사죄할 것을 요청하는 결의를 채택했다. 동일한 결의는 네덜란드, 캐나다, EU 의회에서도 이루어져 아베 정권에 대하여 국제적인 판정을 제기하였다.

90년대를 통하여 국내 보수층은 주요한 신문이나 잡지, 텔레비전 등의 언론에 대한 영향력을 확대했는데 국제적으로는 자신들이 몰리고 있다고 인식하였다. 페미니즘과 인권에 관한 시민 운동은 국내의 지배적인 미디어라는 높은 벽에 가로막힌 상황을 변화시키기 위해서는 국제적인 연대를 시도해야 했다.

그러나 실제로 이러한 관계는 훨씬 복잡하다. 왜냐하면 고이즈미·아베 정권이 한편으로 야스쿠니신사 참배에서 교육기본법 개정까지의 '우파적'인 노선을 추진하면서 근본적으로는 극히 친미적인 정권이었다는 사실이 상징적으로 보여주듯이, 일본의 아시아에 대한 가해 책임에 대한 부인이라는 문제는 전후 일본을 관철하는 미일 동맹 관계의 유지라는 테마와 연결된다.

국내 내셔널리즘과 페미니즘, 평화주의의 대립으로 보이는 것도, 실은 미일동맹과 새로운 국제적인 시민 운동 혹은 아시아의 연대에 대한 대립이기도 하다. 문제시된 것은 포스트 냉전 시대에 새삼스럽게 '냉전 구조'를 유지하려고 하는 제국적인 정치에 대하여 무엇이 유효한 변혁을 위한 정치가 될 수 있을까라는 점이다.

다시 오키나와의 외침

이러한 전환기를 맞이한 세계 속에서 90년대 중반에 '복귀'에서 20여 년을 경과한 오키나와가 다시 역사의 초점으로 부상하였다. 이러한 움직임을 극적인 형태로 보여준 것이 1995년 가을, 미군 병사에 의한 소녀 폭행 사건을 기회로 섬 전체로 확산된 항의 행동이었다. 사건을 최초로 보도한 것은 〈류큐신보(琉球新報)〉사회 면의 작은 기사였지만 마침내 이 뉴스는 오키나와 현민의 반기지 감정을 폭발시켰다. 그 바탕에는 본토 복귀로부터 20년 이상 경과하고 냉전 종식에서 5년이 지났지만 오키나와에는 전 일본에 존재하는 미군 기지의 75%가 집중되어 있으며, 재(在)오키나와 미군 병사의 수도 약 2만 8천 명에 이르며, 미군 병사에 의한 사고나 범죄도 끊이지 않는 것에 대한 불만이 쌓인 것이다.

현민 전체에서 분출하는 기지에 대한 불만을 배경으로 오타 마사히데(大田昌秀) 오키나와 현 지사는 상경하여 외무성에 미일지위협정의 조기 개정과 기지의 정리 축소에 노력해 줄 것을 요청하였다. 그러나 고노 요헤 외상의 반응은 느렸으며, '논의만 앞서 간다'고 쌀쌀맞게 지사의 요청을 거절해 버렸다. 일본 정부의 둔감한 반응은 오키나와 현민의 감정을 거스르는 것으로 사람들의 분노는 한꺼번에 터져나왔다.

마침내 지사는 오키나와 현 의회에서 반전지주들이 소유하는 미군 용지의 강제 사용 수속에서 정부가 요구한 토지·물건 조사에 대한 대리 서명을 거부할 생각을 표명하였다. 지사의 대리 서명 거부 선언은 오키나와 여론의 압도적인 지지를 얻어 일본 정부를 당황하게 했다. 무라야마 토미이치 정권은 어떻게 하든 지사를 설득시키려고 쓸데없는 노력을 들이고 시간을 허비하였다.

이러한 가운데 오키나와 현민의 저항 운동은 복귀 후 최대 절정을 보여주고 있었다. 10월 21일에는 기노완(宜野湾) 시에서 8만 5천 명이 모인 오키나와 현민 총궐기대회가 개최되었다. 그 후 11월 4일에는 오타 지사와 무라야마 수상의 회담이 있었는데, 지사는 지위 협정 재고와 기지 반환에 대한 행동 계획의 책정을 요청하였다. 이에 대하여 무라야마 정권이 할 수 있었던 것은 관방장관, 외상, 방위청장관, 오키나와 현 지사로 구성된 협의회를 각의 결정으로 설치하는 것뿐이었다.

헤노코 앞 바다(辺野古沖) 헬기장 건설 계획

96년에 무라야마 정권의 뒤를 이은 하시모토 류타로 수상은 미국의 빌 클린턴 대통령과 후텐마(普天間) 기지 반환에 대한 교섭을 시작하였다. 오키나와에는 약 40곳의 미군 시설이 집중되어 있는데 그중에서도 중심적인 것이 공군의 가데나(嘉手納) 비행장과 해병대의 후텐마 비행장이었다. 우선 후텐마는 기노완 시의 시가지 안에 있어서 인명과 관련되어 가장 위험이 많은 기지였다. 이 후텐마 기지가 반환된다는 사실은 분명히 오키나와 미군 기지의 축소·정리의 첫발이 될 수 있는 것이었다. 클린턴 정권의 반응은 긍정적이었으며 반환을 위한 미일협정이 시작되었다.

4월 12일에 하시모토 수상은 기자회견을 통해 후텐마 비행장의 전면 반환, 여기에 부속하여 ① 오키나와 현 내에 있는 기존의 기지에 헬기장을 건설, ② 가데나 비행장으로 일부 기능 이전, ③ 후텐마에 있는 공중급유기의 이와쿠니(岩国) 비행장으로의 이전, ④ 이와쿠니 비행장에 있는 헤리어(harrier) 전투기의 미국 본토 기지로의 이전 등 미일 합의 사항을 발표하였다.

한편 이것으로 일단락되는 듯한 내용이었으나 문제는 헬기장이었다. 해병대가 필요로 하는 것은 긴급한 시기에 다수의 헬기나 수송기를 이착륙시킬 수 있는 약 1,300미터의 활주로가 있는 '헬기장'으로, 이러한 새로운 시설을 건설하는 데는 오키나와 현 내에서 하네다(羽田) 공항의 2배라는 광대한 토지를 가진 가데나 비행장으로의 통합 이외의 방법으로는 불가능했다. 그런데 여기에는 정리·축소의 대상이 된 해병대가 불만을 가지고 있었을 뿐만 아니라 가데나 비행장을 관리하는 공군이 해병대와의 통합에 반대하여 이야기가 진척되지 않았다. 이 때문에 재일 미군은 오키나와 본토의 동해 연안에 있는 해병대 캠프 슈와브로 이전할 것을 제안하는데, 이 경우는 새로운 활주로 건설이 필요하여 인접한 나고(名護) 시에서 반대 주장이 제기되었다. 여기서 하시모토 수상은 미국 측의 의사를 수용하여 캠프 슈와브에 인접한 헤노코 앞 바다에 해상 헬기장을 건설할 것을 제안했다.

그러나 1,300미터의 활주로를 가진 거대한 헬기장 신설은 미군 기지의 정리·축소가 아니라 확장이라고도 할 수 있어서 원래의 이야기와는 전혀 다른 방향이었다. 더구나 최종적으로 정부가 이전 장소로 선정한 헤노코 앞 바다는 회소한 자연환경에 둘러싸인 곳으로 지역 주민과 환경 단체가 일제히 맹렬한 반대 주장을 제기하였다.

안보 재정의와 주변사태법

하시모토 수상이 제안한 후텐마 반환에 클린턴 정권이 적극적인 자세를 보인 것은 미국 자신이 냉전 붕괴 후의 세계에서 군비 전략을 근본적으로 재고하여 미일 안보에 대해서도 재정의하려고 하는 사실에서 연유한다. 이 안보개정안 속에서 일본 특히 오키나와에는 미국 세계 전략의 새로운 역할이 부여되었다.

그것은 오키나와 현민이 오랫동안 희망하던 지위협정 개정과 미군 기지 축소와는 정반대의 방향을 내포한 것이었다. 오타 오키나와 지사가 애써 대리 서명을 거부한 것도 한편에서는 현민의 폭발하는 분노를 등에 지고 있었기 때문이지만 동시에 냉전 붕괴 후에 미국이 새롭게 구상하고 있는 안보 재정의 속에 오키나와 기지가 지금까지 이상으로 중핵적인 역할을 부담하지 않으면 안 되는 심각한 위기감을 가지고 있었기 때문이기도 하다.

미일 안보 재정의란 냉전 후의 세계에서 미국의 군사 전략 재고의 일환으로, 1994년부터 97년에 걸쳐서 진행된 안보 체제의 재검토 작업을 지칭한다. 소련의 붕괴로 유일한 초강대국이 된 미국에게는 자국을 직접 위협하는 적이 사라졌기 때문에 국민 전체의 관심이 내부로 향하는 경향이 있었다. 그 결과 냉전 후의 세계는 구심력보다도 원심력이 강하여 마침내 세계 전체가 불안정해질지도 모르는 상황이었다. 미국은 이러한 가능성을 회피하면서 현재의 세계 질서를 가능한 한 적은 비용으로 유지하고 싶어 했다. 이를 위해서 미일 동맹의 기본 구상을 변화시키지 않고 일본을 새로운 세계 질서 속에 편입시키는 것을 목표로 하였다.

이미 일본은 70년대 말부터 '배려 예산'으로 미군 주둔 경비의 일부를 부담하고 있었는데, 일본인 종업원의 인건비에서 시설 정비비까지 그 금액은 거대하게 팽창하였다. 그러나 재정의의 목적은 이러한 예산 부담뿐 아니라 일본이 지역의 새로운 위협에 대하여 지금보다 더 적극적인 군사적 역할을 담당하는 것으로 그 요점은 '주변 사태에서 대미 지원'이었다.

　　문제는 이 '주변 사태'의 내용이었다. 1996년 4월에 도쿄에서 미일의 수뇌회담을 마친 하시모토 수상과 클린턴 대통령은「미일안전보장 공동선언」에 서명하고 미일 동맹 강화를 선언하였다. 그 속에서 양 수뇌는 78년에 책정된「미일방위협력을 위한 지침」이른바 미일 가이드라인 수정을 명기하고 '일본의 주변 지역에서 발생할 수 있는 사태에 일본의 평화와 안전에 중대한 영향을 미치는 경우'의 미일 군사 협력에 대하여 정리하기로 하였다.

▶사진 6-6. 도쿄 모토아카사카(元赤坂) 영빈관에서 미일 안보공동선언을 발표, 기자회견에 나선 하시모토 류타로 수상과 미국 클린턴 대통령(1996년 4월 17일. 사진—교도 통신).

　　마침내 외무·국방 담당자 수준에서 협의가 진행되어 '주변 사태'란 '지리적인 것이 아니라(일본의 평화와 안전에 중대한 영향을 미치는) 사태의 성질에 주안점을 둔 것'이라고 하였는데 구체적인 규정은 애매하였다. 그리고 이것은 오부치 게이조 내각이 99년 5월에 성립시킨「주변 사태에 즈음한 우리나라의 평화 및 안전을 확보하기 위한 조치에 관한 법률」(주변사태법)로 결실을 맺었다. 이 법안은 무엇이 '주변 사태'이며 무엇이 그렇지 않은지의 구별을 마지막까지 애매하게 하였으며 많이 사용된 '후방 지원'의 내용도 애매했기 때문에 실제로 위기적인 사태가 발생했을 경우 헌법이 금지한 집단적 자위권 행사에 명확한 제재가 불가능한 채로 빠져들 수 있는 위험을 내포하고 있었다(外岡秀俊 本田優 三浦俊章, 『日米同盟半世紀』).

미일 동맹의 변질

　미국을 충격으로 몰아넣은 2001년 9월 11일의 동시 다발 테러 후 2003년에 이라크전쟁이 발발하자 고이즈미 정권은 「이라크의 인도적 부흥 지원 활동 및 안전 확보 지원 활동의 실시에 관한 특별조치법」(이라크 특조법)을 성립시켜 이라크에 자위대 파견을 결정했다. 이것은 자위대 창설 이후 처음으로 전투 지역이란 의혹이 있는 지구에 대한 부대 파견이었다. 더구나 고이즈미 정권은 무력공격사태법 등 유사 관련 3법도 성립시켜 대규모의 공격이 일어났을 때 기본적인 인권의 제한과 필요한 한도의 무력 행사를 포함한 강력한 지휘명령권을 국가에 부여하였다.

　고이즈미 정권의 5년간 일본 정부는 자위대의 해외 파병에서 국내의 준전시 체제의 준비까지 가이드라인 수정을 거쳐 부상해 온 미일 간의 새로운 군사적 역할을 담당할 체제를 착착 정비하였다.

　더구나 조지 부시 정권하에서 '네오콘'이라고 불린 신보수주의자들이 미군의 세계적 재편을 진행했는데 일본은 이 새로운 소용돌이 속에 대처할 방책도 없이 휩쓸려 들어갔다. 이 재편의 최대 포인트는 미국의 군사 체제 전체의 세계화 상황에 대한 대응이다. 즉 미국은 세계 전략을 고정적인 동서 냉전에 입각한 것에서 유동적인 세계화에 입각한 것으로 전환시켰다. 이를 위해 ①동맹국의 역할 강화, ②군비 배치의 유연화, ③지역을 넘어선 역할, ④신속한 전개 능력, ⑤양보다 능력의 중시를 새로운 원리로 하였다. 이 가운데서도 지역을 넘어선 동맹국의 역할 강화는 헌법은 물론 방위력의 발동을 극동에 한정한 미일안보조약에도 반하는 가능성이 있는데, 이러한 원리적인 문제는 개의치 않고 마침내 일본 정부도 '세계적인 위협'에 대응한 방위 체제를 정비했다.

이렇게 하여 2005년에 일련의 미일전략협의를 거쳐 「미일 동맹―미래를 위한 전환과 재편」이라는 미일의 합의 문서가 발표되었다. 여기에 제시된 것은 자위대의 근본적인 전환, 즉 자위대가 일본만의 방위력이라기보다는 실질적으로 미군에 통합된 세계적인 군사력의 일부로 변신한 점이다. 일본의 전후 체제는 지금 군사적인 면에서도 근본에서부터 무너지고 있다.

맺음말

고립되는 북한

1990년대 이후 일본에서 경제·문화적으로도 군사적으로도 전후 적인 체제가 급속하게 붕괴되었다. 마침 일본 기업이 해외로 이주하 고 사업가와 관광객이 세계로 나아가는 가운데 전후를 지탱해 온 국내 산업이 공동화한 것과도 유사하게 자위대가 해외에 파견되고 세계적 인 군사 질서에 편입되는 가운데 전후 일본의 기조였던 헌법이나 미일 안보의 전제가 '공동화'되었다. 여기서 부상한 새로운 사회나 체제를 '포스트 전후'라고 불러야 하는지, 아니면 이것은 이미 '포스트 포스트 전후'인가.

분명한 것은 이 일련의 구조적인 변화에는 '일본' 이상으로 '미국' 이 역사의 주체로서 강력하게 지속적으로 작용하고 있다는 점이다.

그러나 '미국'에 의해 지속적으로 그 존재가 규정되는 것은 전후 일본뿐만은 아니다. 한국과 타이완, 필리핀 등 냉전 시대부터 미군의 영향하에 있던 동아시아 각국은 물론, 한편 미국과는 대극에 위치한 듯이 보이는 북한조차도 적어도 90년대 이후는 미국과의 관계에 스스로의 존재를 점점 더 깊이 의존하게 된다.

분명히 북한의 경우 1980년대까지는 미국을 중심으로 한 세계 질서와는 완전히 다른 세계상 속에서 스스로를 규정하고 있었다. 70년대 말부터 80년대에 걸쳐서 이 나라는 점차로 일본인이나 한국인의 납치 사건을 일으키고, 나아가 1983년에는 미얀마를 방문한 한국의 대통령 일행에게 폭탄 테러를 감행하였으며, 87년에는 대한항공기 폭파 사건을 일으켜 승객 115명 전원을 죽게 했다. 이 시기의 북한은 분명히 테러리즘을 내포한 위험한 국가였다.

그러나 90년대 이후 북한은 이제 자신들은 미국과의 관계를 통해서만 살아남을 수밖에 없다는 점을 인식하였다. 89년에 헝거리가 한국과 국교를 수립하고 이어서 동유럽 각국과 한국의 국교 정상화가 계속되었다. 90년에는 한소 국교 정상화가, 92년에는 한중 국교 정상화가 실현되었다. 이미 냉전 체제에서 세계가 빠져나오는 가운데 소련은 붕괴되었으며 중국은 시장 경제로 내닫기 시작했다. 북한은 주위의 변화에서 남겨져 고립감이 강해졌다.

그러나 북한이 여기서 선택한 것은 일본이나 한국과의 긴밀한 대화와 관계 개선이 아니었다. 당시에 일본과의 사이에는 90년대의 가네마루(金丸) 방문단을 계기로 조일(朝日) 국교 정상화 교섭이 시작되었는데 겨우 2년으로 중단되어 버렸다. 원인은 핵 의혹뿐만 아니라 납치 문제도 있었다고 한다. 동시기에 남북 대화의 시도도 있었지만 92년 말에 북한에서 대화를 중단하였다.

그리고 1993년 북한은 갑자기 NPT(핵확산금지조약) 탈퇴를 선언하고 미국과의 생사를 건 외교를 전개한다. 94년 6월에 북한은 IAEA(국제원자력기구)의 즉시 탈퇴와 '제재'는 북한에 대한 선전포고임을 선언하고, 핵 시설이 있는 영변에 파견된 IAEA조사관을 추방하였다. 이에 따라 북미의 긴장은 한꺼번에 높아져 전쟁 직전까지 육박하였다. 이 위기는 카터 전 대통령이 북한

수뇌회담 후 「북일공동선언」에 서명하고 악수를 교환하는 고이즈미 준이치로 수상과 북한의 김정일 총서기 (2002년 9월 17일. 사진—마이니치신문).

을 방문하여 김일성 주석과 회담을 통하여 회피했지만 북한은 핵 개발 중단을 교환 조건으로 미국에게서 경수로를 제공받았다. 이것은 북한의 성패를 건 외교의 '승리'였는데 조금이라도 잘못되면 한반도는 전장으로 변했을지도 모른다.

그리고 그 직전에 북한에서는 김일성이 병사하면서 독재 체제는 아들인 김정일에게 인계되었다. 북한은 그 후에도 미사일 발사나 금창리(金昌里) 지하 시설 문제 등으로 미국과의 승부수 외교를 계속하여 일촉즉발의 순간에 일정한 양보를 끌어내었다.

'미국'이라는 연결고리(留め金)

90년대 이후 북한의 대외 정책은 '핵'이나 '미사일'을 활용하는 것으로 얼핏 보기에는 상당히 반미적이고 파괴적으로 보이지만 사실은

철저한 대미 관계 중시로 일관하고 있다. 북한의 지도자들은 일본과 한국에는 결국 '미국'이라는 연결고리가 걸려 있어서 미국의 의사를 무시하고서는 아무것도 못한다고 판단하고 있는 듯하다. 그리고 북한 자신은 미국을 유일하고 절대적인 교섭 상대로 삼는 것으로 동북아시아의 미래가 미국 정책과의 관계에서 결정되는 구조를 스스로 강화시켰다(李鍾元他編,『日朝交渉』).

북한은 배수의 진을 친 외교로 미국에게 일정한 성과를 올리고 있었지만 정말로 이것 때문에 미일 관계 속에는 점점 더 냉전 체제의 축소판이 계속 재생산되고 있었다. 오키나와를 매개로 한 미일 관계가 동아시아에 있어서 미국의 군사적 헤게모니를 유지시키는 '앞면'이라고 한다면, 위기를 포함한 북미 관계는 그 '뒷면'이라고 할 수 있다.

포스트 전후사의 방향

2002년 9월에 고이즈미 수상의 전격적인 북한 방문은 분명히 역사적인 사건이지만 이러한 '미국'에게 맞춰진 동북아시아의 냉전 구조를 전환시키지는 못했다. 부시 정권은 성립 초기에는 북한을 이라크와 같은 '악의 축'이라고 보고 이 정권의 배제를 의도했다. 고이즈미 수상의 방북은 이러한 미국의 움직임과 동시기에 일어난 만큼 드물게 일본 수상의 영단이 동북아시아의 역사에 새로운 국면을 열어가는 것은 아닌가 하고 기대되었다. 그러나 일본 국내에서는 그 이후 수뇌회담 가운데 김정일 총서기에 의해 명확해진 일본인 납치 사실이 언론과 여론의 흥미를 소용돌이처럼 집중시켜, 납치 피해자의 귀국, 피해자

가족의 인도 요구 등 고이즈미 방북과 6자회담이 가진 정치적인 가능성에 대한 논의를 지워버릴 정도의 흐름을 만들었다. 다른 한편 부시 정권에서는 초기의 대북 강경론은 점차로 후퇴하고 북한에 대하여 유화적인 정책이 두드러졌다.

그리고 2008년 가을에 세계적인 금융 거품이 붕괴하고 1929년 이후 처음이라고 할 만한 세계적인 경제 위기가 미국을 중심으로 세계를 위협했다. 미국 국민 사이에서는 이라크전쟁 실패와 8년간 계속된 부시 정권의 실정에 대한 불신이 확산되어 동년 11월 4일 미국 역사상 처음으로 아프리카게 미국인 대통령 후보를 당선시켰다.

새로운 대통령 버락 오바마의 탄생에 의해 '네오콘'이 장악하고 있던 부시 정권의 많은 정책이 방향을 전환할 것으로 기대되었다. 그러나 아시아에 대한 미국의 기본 전략은 대통령이 누가 되든 결정적으로 변하는 것은 아니었다. 미국은 아시아에서 계속하여 강력한 영향력을 유지하기 위하여 군사적으로는 오키나와를 최대의 전략적 거점으로 계속 유지할 것이며 일본과 한국, 중국이 미국을 제외하고 연대를 강화하는 것에는 경계심을 늦추지 않을 것이다. 이러한 가운데 북한 문제가 어떠한 방향으로 결말이 날지는 이 지역의 장래에 있어 중요한 의미를 가진다.

우리들이 살고 있는 시기는 세계화의 시대이지만, 이 세계화는 거대한 하나의 바위는 아니며 서로 다른 복수의 미래를 향하고 있다. 시범적으로 이것을 금융 세계주의와 미국과의 동맹―의존 관계를 축으로 하는 일극적인 지평과 다수의 시민적·국제적인 단체(agent)가 초국경적으로 연대하는 다극적인 지평으로 나누어 보자. 이 구별은 물론 이념형으로 한쪽을 '제국', 다른 한쪽을 대세(multitude)라고 불러도 현실적으로 양자는 중첩되며 종종 동일한 인물과 조직, 활동에 관여하고 있다. 기존의 국민국가는 많은 경우 전자의 세계화를 지지하면서 스스로의 발판을 위험하게 해 왔다. 그리고 그 결과 어느 쪽의 세계화로부터도 탈락해 버린 많은 사람들이 발생하여 그들의 삶의 토대는 공동화하고 폐쇄되며 한계에 달하고 있다.

이 책에서 논해 온 내용에서 판단한다면 정말로 제3의 지평, '세계화'라는 지평으로는 포섭할 수 없는 무수한 사람들의 주장과 심정이 일체화하는 세계와 어떻게 연결되고 새로운 사회의 어떠한 역사적 주체를 가능하게 할 것인가에 21세기 역사의 미래는 달려 있다.

저자 후기

역사란 시간적이기 이전에 공간적인 것이다. 다양한 지역에 다양한 경험의 연결이 존재하며, 이들은 지배, 저항, 유치, 착취, 교류, 연대, 이동 등등 무수한 관계로 연결되어 있다. 역사란 이 공간 확대에 대한 서술이며 단일한 '통사'는 존재하지 않는다.

근대의 어느 단계에서 국민국가나 제국, 식민지, 자본주의, 여러 가지 거대한 시스템이 지축을 흔들며 꿈틀거리고 있는 가운데, 예를 들면 일본사라는 연속적인 시간성으로서의 역사가 부상했다고 생각한다. 따라서 일본사는 그 존립의 근저에 있는 종(種)의 허구성이랄까 추상성을 포함하고 있다. 일본사를 논하는 자는 그 추상의 위험성에 민감하지 않으면 안 된다.

이 책이 주제로 삼아온 것은 이렇게 하여 구축된 일본 근현대의 시간과 주체가 무너지는 과정이다. 이 과정을 촉진한 최대의 계기는 세계화이지만, 국내적으로 보자면 고도성장기부터 시작된 난개발, 지역 개발에서 휴양지 개발로의 흐름 속에서 열도의 자연은 심각한 손실을 입었으며, 여기에 산업 공동화가 박차를 가하였다. 가족의 수준에서 끝없이 확대되는 교외에 자폐(自閉)하는 핵가족 속에서 젊은이들은 내적 자아를 공동화시켰다. 신자유주의는 '풍요로움'의 환상을 타파하고 '격차'의 현실을 우리들에게 각인시키고 있다.

'전후'에서 '포스트 전후'로의 전환은 동일한 일본사 속의 단계 이행이 아니다. 오히려 이러한 역사적 주체의 자명성이 흔들리고 공동화하고 있다. 우리들은 '역사'를 논하는 실천을 포기하고 싶지는 않지만 '일본사'가 더 이상 불가능한 시대를 살고 있다.

따라서 이 책은 통상 흔히 있는 '달러 위기와 오일 쇼크' '중일 국교 정상화' '고도성장에서 안정 성장으로' '쇼와에서 헤이세이(平成)로' '거품 경제와 헤이세이 불황' '55년 체제의 붕괴'라는 변화의 시간적인 연속으로는 역사를 논하지 않는다. 이러한 연속성 그 자체가 문제시된다고 생각하기 때문이다. 70년대 중반 이후 과거의 연속성으로 역사가 어떻게 무너져 왔는지를 이 책은 다면적으로 고찰하려고 하였다. 정치사와 경제사에 대한 서술 내용은 자신의 연구 범위를 벗어나지 못한 만큼 이를 각 영역의 전문가들이 다른 형태로 서술해 줄 것을 기대한다.

마지막으로 탈고의 약속을 몇 번이고 지키지 못한 저자를 인내심 있게 기다려 준 편집부의 우에다 마리(上田麻里) 씨에게 감사한다. 이 책이 나올 수 있었던 것은 전적으로 우에다 씨 덕이다.

2008년 12월
요시미 슌야(吉見俊哉)

역자 후기

　이번에 어문학사에서 기획한 일본 근현대사 10권은 이와나미(岩波) 출판사에서 최근에 간행한 일본 근현대사 시리즈 전 10권을 모두 번역하는 것이었다. 본서는 그 가운데 제9권으로, 요시미 슌야(吉見俊哉)의 『포스트 전후 사회(ポスト戦後社会)』를 번역한 것이다. 단행본으로 발간된 일본 근현대사가 번역된 경우는 많지만, 이번과 같이 메이지유신에서부터 현대에 이르는 전 시기를 10권으로 기획하여 각 시기마다 학계에서 두각을 나타내고 있는 중견 연구자들에게 집필을 의뢰한 저작이 번역되기는 처음이다. 그만큼 양과 질에 있어서 수준 높은 저작이라고 할 수 있다. 이번 번역 작업은 한국의 일본 연구 수준이 그만큼 높아졌다는 것을 단적으로 보여주는 사례라고 생각한다. 또한 이 번역 작업은 일본사뿐만 아니라 사회학, 정치학, 사상사 등에서 일본과 관련된 내용을 전공하고 있는 한국의 연구자들에게 이전에 보지 못한 방대하면서도 체계적인 내용을 제공한다는 측면에서도 대단히 의미 있다.

　9권에서는 일본에서 고도 경제 성장이 끝나 가는 70년대 이후 일본 사회의 다양한 변화상을 주로 다룬다. 그리고 9권을 집필한 요시미는 역사 학자가 아니라 사회 학자이다. 사회 학자인 요시미가 9권을 담당한 것은, 이 시기를 역사학에서 다루기에는 너무도 동시대적이고 현재적이며, 그 내용을 대상화하기에는 현재를 살아가고 있는 우리들에게는 너무 자기 자신의 문제로 읽히는 부분이 많기 때문일 것이다. 요시미는 일본의 포스트 전후 사회를, 70년대부터 시작되는 아시아의 '포스트 냉전 체제'와 변동환율제로의 이행, 그리고 80년부터 전개되기 시작한 세계적인 신자유주의 정책과 그 결과로 나타난 기존의 복지 국가 체제의 붕괴에서 찾는다. 따라서 요시미는 일본의 포스트 전후 사회란 세계화의 일본적 발현 형태라고 정의한다. 그 구체적인 특징은 중류 의식의 붕괴, 불평등의 심화, 리얼리티의 상실과 허구적 감각의 팽창, 주체의 상실 등으로 요약할 수 있다.

이러한 일본적인 특징은 오늘날 한국의 특징과 너무도 닮아 있다. 특히 한국 사회는 1997년의 IMF 위기 이후 급속한 사회 변화를 겪고 있다. 그리고 그 바탕에는 역시 세계화라는 미명하에 자행되고 있는 강자 독식의 신자유주의 원리가 있다. 현재의 일본을 보면, 10년 후의 한국을 예견할 수 있다는 말에 이의를 제기하는 사람은 별로 없을 것이다. 이 책에서 묘사하고 있는 일본의 상황은 현재의 한국에서 일어나고 있는 상황과 많은 부분에서 겹친다. 그런 의미에서 이 책이 한국 사회에 시사하는 바는 크다.

저자는 이 책에서 기존에 발간된 『전후 일본사』처럼, '달러 위기와 오일 쇼크' '중일 국교 정상화' '고도성장에서 안정 성장으로' '거품 경제와 헤이세이 불황' '55년 체제의 붕괴'와 같이 시간적인 연속으로 역사를 서술하지 않았다. 이러한 부분이 이 책의 특징이다. 즉 요시미는 이 책에서 메이지유신 이후 1960년대까지 구축된 일본 근현대의 시간과 주체가 어떠한 과정을 거쳐서 무너지고 있는가를 묘사한다. 무너지는 주체에 대한 고민은 저자가 머리말에서 밝힌 것처럼, 새로운 시대를 열어가는 새로운 역사적 주체 형성과 연결되어 있다. 따라서 저자는 이 책의 많은 장에서 사회 운동의 담당자들에게 주목하고 있으며, 이를 통해 일본의 틀을 넘어서서 아시아와 소통할 수 있는 새로운 주체 형성을 고민하고 있다.

1997년 이후 한국 사회에서도 너무나 많은 것들이 무너졌다. 무엇보다 큰 붕괴는, 70년대와 80년대의 모순을 부수고 민주화라는 새로운 시대를 만들어온 '주체'였던 '진보' 집단이 자본과 권력의 달콤함을 알고부터 산사태가 일어나듯 무너졌다는 사실이다. 이제는 더 이상 떨어질 곳도 없는 완전한 바닥이다. 한국 사회에서 새로운 주체 형성은 가능할까. 답은 아무리 힘든 상황이라도 남은 인생을 살아가야 할 민중들의 몫으로 남아 있다.

끝으로 역자의 경험을 소개하며 위 문제에 대한 고민의 일단을 생각해 본다. 올해 초에 잘 알고 지내는 지인에게서 전화가 왔다. "사실은 이 9권을 번역하기로 했는데 건강상의 이유로 힘들 것 같으니 가능하다면 대신 이 작업을 맡아줄 수 있겠느냐"고. 당시 역자도 아픈 기억으로 힘들어하던 시기라 몸을 고달프게 하면 잊을 수 있겠지 하고 제안을 받아들였다. 그러나 작업은 쉽지 않았다. 끊임없이 추락하고 있는 자신을 보면서도 제동을 걸 수 없는 상황이 이어졌다. 그러던 어느 날, 수업 시간에 학생이 "자판기 커피만 뽑아 먹지 마라"며 맛있는 전문점 커피를 건네 주었다. 다음 주에도, 그 다음 주에도. 끊임없이 추락하고 있는 모습이 안스러웠는지, 아니면 있는 그대로의 적나라한 모습에서 뭔가 다른 느낌을 받은 것인지는 알 수 없다. 그러나 스스로가 스스로를 상실하지 않는 이상 어디선가 나를 보고 있는 이가 있으며, 이러한 관계 속에는 반드시 자신이 있어야 할 장이 있고, 그곳에는 스스로가 주체로 설 수 있는 싹이 있음을 새삼 느꼈다. 추락하는 중력 가속도를 역이용하여 더 높은 곳으로 비상하는 방법을 모색한다. 자신을 다시 되돌아보게 해준 그 학생에게 감사한다.

번역을 마치고 곧 책이 출판되려고 하는 지금 그 지인의 건강이 상당히 좋아졌다는 소식을 접했다. 지인에게 부끄럽지 않는 작업이 되었기를 바라며, 다시 자신의 존재가 의미를 가지는 장으로 돌아온 지인에게 이 책을 보낸다.

개인적으로도 사회적으로도 의미 있는 작업에 한국의 많은 뛰어난 연구자들과 같이 참가할 수 있도록 배려해 주신 어문학사의 윤석전 사장님과 매끄럽지 못한 원고를 잘 다듬어 준 편집부의 여러 선생님들께도 감사드린다. 더불어 이런 중요한 일을 맡을 수 있을 만큼의 실력과 성숙함을 갖추고 있는지 되돌아 볼 수 있는 좋은 기회가 되었다.

2013년 1월

최종길

연표

연도	일본 및 일본 관련	세계
1970년 (쇼와45)	3. 오사카 치리에서 일본만국박람회 개최. 요도호 비행기 납치사건. 신일본제철 발족 6. 미일안전보장조약 자동연장 8. 제3차 자본자유화계획 결정 11. 미시마 유키오(三島由紀夫), 이치가야 자위대에서 쿠데타 선동, 할복자살 12. 오키나와 고자시에서 시민 5천 명이 미헌병대와 대립, 폭동화 *이 해에 여성 해방 운동이 일어남	3. 캄보디아에서 쿠데타 10. 칠레 아젠디 사회당 정권 성립 12. 서독·폴란드 관계 정상화 조약에 조인
1971년 (쇼와46)	6. 오키나와 반환협정조인 7. 환경청 발족 12. 1달러=308엔으로 변경	8. 닉슨 대통령이 달러의 방어정책을 발표 10. 중국 유엔에 복귀결정
1972년 (쇼와47)	1. 미일 정부 간 섬유 협정조인 2. 동계올림픽 삿포로대회 개막. 연합적군 아사마산장사건, 기동대 투입. 5. 오키나와 본토 복귀 6. 다나카 카쿠에이 『일본 열도 개조론』 간행. 오키나와 현 지사에 야라 초뵤(屋良朝苗) 당선 7. 다나카 카쿠에이 내각성립 9. 다나카 수상 중국방문, 중일 국교회복	2. 닉슨대통령 중국 방문, 미중 공동성명. 5. 미소 전략병기 제한조약 조인 6. 워터게이트 사건 11. 타이에서 일본상품 불매운동
1973년 (쇼와48)	2. 엔의 변동 환율제로 이행, 공노협 첫 '파업권 탈환을 위한 파업' 실시 3. 미즈마타병 제1차 소송 구마모토지방재판소 판결 8. 김대중 납치 사건 발생 10. 공해건강피해보상법 공포 11. 화장실 휴지 소동 발생. 정부 석유긴급대책요강 결정, 미키 특사 파견 12. 국민생활안정긴급조치법, 석유수급적정화법 공포	1. 베트남 평화협정 조인 9. 칠레에서 피노체트 장군이 쿠데타 10. 제4차 중동전쟁. OAPEC석유전략 발동
1974년 (쇼와49)	3. 춘투, 교통파업 실시 8. 미쓰비시중공업 폭파사건 9. 원자력함 무쓰 방사선 누출 발표 11. 다나카 수상 뇌물수수 문제로 사의표명 12. 미키 타케오 내각성립	1. 다나카 수상 동남아시아 방문, 반일 폭동 발생 8. 닉슨대통령 사임

연도	일본 및 일본 관련	세계
1975년 (쇼와50)	1. 후쿠이 현 미하마(美浜)에서 원자력발전소 방사능 누출 발생, 조업정지 7. 오키나와 국제해양박람회 개막 8. 일본적군 쿠알라룸푸르에서 미국 대사관 등 점거 9. 천황 미국방문 11. 공노협 파업권 파업 돌입	4. 베트남전쟁 종료 11. 제1회 주요선진국수뇌회담 개최
1976년 (쇼와51)	2. 록히드 사건 발각 5. '미키 사임' 공작 활발화 6. 신자유 클럽 결성 7. 다나카 전 수상 체포 10. 정부 방위비를 GNP1% 이내로 결정(방위계획 대강) 12. 후쿠다 타케오(福田赳夫) 내각 성립	3. 한국 기독교계 지식인 민주구국선언 7. 남북 베트남 통일선언 9. 모택동 사망
1977년 (쇼와52)	7. 문부성 신학습지도요령으로 '기미가요'를 국가로 규정 11. 제3차 전국종합개발계획 결정	8. 중국 문화대혁명 종료와 4개의 근대화 정책 발표
1978년 (쇼와53)	5. 신도쿄국제공항(成田) 개항 8. 중일평화우호조약 조인 10. 각의 원호법제정 결정 11. 미일안보협의위는 미일방위협력을 위한 지침 결정 12. 오히라 마사요시(大平正芳) 내각 성립	5. 첫 유엔 군축회의 개최 12. 미중 국교정상화 동시성명
1979년 (쇼와54)	1. 오히라 수상 일반소비세 도입 의향을 표명 3. 미쓰이의 이란 석유화학 콤비나트 공사동결 4. 그라만 의혹으로 일본상공회의소의 이와이(岩井) 부사장 체포 6. 도쿄에서 선진국 수뇌회의 개최	2. 이란혁명. 제2차 석유위기 3. 미국 스리마일섬에서 원폭사고 5. 영국 대처정권 성립 6. 미소 솔트II에 조인 12. 소련 아프카니스탄 침공
1980년 (쇼와55)	1. 사·공양당 연합정권 구상합의 2. 자위대 환태평양합동연습 참가 5. JOC 모스크바올림픽 참가 거부 결정 6. 첫 중·참의원 동시선거 실시 7. 스즈키 젠코(鈴木善幸) 내각 성립	5. 한국 광주민주화운동 8. 폴란드 노조의 파업 돌입, 연대 결성 9. 이란 이라크전쟁 개시
1981년 (쇼와56)	3. 중국 잔류 유아의 정식 귀환 시작	
1982년 (쇼와57)	7. 중국 일본의 교과서 검정에 의한 역사 기술에 항의 11. 나카소네 내각 성립	6. 미소 전략핵무기 삭감교섭 시작
1983년 (쇼와58)	1. 나카소네 수상 한국방문 공동성명 10. 도쿄지방재판소 다나카 카쿠에이 전 수상에게 실형 판결	8. 필리핀 아키노 전 상원의원 암살 9. 소련 대한항공기 격추
1984년 (쇼와59)	12. 자민당 방위력정비소위원회 방위비의 GNP1% 재고를 건의할 것을 결정	11. 레이건 대통령 재선

연도	일본 및 일본 관련	세계
1985년 (쇼와60)	2. 다나카 전 수상 뇌경색으로 입원 6. 남녀고용기회균등법 공포(다음 해 실시) 7. 나카소네 수상 가루이자와 역 세미나에서 '전후 정치의 총결산'을 주장 8. 일본항공기 군마 현 오스타카(御巣鷹)산에서 추락	3. 고르바초프 소련공산당 서기장 에 취임, 페레스트로이카 개시 9. G5 프라자 합의
1986년 (쇼와61)	9. 도이 타카코(土井たか子) 일본 사회당 당수 탄생 *이 해에 엔고, 달러 약세, 도시지가 상승	4. 소련 체르노빌 원자력발전소 사고
1987년 (쇼와62)	1. 급격한 엔고 일시적으로 1달러=150엔 돌파 4. 국철 분할·민영화로 JR신회사 발족 6. 종합보양지역정비법(리조트법) 제정 10. 도쿄주식시장 대폭락 11. 다케시타 노부루 내각성립, 전민노련(연합) 발족 *이 해에 지가등귀가 계속되어 교외로 파급	10. 뉴욕주식시장 대폭락 12. 미소 양 수뇌 중거리 미사일 전폐조약에 조인
1988년 (쇼와63)	3. 세이칸(青函)터널 개통 12. 3%의 소비세 도입 *제2차 해외 명품 붐 *리크루트 의혹 발생 *이 해부터 다음 해에 걸쳐 도쿄, 사이타마에서 연 속 여아 유괴 살인 사건 발생	2. 한국 노태우 대통령 취임
1989년 (헤이세이1)	1. 쇼와 천황 사망, '쇼와'에서 '헤이세이'로 원호 변경 9. 미일구조협의(SII) 개시 11. 총평해산, 연합 결성	6. 중국에서 천안문사건 11. 베를린의 벽 붕괴 12. 미소 냉전종결 선언
1990년 (헤이세이2)	*증권 부정 사건 문제화, 거품경제 붕괴 시작	8. 이라크 쿠웨이트 침공
1991년 (헤이세이3)	12. '종군위안부'들이 도쿄재판소에 보상을 제기함 *이 해에 PKO협력법 성립. 자위대의 해외파견 개시	1. 이라크전쟁 시작 9. 한국·북한 유엔 동시 가입 12. 소연방 소멸(독립국가공동체 로 됨)
1992년 (헤이세이4)	6. PKO 등 협력법 성립	4. 유고슬라비아 내전발발
1993년 (헤이세이5)	7. 미일 간에 미일 포괄적 경제 협의 개시에 합의 8. 호소가와 수상의 비자민당 연립내각 성립. 호소 가와 수상 태평양전쟁을 '침략전쟁'이라 발언 *이 해에 합계 특수출생률 1.46	11. EU발족 12. GATT우루과이 라운드, 최종 협정안 채택
1994년 (헤이세이6)	6. 나가노 현 마쓰모토 시에서 옴진리교에 의한 마쓰모토 사린 사건발생. 사회당 무라야마 수상 의 자·사연립내각 성립 7. 사회당, 반안보정책을 전환	1. NAFTA발효

연도	일본 및 일본 관련	세계
1995년 (헤이세이7)	1. 한신아와지로 대지진 발생 3. 옴진리교에 의한 지하철 사린 사건 8. 무라야마 수상의 전후 50년 담화 9. 오키나와에서 미 병사에 의한 소녀 폭행사건 12. 원자력 발전소 몬주에서 나트륨 누출	1. 세계무역기구(WTO) 발족 11. 이스라엘 라빈 수상 암살 12. 보스니아·헬르체고비아 분쟁, 평화협정조인
1996년 (헤이세이8)	1. 자민당 하시모토 류타로 수상의 자·사 등 연립 내각 성립 2. 간 나오토 후생성 장관, 후생성의 에이즈 대응 에 대한 실수를 사죄 4. 미일 정부 오키나와의 미군 후텐마 기지의 반 환을 발표 8. 니가타 현 마키 마을에서 원자력발전소 계획의 찬반을 묻는 주민 투표 실시	9. 유엔총회 핵실험 전면금지조 약 채택
1997년 (헤이세이9)	4. 소비세 5%로 인상. 개정주류군용지 특별조치법 성립 5. 아이누문화진흥법 성립 6. 장기이식법 성립. 미일 간에 미일규제완화 대화 에 합의. 효고 현 경찰 고베 연속 아동 살해 사 건으로 14세의 소년을 체포 12. 지구온난화방지 교토회의 '교토의정서' 채택 *이 해에 대형 도산이 잇달음	5. 영국 블레어 수상 취임 7. 홍콩 영국에서 중국으로 환원 12. 한국 김대중 대통령 취임
1998년 (헤이세이10)	2. 금융기관에 대한 공적자금 투입 결정. 나가노 동계올림픽 개최 6. 금융감독청 발족 7. 오부치 게이조 내각 발족 10. 김대중 대통령 방일, 한일수뇌 공동선언 발표 11. 강택민 중국국가주석 방일 12. NPO법(특정비영리활동 촉진법) 시행	5. 인도네시아 스하루토 대통령 사임 10. 미·이스라엘·팔레스타인 잠 정평화합의문서 조인
1999년 (헤이세이11)	5. 가이드라인 관련법 성립 8. 국기·국가법, 통신도청법, 개정주민기본대장법 성립 9. 도카이 마을의 JCO에서 임계 사고 12. '무쓰오가와라 원전개발' 프로젝트 취급에 대 한 각의 결정	1. EU의 단일통화 유로 사용 개시 3. 나토군 유고 폭격 개시
2000년 (헤이세이12)	4. 개호보험제도 시작. 오부치 수상 입원. 모리 내 각 성립 7. 규슈·오키나와 사미트 개최	6. 김대중 대통령 북한 방문, 남 북수뇌 회담
2001년 (헤이세이13)	4. 고이즈미 내각 성립 *중앙 성청 재편 *테러대책특별조치법 성립	9. 미국에서 동시다발 테러
2002년 (헤이세이14)	9. 북한·일본 첫 수뇌회담	
2003년 (헤이세이15)	5. 개인정보보호법 성립 6. 유사법제 관련 3법 성립 7. 이라크 부흥지원 특별조치법 성립 8. 북한을 둘러싼 첫 6자회담	3. 이라크전쟁 개시

참고문헌

본문에서 직접 언급한 문헌과 집필에 참고한 것을 게재했다. 기타 지면 관계상 여기에서 일일이 소개하지 못한 많은 문헌에서도 가르침을 받았음을 밝혀 둔다.
(각 항목은 연대순으로 배열)

머리말 ─────────────────────

見田宗介, 『現代日本の感覚と思想』, 講談社学術文庫, 1995年

제1장 ─────────────────────

新川明, 『反国家の兇区』, 現代評論社, 1971年

田中美津, 『いのちの女たちへ―とり乱しウーマン・リブ論』, 田畑書店, 1972年

ベトナムに平和を! 市民連合編, 『資料・「ベ平連」運動』上・中・下巻, 河出書房新社, 1974年

溝口明代・佐伯洋子・三木草子編, 『資料日本ウーマン・リブ史』, 松香堂書店, 1992~95年

坂口弘, 『あさま山荘 1972』上・中・続, 彩流社, 1993~95年

女たちの現在を問う会編集, 『銃後史ノート戦後編 8 全共闘からリブへ』, インパクト出版会, 1996年

大塚英志, 『「彼女たち」の連合赤軍―サブカルチャーと戦後民主主義』, 角川文庫, 2001年

外岡秀俊・本田優・三浦俊章, 『日米同盟半世紀―安保と密約』, 朝日新聞社, 2001年

パトリシア・スタインホフ, 『死へのイデオロギー―日本赤軍派』, 木村由美子訳,

　　岩波現代文庫，2003年

北田暁大，『嗤う日本の「ナショナリズム」』，NHKブックス，2005年

小阪修平，『思想としての全共闘時代』，ちくま新書，2006年

西村光子，『女たちの共同体―70年代ウーマンリブを再読する』，社会評論社，2006年

제2장

上野千鶴子，『〈私〉探しゲーム―欲望市民社会論』，筑摩書房，1987年

吉見俊哉，『都市のドラマトゥルギー―東京・盛り場の社会史』，弘文堂，1987年

歴史学研究会編，『日本同時代史 4 高度成長の時代』，小林英夫・吉沢南編集，青木書
　　店，1990年

難波功士，『「広告」への社会学』，世界思想社，2000年

北田暁大，『広告都市・東京―その誕生と死』，廣済堂出版，2002年

多田治，『沖縄イメージの誕生―青い海のカルチュラル・スタディーズ』，東洋経済新
　　報社，2004年

吉見俊哉，『万博幻想―戦後政治の呪縛』，ちくま新書，2005年

吉見俊哉・若林幹夫編著，『東京スタディーズ』，紀伊國屋書店，2005年

吉見俊哉，『親米と反米―戦後日本の政治的無意識』，岩波新書，2007年

제3장

見田宗介，『現代社会の社会意識』，弘文堂，1979年

栗原彬・杉山光信・吉見俊哉編，『記録・天皇の死』，筑摩書房，1992年

小田光雄，『「郊外」の誕生と死』，青弓社，1997年

松村秀一，『「住宅」という考え方―20世紀的住宅の系譜』，東京大学出版会，1999年

吉岡忍，『M/世界の，憂鬱な先端』，文藝春秋，2000年

斎藤環，『ひきこもり文化論』，紀伊國屋書店，2003年

若林幹夫，『郊外の社会学―現代を生きる形』，ちくま新書，2007年

NHK放送文化研究所編，『現代社会とメディア・家族・世代』，新曜社，2008年

大澤真幸，『不可能性の時代』，岩波新書，2008年

제4장

本田靖春,『村が消えた』, 潮出版社, 1980年

小笠原克,『小樽運河戦争始末』, 朝日新聞社, 1986年

原田正純,『水俣が映す世界』, 日本評論社, 1989年

保母武彦,『内発的発展論と日本の農山村』, 岩波書店, 1996年

船橋晴俊·長谷川公一·飯島伸子編,『巨大地域開発の構想と結果—むつ小川原開発と核燃料サイクル施設』, 東京大学出版会, 1998年

本間義人,『国土計画を考える—開発路線のゆくえ』, 中公新書, 1999年

田村明,『まちづくりの実践』, 岩波新書, 1999年

栗原彬編,『証言 水俣病』, 岩波新書, 2000年

伊藤守他,『デモクラシー·リフレクション—巻町住民投票の社会学』, リベルタ出版, 2005年

町村敬志·吉見俊哉編著,『市民参加型社会とは—愛知万博計画過程と公共圏の再創造』, 有斐閣, 2005年

保母武彦他,『夕張破綻と再生—財政危機から地域を再建するために』, 自治体研究社, 2007年

제5장

村上泰亮,『新中間大衆の時代—戦後日本の解剖学』, 中央公論社, 1984年

小沢雅子,『新「階層消費」の時代—消費市場をとらえるニューコンセプト』, 日本経済新聞社, 1985年

歴史学研究会編,『日本同時代史5 転換期の世界と日本』, 中村政則·加藤哲郎編集, 青木書店, 1991年

大澤真幸,『虚構の時代の果て』, ちくま新書, 1996年

ガバン·マコーマック,『空虚な楽園—戦後日本の再検討』, 松居弘道·村松博訳, みすず書房, 1998年

橘木俊詔,『日本の経済格差—所得と資産から考える』, 岩波新書, 1998年

佐藤俊樹,『不平等社会日本—さよなら総中流』, 中公新書, 2000年

山田昌弘,『希望格差社会—「負け組」の絶望感が日本を引き裂く』, 筑摩書房, 2004年

中野麻美,『労働ダンピング—雇用の多様化の果てに』, 岩波新書, 2006年

山田昌弘,『少子社会日本—もうひとつの格差のゆくえ』, 岩波新書, 2007年

제6장

河北新報社編, 『むらの工場・産業空洞化の中で』, 新評論, 1997年

田嶋淳子, 『世界都市・東京のアジア系移住者』, 学文社, 1998年

小林英夫, 『戦後アジアと日本企業』, 岩波新書, 2001年

園田茂人, 『日本企業アジアへ―国際社会学の冒険』, 有斐閣, 2001年

岩渕功一, 『トランスナショナル・ジャパン―アジアをつなぐピュラー文化』, 岩波新書, 2001年

外岡秀俊・本田優・三浦俊章, 『日米同盟半世紀―安保と密約』, 朝日新聞社, 2001年

小林英夫, 『産業空洞化の克服―産業転換期の日本とアジア』, 中公新書, 2003年

藤田結子, 『文化移民―越境する日本の若者とメディア』, 新曜社, 2008年

金富子・中野敏男編著, 『歴史と責任―「慰安婦」問題と1990年代』, 青弓社, 2008年

맺음말

李鍾元他編, 『日朝交渉―課題と展望』, 岩波書店, 2003年

색인

일본 근현대사 시리즈 ⑨

포스트 전후 사회

초판 1쇄 발행일 2013년 1월 28일

지은이 요시미 슌야
옮긴이 최종길
펴낸이 박영희
편집 이은혜·유태선·정지선·김미령
인쇄·제본 태광인쇄
펴낸곳 도서출판 어문학사
    서울특별시 도봉구 쌍문동 523-21 나너울 카운티 1층
    대표전화: 02-998-0094/ 편집부1: 02-998-2267, 편집부2: 02-998-2269
    홈페이지: www.amhbook.com
    트위터: @with_amhbook
    블로그: 네이버 http://blog.naver.com/amhbook
        다음 http://blog.daum.net/amhbook
    e-mail: am@amhbook.com
    등록: 2004년 4월 6일 제7-276호

ISBN 978-89-6184-146-7 94900
ISBN 978-89-6184-137-5(세트)
정가 16,000원

이 도서의 국립중앙도서관 출판시도서목록(CIP)은 e-CIP홈페이지(http://www.nl.go.kr/ecip)와
국가자료공동목록시스템(http://www.nl.go.kr/kolisnet)에서 이용하실 수 있습니다.
(CIP제어번호: CIP2012005280)